主　　编：王　名
副 主 编：仝志辉
执行主编：马剑银
编　　委：陈洪涛　蓝煜昕　李长文　李　勇　林志刚　羌　洲　郑　琦　朱晓红
编辑秘书：刘彦霞　刘瑜瑾
刊物支持：增爱公益基金会

学术顾问委员会：
白永瑞（韩国延世大学）
陈健民（香港中文大学）
陈金罗（北京大学）
陈锦棠（香港理工大学）
陈旭清（中央民族大学）
大卫·霍顿·史密斯（David Horton Smith，美国波士顿学院）
邓国胜（清华大学）
丁元竹（国家行政学院）
高丙中（北京大学）
官有垣（台湾中正大学）
郝秋笛（Jude Howell，英国伦敦政治经济学院）
何增科（中共中央编译局）
华安德（Andrew Watson，澳大利亚阿德莱德大学）
黄浩明（中国国际民间组织合作促进会）
贾西津（清华大学）
江明修（台湾政治大学）
康保瑞（Berthold Kuhn，德国柏林自由大学）
康晓光（中国人民大学）
莱斯特·萨拉蒙（Lester Salamon，美国约翰-霍普金斯大学）
林尚立（复旦大学）
罗家德（清华大学）
马长山（华东政法大学）
马克·西得乐（Mark Sidel，美国威斯康星大学）
山内直人（Naoto Yamauchi，日本大阪大学）
沈　原（清华大学）
师曾志（北京大学）
天儿慧（Amako Satoshi，日本早稻田大学）
陶传进（北京师范大学）
托尼·塞奇（Tony Saich，美国哈佛大学）
王　名（清华大学）
王绍光（香港中文大学）
温铁军（中国人民大学）
吴玉章（中国社会科学院法学研究所）
谢寿光（社会科学文献出版社）
徐家良（上海交通大学）
雅克·德富尔尼（Jacques Defourny，比利时列日大学）
杨　团（中国社会科学院社会学研究所）
张　经（中国商会行业协会网）
张秀兰（北京师范大学）
张严冰（清华大学）
周延风（中山大学）
朱晓红（华北电力大学）
（以上均按首字母排序）

本刊编辑部地址：北京市海淀区中关村东路1号院5号楼文津国际公寓807
电话：010-82423075
投稿邮箱：lehejin@126.com
英文版刊号：ISSN：1876-5092；E-ISSN：1876-5149
出版社：Brill出版集团
英文版网址：www.brill.nl/cnpr

中国非营利评论

清华大学公益慈善研究院 主办

第十七卷 2016 No.1

社会科学文献出版社

本刊得到增爱公益基金会的赞助
理事长胡锦星寄语本刊：增爱无界，为中国公益理论研究作出贡献！

增爱无界

胡锦星

增爱公益基金會
More Love Foundation

卷 首 语

11月最后一天，我的月行记录定格在90万步上。

自去年11月起，我日均行走都在3万步以上，13个月走完了一万公里，相当于从北京到南极的距离。我每日晨练、午走、夜行，把可用的几乎所有时间都用在了暴走上。我参加了北京马拉松，以5小时52分的成绩首次"走马"成功。疾行快走，已成为我的主要生活方式之一。

成立已半年的清华慈研院，也走上了疾行的快车道。11月7～8日，我们举办的首届"清华公益慈善国际研讨会"在文津国际酒店隆重举行，来自16个国家和地区的80多位"大咖"聚会清华，围绕公益的跨界、创新、共享展开了深入研讨；清华公益社创实验室隆重启动，民政部领导在致辞中将之喻为"上世纪30年代晏阳初模式"以表达高度期待；国际高端学术发表计划启动，每周一次的SSCI学习会吸引众多青年才俊，陆续组建集聚创新力的若干攻关团队；围绕《慈善法（草案）》征求意见稿，我们先后召开两次专题座谈会并代表学校提交了正式的建议书；公益行动研究的巴东项目落地沿渡河镇，偏僻贫困的小山村吸引了一批清华学子和闪亮的媒体，远隔千山万水的两个社区从此有缘相连；公益跨界领导力行动学习国际合作项目（IDEAS–P）正式启动，清华–MIT合力打造的这一顶级领导力创新项目，将为蓬勃发展的中国公益慈善搭建一个充满活力的超级能量场；首批公开招聘并成功录用的慈研院新员工入职到岗，新入站的博士后一个个精神焕发；我和超老师以对话方式完成的《非营利组织管理》一书正式出版，博得师生一片叫好；由我们牵头的公益慈善学科建设、世界公益学大会筹备等各项工作，也都紧锣密鼓地走上了轨道。

这月我四处奔波，月初在新疆，月中去了深圳、珠海、南京、天津、九江、巴东。月底又来到南京，参加一个五大宗教的公益慈善研讨会。我们探讨公益的本质。我体会到：公益之所以能实现跨界、共享，因为公益不仅关乎人类的物质生活、精神生活，也抵临人类的灵性生活。在某种意义上，公益属灵，故能令属灵的人痴迷不已。有人将公益比作宗教，我则认为公益超越宗教，是真正的无所依附，无疆无界，故而通天道、致良知。

巴东项目启动式上，慕玲老师作为一名普通的清华人表达了公益情怀：希望通过助养模式为留守儿童带来母爱的关怀和家的温暖，助力巴东孩子的成长。未来数年内，这个由我们自主研发的公益行动研究项目将在清华和巴东两个社区之间搭建起一座跨越时空的桥梁，用公益行动带来社会的改变、人心的改变，开创积极进取、明德向善、天下为公的未来。我们约好：下次巴东之行，要让那路和更多的清华孩子们一起，来体验公益，体验人生另一种升华。

王名

2015 年 12 月 1 日

目　录

主题研讨

清华大学公益慈善研究院的定位与人才培养战略
　　——王名院长、王超副院长访谈实录 ……… 访谈人：蓝煜昕　周凌一／1
公益慈善管理专业本科课程体系研究 ………………………… 杨志伟／14
我国社会组织人才职业化成长的现实困境与路径选择 ………… 李长文／30
美国非营利管理教育研究综述 ………………………… 朱照南　马　季／49

论文

民办非企业单位："组织变形"背后的制度危机
　　——一个寻求合法性支持的法定概念 ………………… 龙宁丽／65
不为与不能：论政府购买社会服务的进场障碍与市场管理
　　策略 …………………………………………………… 刘淑琼／87
社会组织公共性的生长困境及其超越 …………………………… 唐文玉／125
政治权力干预、企业结社目的与行业协会的自主性
　　——跨层级案例的比较 ………………………………… 黄靖洋／143

案例

非营利组织参与社区建设比较案例研究
　　——以北京绿十字和匹兹堡 BGC 为例 …… 张远凤　张君琰　许　刚／165
灾后学校社会工作的效果及原因分析
　　——以 A 基金会灾后援助项目为例 ……… 王　猛　邓国胜　褚湜婧／182

志愿共同体：志愿服务的引力、能力与动力
　　——基于美好社会咨询社的案例研究 …… 辛　华　周凌一　陈　敏 / 197

书评

"茶馆"社会与政治：作为日常生活的公共领域 …… 宋亚娟　张　潮 / 211
基于现实的选择：走向功能均衡化
　　——《在国家和社会之间：中国政治社会团体功能研究》
　　述评 ………………………………………………… 王喜雪 / 223

研究参考

公益创业：一个概念性考察 ………………………… 杨　超　唐亚阳 / 233

随笔观察

公益慈善领域的行动研究探索
　　——以"菁华助成·美丽乡村"项目设计为例 …… 王　名　邢宇宙 / 245

稿约 / 255
来稿体例 / 257

CONTENTS

Main Topics

Positioning and Talent Training Strategy of Tsinghua University Institute for
Philanthropy
—Interview with Dean Wang Ming and Deputy Dean Wang Chao / 1

Research into Undergraduate Curriculum System for the Program of
Philanthropy Management　　　　　　　　　　　　*Yang Zhiwei* / 14

The Dilemma and Path Selection for Personnel Professional Development of
Chinese Social Organizations　　　　　　　　　　*Li Changwen* / 30

A Literature Review on US Non-profit Management Education Research
　　　　　　　　　　　　　　　　　　　　Zhu Zhaonan, Ma Ji / 49

Articles

Private Non-corporate Organizations: System Crisis Behind "Deformed Organization"
　—A Legal Concept Seeking Legitimacy　　　　　　*Long Ningli* / 65

Inaction and Inability: Threshold Barriers and Market Management
Strategies for Government Purchase of Social Services　*Liu Shuqiong* / 87

The Predicament of Social Organizations Publicity Growth and the
Way to Break It　　　　　　　　　　　　　　　　*Tang Wenyu* / 125

Political Power Intervention, Motivation of Enterprise Association and
Autonomy of Trade Associations
　—A Comparative Study of Cross-level Cases　　　*Huang Jingyang* / 143

Cases

Comparative Study of NPOs' Engagement in Community Construction

　　——A Comparison Between Beijing Green Cross and BGC

Zhang Yuanfeng, Zhang Junyan, Xu Gang / 165

Effect of Post-disaster School Social Work and Its Causal Analysis

　　——A Case Study of a Foundation's Disaster Relief Project

Wang Meng, Deng Guosheng, Chu Shijing / 182

Volunteering Community: The Incentive, the Capability and the Motive

　　——A Case Study of ABC　　　　*Xin Hua, Zhou Lingyi, Chen Min* / 197

Book Reviews

"Teahouse" Society and Politics: Public Sphere in Daily Life

Song Yajuan, Zhang Chao / 211

Towards Functional Equilibrium: A Choice Based on Reality

　　——Book Review on Between the State and Society: Functions of Chinese

　　Political and Social Associations　　　　　　　　*Wang Xixue* / 223

Research Reference

Social Entrepreneurship: A Conceptual Investigation

Yang Chao, Tang Yayang / 233

Essay

An Attempt on Philanthropy Action Research

　　——A Case Study of the Design for "Elites Help Build Beautiful Countryside"

Wang Ming, Xing Yuzhou / 245

Call for Submissions / 255

Submission Guidelines / 257

清华大学公益慈善研究院的定位与人才培养战略
——王名院长、王超副院长访谈实录

被访谈人：王名（清华大学公益慈善研究院院长，清华大学公共管理学院教授）

王超（清华大学公益慈善研究院副院长）

访谈人：蓝煜昕（清华大学公共管理学院NGO研究所助理教授）

周凌一（清华大学公共管理学院NGO研究所博士研究生）

访谈时间：2015年11月13日下午

访谈地点：清华大学公共管理学院

编者按：2015年4月26日，由国家民政部和清华大学联合发起的清华大学公益慈善研究院成立，成为国内继北京师范大学中国公益研究院、中山大学中国公益慈善研究院之后第三所针对公益慈善领域的专门研究院。首任院长王名教授在接受媒体采访时曾表示，"清华大学公益慈善研究院成立的重要目的之一就是要推动学科建设、推动人才培养，为公益慈善领域培养高端的专门人才"。清华大学公益慈善研究院的成立有什么样的背景？宏观上是如何定位的？关于公益慈善人才培养有何独特的见解和战略？本期《中国非营利评论》专门访谈了研究院首任院长王名和常务副院长王超。

访谈者：两位老师好！清华大学公益慈善研究院于今年4月成立，成为国内继北京师范大学中国公益研究院、中山大学中国公益慈善研究院之后第三所公益慈善领域的专门研究院。最近，落地深圳的深圳国际公益学院也刚刚成立。可以看到，公益慈善领域的人才培养越来越成为大家关注的一个问题。在此背景下，我想请两位老师就以下三个部分介绍一下清华大学公益慈善研究院（以下简称慈研院——编者注）：第一是慈研院的总体情况，包括成立的背景、目标定位和整体发展框架；第二是清华慈研院关于学科建设和人才培养的见解和发展思路；第三是清华慈研院在公益慈善人才教育、培养方面近期具体的行动。首先请两位老师介绍一下慈研院的总体背景和宏观构架。

王名：我先说一下背景。国家民政部和清华大学联合成立公益研究院的政策背景就是2014年国务院发布的《关于促进慈善事业健康发展的指导意见》和今年1月份中共中央办公厅、国务院办公厅下发的《关于加强中国特色新型智库建设的意见》两个文件。其实成立慈研院的构想应该更早一些，是在去年上半年。当时民政部就在探讨能否做一个高规格的联合体制来推进人才培养和学科建设，并希望在高校里面选一个合适的机构来合作。今年2月春节前，民政部开政协委员和民政相关领域专家座谈会，邹明副部长汇报了民政部的主要工作并介绍了民政部2015年要做的重要工作，其中有一项是与有关高校合作设立公益慈善方面的人才培养和政策研究学院，当时提的是学院。我发言的时候就提出部里这项工作任务非常重要，表态自己在清华愿意配合部里的任务开展工作。随后民政部与清华开始有正式的接触。当时正好国务院下发了关于新型智库建设的指导意见，学校非常支持，双方很快达成了共识，就是成立公益慈善研究院，推动学科建设、人才培养和政策研究，建立高端的国家智库。经过紧锣密鼓的前期筹备，清华大学公益慈善研究院在清华大学104周年校庆日——4月26号正式成立，民政部、教育部和学校主要领导出席了成立仪式，对研究院表示了高规格的支持。

在成立仪式上，我们介绍了公益慈善研究院的基本定位和主要战略方向。实际上当时我们的战略规划没有真正做出来，只是做了基本的讨论。成立仪式之后，我们组织核心力量对研究院的发展做了系统的战略规划。应该说我们现在所看到的研究院的基本战略描述都是在战略规划中提出来的，这个王超老师可以详细介绍一下。

访谈者：请王超老师介绍一下战略规划后形成的研究院总体目标和发展框架？

王超：我们那一次的战略规划是具有高度结构化的过程，非常系统地梳理了机构的外部环境、内部环境、优势和劣势，也可能是我本人所经历的最系统的一次。在此基础上我们提出了四个战略方向：第一是基础研究和学科发展的引领者，第二是国家级智库，第三是公益领袖的培养摇篮，第四是有效的国际交流平台。

这四个定位包含了一些我们很重要的理解，比如怎么看清华自身已有的基础，包括清华 NGO 研究所十多年来的积累，清华作为一个高校在科研和基础研究上的比较优势。已有积累是清华慈研院定位非常重要的基础，我们的公益慈善教育和人才培养要基于深厚的基础研究之上，而不是侧重浅层次的培训或项目。我觉得重视学科建设和基础研究的定位是非常重要的，很多战略方向也是基于这个定位。当然这个定位也是基于当前中国甚至国际上公益慈善理论基础研究缺乏的现实。从这个角度来讲，其实我们差不多跟世界上其他国家站在同一起跑线上。

我们对公益慈善领域的整体框架和概念体系也有自己的理解。从基础研究到学科的层次和领域，以及在比较前沿的应用（比如说社会创新）这些方面，我们都已经形成了目前比较成熟的框架，比如从制度、体制到组织、治理，再到资源和项目，最后到最底层的价值和文化这样的四个研究层次。所以这一套系统和框架的形成实际上对慈研院未来几年战略方向和战略走势的发展都非常重要。当然我们也有一些自己的愿景，在三到五年里面我们希望真正形成学院，在中国和世界上来看，相信都能产生一种引领作用。

现在我们都是按规划的整个步调在走，比如说刚刚开完的首届清华公益慈善国际研讨会，基本上反映了我们对当前公益的理解和看法。当然现在整个中国公益慈善界也有很多不同方向的努力，各个不同的学校或者机构可能都会有自己的侧重。但我想清华很重要的一点是有所谓的清华学派，本身在过去十多年里面有 NGO 研究所这样一个基础，尤其在政策、组织层面上的研究有很多成果和影响力。因此我们可能更侧重于一种学术基础引领下的公益慈善研究和实践，侧重于高端人才的培养。所以现在一些类似的公益慈善学院或者机构，大家是在不同领域形成不同的定位和方向。

王名：我稍微再补充一点。我们的愿景是"卓越公益，化成天下"。这八个字其实非常鲜明地表达了清华的核心优势、目标取向和战略定位，及我们做公益慈善研究的最终目标。围绕这八个字形成了刚才王超老师讲到的定位，包括我们与其他机构的区别。我们做的是卓越的、最好的，我们希望能动员最好的力量、最好的人才，我们希望以最高端的平台来推进中国的公益慈善。无论学科建设、人才培养、政策研究还是国际交流，应该都是在顶端，这一点符合清华历来的理念——用最好的资源、最佳的平台做最好的事情。我们不可能做公益领域所有的事情，也不可能做公益领域里面的大多数人都做的事情。在这个多层次中我们取的是最高端这一层，可能这个层面占的比重并不大，受众是有限的。

卓越公益改变什么？我们认为是"化成天下"。"化成天下"实际上有两个层面的含义。首先是用公益去改造人，改造人又包含两个层面，一是公益人或公益实践者本身的塑造和改造；二是用这样一种精神、文化和理论去改造社会人，让人们形成新的理念、新的追求、新的愿景。"化成天下"还有一层含义是改造社会，不仅改造公益本身，而是用公益改造社会。清华的一个历来理念是，我们做公益研究不仅仅是给我们自己搭建平台，也不是自娱自乐，我们有志于通过公益慈善的研究来推动社会的变革，朝积极正能量的方向变革。我觉得这八个字体现了我们在定位上非常鲜明的特色和方向。

王超：就我们刚刚结束的国际研讨会而言，我们感觉在全球或中国范围内，公益界开始走向转折点。在过去热闹了很长时间以后，大家要开始往内看了，看公益的本质是什么，从事公益的人到底是什么样的？刚才王名老师提到化成天下在英文里面是"transformation"，是一种升华。公益本质更多是人本身由内而外的。这个我觉得是很重要的转折，恰恰这次国际会议似乎捕捉到这样一个改变，就是需要每个人由内而外的改变。我们开始一些对公益本质的研究，从学科建设来讲有非常重要的意义，是学科的基础，也反映出我们真正要培养的未来公益领袖能够给这个社会带来一种真正意义上的改变、持续正向的改变，同时能够对人产生那种所谓的向内看、往内走的升华。除了本身的学科基础建设以外，其实未来公益真正能够得到一种正向持续的发展在乎领导力，而领导力是在乎每个人由内而外的改变和升华。这个恰恰就是我们为什么把领导力的发展也放在一个非常重要的位置。从公益的本质、基础研究又回到人本身，人是最根本最本质的，他对公益本身产生的意义非凡。希望公益和领导力走到人内心的深处，走到他的心智、心灵，然后再真正带来所谓"化成天下"的效果。其实公益的本质和领导力的开发两者有非常内在的联系。

王名：还有一点要补充，就是说为什么我们会产生这样的理解，其实也跟我们两人的经历有关系。我们在两个不同的面向上，却都在往同一个方向走。王超老师做实践，从公益项目最基层开始起步，面向最需要帮助的人群提供尽可能有效、积极、正向的服务，在实践中一步步探寻公益的本质。我做观察研究，我们基本上在同样的时间开始，一个在实践一线，一个站在第三者的视角来观察很多公益组织、项目和实践，包括好的或不好的、官方的或草根的。我们最后都在往一个方向走，探寻公益到底是什么？公益影响人的什么？我觉得这一认知过程最后连接成我们所说的化成天下。实际上公益首先改变的是当事人，达到格物、致知、诚意、正心、修身的变化，然后再回过来齐家、治国、平天下。这两个过程其实是我们从不同的视角所经历的过程，然后把这个过程与我们共同建构体系的愿景结合起来。

访谈者：整体的发展框架我们清晰了，其实最重要的是这个框架背后所蕴含的理解，即我们为什么要做出这么一个框架，以及这个框架跟别的机构不一样的地方。我试图总结一下，刚才从"化成天下"的理解开始把比较深层的问题点出来了，在我看来至少有两个方面：第一个是强调在学术基础上的学科体系建设或者人才培养，而不是完全实践性、工具性的培养；第二个"化成天下"更强调从内心去改变人，通过改变公益去变革社会。

王超：我们认为所有"化成天下"的改变一定是内发的。其实你没有办法改变别人，只有激发别人改变自己。我自己的感觉也是这样的，你帮助别人的时候，你老觉得好像改变了别人，其实你自己也在改变，可能你先改变自己才能改变别人。实际上我们都需要去开放自己，开放自己的心智、心灵、意志，这个时候你才可以去开放别人，或者让别人来开放。所以整个"化成"的过程，是化成每个人，也包括自己。所以我们理解的公益慈善可能更多是在这个层面上带来所谓人的真正升华。

王名：那种兴奋的感觉好像由内而外升华出来的东西。

王超：就公益本身来讲，是一个开放的、由内而外领导力成长的过程。我们理解的领导力和现在出现的很多技巧、魅力那种可能不一样，我们更强调内在的东西。

访谈者：现在我们转到第二个主题。回到研究院发展的四个宏观方向——

学科建设、国家智库、领袖摇篮和交流平台，针对其中人才培养这么一个议题，我们总体的设想是什么？我们有什么样的目标？我们跟别人相比为什么有这样的区别？为什么会有这么样的定位和设想？基于什么样的认识？

王名：我们现在面对的国内公益慈善发展格局是专业人才奇缺的格局。专业人才的培养基本上是一个从零起步阶段，或者说是起步前的阶段。所以这个阶段我们在人才培养上的第一个任务什么？是学科建设。既然我们处在清华这个位置上，是公益慈善研究院又是国家级智库，所以在人才培养上第一件事情是把这个学科、把人才培养的问题放在体制层面推动。因此我们积极与民政部、教育部及人力资源保障部等进行学科方面的沟通，准确来说民政部最早跟我们探讨成立研究院是要在学科建设方面起到引领性作用。我们想通过学科推动的不仅仅是清华的力量，而是所有高校的力量；也不仅仅是体制外的力量，而是所有高校体制的力量。在人才培养方面，尽管中国教育体制存在各种问题，但毕竟是最重要的体制资源。学科建设是最基础的一项工作，所以我们第一件事情是推动相关部门达成基本共识，即这样一个学科的建设迫在眉睫。学科一旦推动起来，那么有的学校可以做本科，有的学校可以做专业硕士，甚至有条件的话可以做博士的教育，还有的学校可以做国际合作的教育。

第二个方面是通过我们让更多的清华学生了解公益，让更多的公益项目进入清华校园。十多年来我们在清华已经做了一些关于人才培养基础性的工作，我们希望清华的在校生——当然不限于清华学生，更多接触公益、了解公益，参与公益开放的平台。我们做公益不是仅仅为了实验或孵化，而是希望利用清华的平台让公益走进校园、走近学生。

第三个方面是什么呢？我们在人才培养方面首先提出不做什么，然后是做什么。我们现在比较明确的一个共识就是我们不做市场化的培训。经营性的培训基本不在我们视野之内，机构内部的培训也不在我们视野之内。我们对培训采取非常谨慎的态度，这跟我们一开始非常明确提出的"卓越公益"有关。现有的在职培训我们希望由别的机构去开展，我们起一定的推动作用，但我们不直接做这样的工作，我们做的是领导力的培养和开发。下一步会建立领导力开发中心，实际上是寻找和培养那一批有志于公益同时有公益领导力潜力的人，让这样一批人投身到未来公益实践中去。

王超：这个逻辑是这样的，人才的培养首先是拿什么去培养人，这就是刚才讲的学科建设很重要。刚才王老师提到从体制层面来营造环境，这样就能很自然地出现往下滴漏的效应。我觉得这个我们开始有一些进展，三个部委走到一起讨论，接下来都开始有一些行动。这就是在体制层面上，我们希望进行整个知识体系的构架和学科建设。另外一个层面就是领导力，我非常赞同王老师讲的，我们不做培训。就像德鲁克讲过，其实"不做什么"是一个很大的战略，就是你放弃什么东西。我们放掉培训，但是侧重领导力的开发和发展，这不是一个培训，领导力开发完全是人的学习之旅，这是我们对领导力的定位。我们不会做一个培训的项目，给你一点点技能，我们希望这些未来有领导力潜质的人，他们是崭新的、被升华的领袖。

另外，其实刚刚创立的 Ci-Lab（社会创新实验室——编者注）在打通我们刚才讲的项目产品层面、组织层面以及政策和体制层面。这个是很不同的，现在市面上见到的创新基本上停留在产品层面，或做一点组织层面的孵化。而体制环境的营造实际上会对组织层面和环境层面产生由上而下的改变，在产品层面和人的层面反过来可以倒逼组织层面和体制层面的创新。这个我们可能理解为一种贯穿性的创新，本身来讲这样的理解本身就是观念创新，我们不会停留在某一个层级或者某一个层次上面，而会在层次之间去打通。其实这样一个打通的概念也贯穿在刚才所讲的，我们希望打通知识的结构，打通人的成长和学习，包括价值和文化层面。这本身是一个观念和范式的转变引领。

这实际上也提出了两个非常核心的人才教育和培养的理念。一个叫行动学习，一个叫实验学习。除了领导力开发这个项目之外，很重要的方向就是做专业学位教育，而这就是我们未来专业学位教育贯通的两个理念。行动学习，就是旨在通过不断的催化和升华改造领导者本人，让这些人本身达到一个境界。关于实验学习，我们会有一个非常重要的实验室，这个实验室直接面对项目、组织和体制三个层次，学习是在实验中的学习，而不是在课堂中的学习。未来专业学位的培养体系、培养方法、课程体系设计中都会贯穿这两个理念。我们倾向于短期之内不做本科教育，学术型硕士要造就精品，但是我们更重视做专业学位。这一点跟清华 MPA 的路径基本比较接近，同时我们也会发展国际学位，类似于公管学院现在 IMPA、MID 这样的项目。注重国际教育、注重行动学习、注重实验学习，这是我们未来学位教育上的特征。总体上来说非学位教育在这个体系中是非常有限的，我们基本上不走培训这样的非学位教育，即使做也是领导力开发的模式。

王名：其实实验学习也是一种行动研究，行动学习、行动研究构成我们未来在人才培养和科学研究方面两个非常重要的方法，也是非常重要的特色。

访谈者：我试着来总结一下两位老师刚才所谈的。我们会做两类事情，一类事情是偏精英的、领导力的那部分，特点是由内而外升华的理念。第二类是希望站在比较高的角度，或者是一个资源整合的角度去推动整个学科体系建设。另外从学位教育和非学位教育层面上，我们以学位教育为核心，采取实验学习和行动学习的特色。

王超：另外补充一点，开放性。除了刚才讲的行动学习、行动研究或者实践学习以外，其实王名老师也提到我们是全球范围内的开放平台，不管是Ci-Lab、价值文化研究，还是我们的课堂，都会是全球性开放性的。我们会和一些著名的大学和机构建立联合课堂的体系。当然Ci-Lab本身是一个开放的平台。整体来讲我们希望营造这样一个场景：遇到问题、解决问题，同时创造知识。

王名：刚才王超老师讲的场域概念是非常好的，这是未来倡导新的学习和新的研究领域里非常核心的概念。我们过去所说的学习、研究，基本上是一个人的事情。那么场域下是一个团队在一定的氛围和状态下达成的磁场，在这个场域中人的精神比较放松，心智模式是比较开放，进入一个比较容易产生灵感的氛围中间。其实学习也好、研究也好，都是这样，我们希望创造这样一种场域，无论是在行动研究的项目，还是在做Ci-Lab中间都以它为基础。

王超：所以在这样一个场域里面创造性的张力可以得到最大程度的释放。

王名：我们所强调的行动学习和行动研究，不仅仅是实践。这个行动学习最核心的概念是"transformation"（升华）。实际上是我们所说的超越既有的知识，超越既有的经验，超越问题的过程中去升华自身的境界。我们有一个概念叫感知未来，这不仅仅是人的升华，是一个思想和灵性的升华。我想这也是最近全球慈善界普遍开始关注的问题，原来简单地讲跨界，讲超越政府、企业和市场的边界，这是一个属物的过程，怎么样从跨界向内，这个是属灵的过程。跨界且向内的过程是回归，实际上是心的过程，这个向心的过程是人类更重要的一个精神活动，就是灵性活动。

其实公益和慈善是比较接近灵性活动的。这个概念其实非常重要，我们怎么样从既有的物的认知上升到一个高的精神境界，然后进一步提升，对人更高境界的实现。这是我们行动学习很高的目标。表面上看慈善是把钱给出去，把原来的利己变成利他，这是一个物质的过程，但在慈善的背后是精神的过程，通过"给"获得一种 transformation，我们希望去唤醒在公益慈善更深层次的认知和体悟。

王超：其实是生命的意义。我们有次讨论的时候，一个学者不断地想解构公益和慈善，我觉得挺有道理的。比如说，从社会学、政治学、管理学角度解构之后公益慈善学科还剩下什么？恰恰这一点是我觉得剩下的东西，就是人的善，人心里面最重要的一块，当然这个还是需要我们做一些很深层次的基础研究才能慢慢想清楚。但恰恰是这样的解构，揭示了公益慈善的核心东西。现在国际公益界也非常关注这点，前几天美国和欧洲这些最出名的基金会大佬们来的时候首先问的就是王名老师讲的 Spiritual 层面的东西，其实是心灵和更高的意志层次上的东西。现在西方也流行一个 Mindfulness 的词，就是正念。在西方宗教的影响下也有慈善很多的概念，比如说施与授的关系，就是你给人家会觉得更加幸福。我觉得在这方面东西方慈善界现在差不多在同样的起跑线上，大家开始思考同一个层次、同一个深度的问题，这也恰恰是我们做公益本质研究和基础研究最佳的时候。如果我们在这个层面上慢下来，可能未来都会慢下来。

也还是回到最初的线路上来，其实我们希望形成我们的语境。因为现在谈公益和慈善的时候，是用翻译过来的话语和语境在说，这个语境在西方从文化的角度是基督教和新教，从科学的角度是量子物理、量子物质学和理论物理学。但是这样的话语体系对中国来讲其实是外语，我们有整个中国的话语体系，中国的一些对世界的理解和看法，等等。公益慈善也到了这样的时间，开始形成中国的话语体系。

当我们提到人的升华和改变的时候，在西方，彼得·圣吉讲两件事情，一个是世界观，精神层面的，另外一个是量子物理和理论物理对人的世界观的影响。这两条线并不是唯物和唯心的划分，其实最后可以一起去解释、描述整个人的认识过程，其实是认知的过程。很多认知过程对公益慈善来讲是非常重要，也是很棘手的东西。我们其实没有形成中文语境下的世界观。

王名：从中国的视角来看，这叫中国话，如果从整个理解来看，并不是中国话，其实是一种新的认识论，站在另外一个视角认识世界认识人自身。彼得·圣吉在学习过程的发觉、认知和心智模式转换过程的研究中，越来越走进中国，走进东方。这个其实也是跟梁漱溟先生当时提出认识世界几个不同的大进程有关。他认为从西方主宰的时代进入西方引领的时代这一演进是相对的过程。我们现在看到越来越多的美国学者、欧洲学者在关注中国的传统文化，不能把它简单看成是中国复兴的标志，而是人类的认识到了这个阶段。那天我跟彼得·圣吉讲完了《大学》后他说，他所做的事情不过是用一种新的科学方法来重新阐述中国两千多年前一些非常精彩的思想和智慧而已。

王超：当时觉得这是非常有意思的过程，我们让一个老外用英语给我们讲中国两千多年前的智慧，然后翻译成中文，这是挺后现代的过程。但是其实没那么简单，还是存在一种融合，或者到了一定程度大家需要从不同视角看世界。

王名：通俗来说是这样，人类在这个阶段面临一个简单的问题，创新是从哪里来？MIT的教授发现创新不从过去的经验当中来，也不从面对问题寻求答案的过程中产生，创新从人的内心中升华出来。在放下、开放的心智模式下能进入非常适合创新的场域，这是一个很有意思的过程。他们研究了美国最具有创新能力的几百个学者，发现打开心智的过程是创新最容易发生的过程。所以在人们灵和智中有一个空间，那个空间要通过一种学习场域才能够进入，创新在这个时候最容易产生，这也是我们回过来说行动学习要往心智模式转换这个角度进行探索。无论是企业家、政治家还是公益领袖都需要创新，那么创新不是向外去求，而是向内去求，这是共同的需求。

访谈者：行动学习不仅仅是实践问题，还建立在深厚的学术研究基础上，尤其是关于价值文化的研究，关于公益本质的研究。我们再转到第三个问题，清华慈研院在人才教育、培养方面近期有什么具体的计划？如何尽快与社会、实践形成互动？

王名：其实我们现在成立不到一年，有些东西还在慢慢落地，开始落地的主要一个就是行动研究。行动研究可以说在11月份基本上就完全落地了。行动研究是公益慈善领域新的研究方法和研究探索，是一个可以落地的东西。第二个我们可能很快要落地的是Ci-Lab。Ci-Lab是很重要的平台，现在已经有很多机构愿意跟我们合作，来推动Ci-Lab在清华乃至在其他地方的基地建设，这是跟公益前沿对接非常密切的一种机制。第三个我们可能很快落地的是IDEAs（创新型领导力行动学习项目，是一个领导力开发项目——编者注），现在已经开始进入招生策划的阶段，明年上半年它会正式启动。第四个是价值文化研究中心，我们在战略规划和团队建设方面已基本完成，接下来希望让这些项目很快启动。这个研究中心对中国当下的公益慈善来说是非常迫切的，研究怎么走到公益更加本源的层面。当然其他的项目和平台都在陆续建设之中，我觉得这四个是在短期之内，在几年之内很快落地的项目和平台，而通过这些项目和平台能够很快让我们和社会对接上。

王超：我们把跟社会形成互动一直看成学习的过程，需要跟社会在互动过程中来不停地去学习调整，有时候甚至是失败试错的过程。比如行动研究、Ci-Lab，很不同的地方是我不再是以研究者的身份去研究这个过程，实际上你已经在这一过程中，你作为这个过程的一部分去研究和学习。我们觉得作为一个观察者去做研究已经是比较落伍的观念，实际上你都不能有所体会和研究，包括我们讲的内在心灵的东西你都没有体验，你拿什么去做这个研究？这可能是公益慈善跟很多学科不一样的地方，你不可以以一个观察者的身份来观察，因为它实在跟你的内在情感太有关系了。当然我们现在没有办法比较系统完备地描述这一学科的本质，但它肯定是带有很强烈的情感，那种发自内心的东西。我觉得它有三个层面，就是所谓心智层面、心灵层面和意志层面。从学习研究的角度来讲，我们不可以作为外在的观察者做研究，这种理解一直贯穿在我们学科文化、学习方法、人才领导力培养、未来实践等方面，会跟外界产生互动，然后去做一些调整。

回来看我们工作的整体框架：价值文化是基础的，而 Ci-Lab 社会创新是应用的，这中间是我们讲的政策与体制、组织与治理、项目与资源三个层面。可以想象一下，这个框架最上面是创新，最下面是价值文化基础，中间是三个支柱构造来打通。现在慈研院整个步调是在做这些东西，构建这些东西，不是一块一块积木搭起来，而是同时一起来搭，所以价值文化还有社会创新会几乎同时出现，因为这两者需要对话才可以产生所谓的创新，我们讲创新存在于形而上的，是真正意义上的创新，如果没有价值文化的创新就是停留在一种很具体的实物上的创新。

访谈者：第二部分讲了我们在学科建设人才培养体系方向上的总体定位和特点，第三部分我想关注怎么落地，和人才培养、教育相关的一些具体措施。

王名：一是 IDEAs，这是与 MIT 关于创新性领导力行动学习的国际合作项目。招生在今年年底要确定方案，明年年初我们就通过一种严格的推荐和筛选机制来确定候选人，最后确定30个入选者，明年4月份正式启动。IDEAs还有国内项目，是清华主导的内部项目，主要在国内不同地方开展，这个争取明年下半年启动。二是MPA（公共管理硕士）项目，今年开始招生，明年2月份考试，我们希望MPA项目招30个公益慈善方向的硕士生，在明年9月份正式开学。我们目前已经形成了较为完整的课程和教材体系，包括公益筹款、孵化、非营利组织管理、公益社会治理等课程。我们希望在这基础上明后年能通过跟教育部及相关部委申请，争取独立的公益慈善方向专业硕士。三是Ci-Lab落地，它实际上是开放的社会实验室。它有门槛，王超老师讲了很有意思的实验三段论，创新的形成和最终的孵化都不在实验室，我们实验室关注的是中间的转化、试错阶段。

王超：补充解释一下Ci-lab的特点。你仅仅有一个idea我们不会要你，因为现在最不缺的就是idea。但是你要有idea并开始形成原型模式，用商业的语言讲是开始有商业模式，你开始形成原型才进入我们这里面。另外它的特点是打通三个层面，即体制政治层面、组织层面和产品系统层面。

我们不担心舞台上没有人，就是担心舞台太小太挤。我们基本上会从这样三个层面上，选取由下而上和由上而下的代表性创新机制来建立基地、组织或者政策体制的制定。我们相信这是真正、全方位的社会变革。

王名：现在人们没有太多意识到它的价值，但是实验室在社会建设领域、社会治理理念上具有巨大的吸引力，所谓实验就是先行先试，而且在高校有很强的学术引领性和研究观察的学术氛围条件，所以它对很多政策是有极强的吸引力。现在已经有些地方政府开始跟我们谈了。

王超：Ci-lab有两点很重要，一个是打通三个层面的创新，特别在体制政策层面上。第二个就是试错，真正的创新是从错误中学习来的。硅谷有一个有名的风投人讲，永远都是B计划才能成功的，A计划都是错的，A计划是让你犯错误得到B计划。照这样去理解我们的创新，可能还不仅仅是B计划，还可能是C计划。

访谈者：Ci-Lab针对于体制政策层面的创新如何落地？比如说某个地方政府想做体制政策方面的创新，咱们给他提供什么？如果说试错，应该是有上级部门允许，我们作为实验室怎么在平台上让它试错呢？

王超：是很好的问题，这个实验室是一个社会实验室。我是在社会上去试的，然后在可控的风险下面去做。这个可能恰恰是我们作为国家民政部联合清华发起的国家级智库的核心竞争力，我们作为一个平台可以争取关于试错的政策支持。现在我们已经在谈基地，比如说某地愿意做我们的基地，我们会考虑某一方面，比如社区建设或社会组织培育，在现实社会场景中去进行实验。

王名：它不是模拟，是真实发生的。比如可以想象取消居委会，这是一个很多地方不敢做的事情。我们可以设计一种场景，我们当然从理论上分析取消居委会带来的问题，然后公共服务会出现什么样的转移，政府职能会发生什么样的变化，社会对应变成什么样，这个我们可能放到某个地方去做，在专家的指导和观察下进行一个实验，最后就得出结论，取消居委会有可能带来的问题是什么，可能推进的政策是什么。

Ci-lab 最有价值的是社会实验室不只是一个层面，而是三个层面。现在很多社会创新实验室基本上是一个层面，项目层面居多，组织层面有些准备开始介入，但政策层面的创新培育还没有。

访谈者：那总结起来，近期关于人才培养的具体计划就是推动学科体系建设、IDEAs、公益慈善 MPA 项目、代表行动学习的 Ci-lab 等几项安排。感谢两位老师详尽而富有深度的分享！

（责任编辑：马剑银）

公益慈善管理专业本科课程体系研究

杨志伟[*]

【摘要】 面对中国公益慈善事业发展的重大战略机遇，我国目前的公益慈善管理人才数量有限，专业化程度、能力建设、管理经验和国际视野都有待加强，这些都直接制约了公益慈善事业的整体发展。从国内公益慈善领域专业人才的现状来看，管理型、项目型、营销型以及研究型人才的需求缺口很大。本文在明确专业教育的定位与理念、设计依据和培养目标的基础上，构建了公益慈善管理本科专业学科知识体系与课程体系。

【关键词】 公益慈善管理专业　本科　专业核心能力　课程体系

一　问题的提出

当前，我国正处在经济社会转型的重要战略机遇期，公益慈善事业在参与民生保障、调节收入分配、弥合贫富差距、促进社会和谐稳定方面发挥了不可替代的作用，成为民生建设和社会事业的重要力量，其蕴含的巨大社会价值已经展现。中共十八大以来国家在顶层制度设计上进行了一系列重要调整，继十

---

[*] 杨志伟，北京师范大学珠海分校法律与行政学院讲师，研究方向为公共管理、非营利管理与第三方评估。基金项目：民政部2014年度慈善事业创新和发展课题研究重点项目"公益慈善管理专业本科课程体系研究"（2014MZFLR172）研究成果。

八大提出"加快建立政社分开、权责明确、依法自治的现代社会组织管理体制"和党的十八届二中全会确定改革社会组织管理制度之后，党的十八届三中全会的《中共中央关于全面深化改革若干重大问题的决定》历史性地将"推进国家治理体系和治理能力的现代化"作为国家下一步全面深化改革的总目标，更是意义深远（马庆钰、廖鸿，2015）。可以预见，公益慈善事业在社会经济建设中的地位将得到极大的提升。2014年12月，国务院印发《关于促进慈善事业健康发展的指导意见》，这是新中国成立以来，第一个以中央政府名义出台的指导、规范和促进公益慈善事业发展的文件，明确提出要"完善慈善人才培养政策"，"要加快培养慈善事业发展急需的理论研究、高级管理、项目实施、专业服务和宣传推广等人才"。面对中国公益慈善事业发展的重大战略机遇，我国目前的公益慈善人才数量有限，专业化程度、管理建设、管理经验和国际视野都有待提高，直接制约了公益慈善事业的发展。因此，加快培养公益慈善人才是推进国家治理体系和治理能力现代化的重要任务。

从现状来看，我国公益慈善教育发展处于起步阶段，主要是少数高校依托专业方向培养非营利组织管理或慈善管理的研究生（硕士与博士），此外，开展了不少中高端培训，但这些只能解决短时间应急的问题，很难扭转公益慈善专业人才"稀缺"的局面。真正的公益慈善人才培养必须走学科建设和专业化、规范化的道路。面对巨大的市场需求，发展公益慈善学历教育是历史的选择，如何借鉴世界各国公益慈善管理相关高等教育教学内容和课程体系的经验，明确公益慈善管理专业培养目标，构建与培养目标相适应的教学内容与课程体系，是目前公益慈善管理本科专业办学急需解决的问题。

二 公益慈善领域专业人才需求分析

《中华人民共和国公益事业捐赠法》对公益性社会团体和公益性非营利的事业单位进行了界定，有效解决了公益事业捐赠范围的问题，但对当前的热门概念"公益慈善"所涉及的具体领域和边界并未触及，这也直接影响到我们如何来界定公益慈善行业专业人才的范围。最近进入立法程序的《慈善法》对于公益慈善进行了广义的界定，这为公益慈善领域的清晰化奠定了基础，也将消解近年来公益慈善行业专业人才难以界定的尴尬。多项研究直接将公益慈善领域"职业"人才等同于社会组织"专业"人才，造成了一定的混乱。当然，无论社会组织领域还是公益慈善领域，人才的缺口都很大。当前的我国公益慈善事业却面临一个尴尬的处境：一方面，公益慈善事业飞速发展，基金会尤其是非公募基金会的数量正以一个惊人的速度在增长；另一方面，人才培养却没有跟上，导致"人才真空"现象的出现（人民政协报，2015）。

那么社会需要哪些类型的公益慈善人才，公益慈善管理专业学生应该具备哪些专业核心能力？国内学术界鲜有相关文献对这些问题进行关注与回应。从国内现有的研究成果以及一些业界主题沙龙与学术论坛中，可以看到一些学者对未来从业者专业能力的期待与要求，如由腾讯公益慈善基金会、南都公益基金会、刘鸿儒金融教育基金会联合零点研究咨询集团联合发布的《中国公益人才发展现状及需求调研报告》（2010），就从使命倾向、能力以及素质三个方面提出了公益慈善人才素质模型核心维度。由清华大学NGO研究所、北师大珠海分校宋庆龄公益慈善教育中心、基金会中心网以及明德公益研究中心联合发布的《中国公益慈善行业专业人才发展状况调查研究报告》（2013）就提出了公益慈善组织管理人才胜任力特征主要有激情敬业与承诺、道德与价值、筹款能力、非营利管理、计划制订和实施、战略思考、有效沟通、多元化意识、营销和公共关系、志愿者管理、信息与网站技术非营利财务管理、理事会和董事会发展、关系网络、信息搜索。

综合相关的研究，公益慈善领域的专业人才主要有如下四种类型：第一，管理型人才：主要从事公益慈善组织的经营管理、资源募集、资本运作等方面的工作，需要熟悉公益慈善组织的组织架构、管理方式和运行机制。第二，项目型人才：主要从事公益慈善组织项目服务工作，熟悉公益慈善项目运作的基本技能和主要流程，熟悉项目策划/设计、执行、督导、评估的基本原理。第三，营销型人才：主要从事公益慈善组织市场调查与分析、营销活动组织、筹款项目设计、媒体传播与公共关系等方面的工作，需要熟悉营销的原理、方法、工具、技巧，对筹款、善因营销有独创性的思考。第四，研究型人才：主要从事公益慈善管理相关的原理、机制、模式、方法等内容的前瞻性研究工作，需要掌握科学研究的思维方法和工具，具备扎实的理论基础和较强的创新能力。

三 公益慈善管理专业定位与培养目标

在大学教育中，课程的设计必须要思考它的目标和功能。公益慈善管理，作为一个专业或学科，也需要进行目标与功能的定位。

(一) 专业教育的定位与理念

在知识经济时代，知识的重要性与人才的影响力已经蔓延至世界每个角落，而如何运用知识和开发人才也成为世界各国和各领域所关注的焦点问题。公益慈善教育也不例外。以发展公益慈善管理学历教育为目标的专业教育，首要的是明确专业的使命与人才培养定位。从全球首个具有慈善学本科、硕士、博士学位的高校——印第安纳大学礼莱慈善学院来看，他们在设定专业教育的培养理念时就结合了文化、历史、哲学、政治学、管理学、社会学、经济学、法律等众多学科，以慈善为出发点，研究慈善动机、慈善载体、慈善过程中的管理、慈善效率、慈善与政府及市场的关系、慈善规制等专业教育，专业知识跨度广、国际化程度要求较高、严格的使命价值训练、强调实务核心能力发展将是公益慈善管理人才培养中的主要特点。

公益慈善管理专业教育顺应知识经济的发展趋势，聚焦知识与人才两大核心要素，遵循"专业化"和"职业化"的基本培养理念。"专业化"在参考与借鉴非营利管理教育的基础上，注重项目、筹款、传播三大领域发展。在系统化培养学生基本的理论与方法的同时，专门化培养学生在组织管理以及项目运作上的相关知识与技巧，使学生未来不仅能适应公益慈善组织和企业社会责任部门一般化的管理工作，也能胜任专业化的项目管理与筹款的工作。"职业化"体现在培养模式与培养目标上，注重给学生传授系统化的公益慈善管理理论、方法和技能，设置相关专业课程以对接劝募师、项目管理师等公益慈善类职业资格认证，注重训练学生专业化的组织管理与慈善项目运作的实践能力和技巧，注重培育学生国际化的管理理念与视野，引导学生实现从理论向职业的蜕变。

(二) 培养目标的设计依据

第一，学科性。教育部《普通高等学校本科专业目录（2012年）》中并没有设置"公益慈善""非营利组织管理"等专业，国内高校大多都是依托行政管理、公共事业管理、社会工作等专业以专业方向的形式来运作。从学科发展的角度来看，一般有两种路径，即管理学路径和社会学路径，管理学路径偏向发挥公共管理跨学科的优势，从组织机构运作的视角去规划其专业课程，专业名称一般称为"公益慈善管理"，而社会学则偏向从慈善救济与社会福利的视角去规划专业课程，专业名称一般称为"慈善学"。公益慈善管理专业具有很强的跨学科、跨领域的专业属性，从课程体系、培养模式、研究方法、实践实习大多来源于公共管理学科中"非营利组织管理教育"的经验。所以，公益慈善管理专业应扎根于公共管理学科的沃土之中，汲取公共管理学科在跨学科知识整合上的优势与特色。与此同时，广泛汲取管理学、社会学、人类学、伦理学、心理学等科学的知识，本科专业建设应符合其交叉性、跨域性的学科性质。

第二，行业性。公益慈善管理专业具有明确的行业指向性，广义的包括政府、公益慈善组织、捐赠人、受益人以及大众公益传播在内的一个整体，也就是社会所约定俗成的"公益慈善事业""公益慈善行业"或"公益行业"。这就决定了公益慈善管理本科专业是一个应用性较强的专业。公益慈善行业要求本专业培养具有行业业务操作能力、行业所需知能结构和较高职业素质的应用型、复合型、外向型专业管理人才，尤其是公益慈善行业对本专业人才培养所要求的实用性、专业性以及强烈的价值使命感，是专业得以建立的重要基础。作为本科层次的公益慈善管理专业学科建设，应该考虑行业人才培养的能力素质要求（胜任力）、不同层级人才核心能力标准等要求。

第三，宽适性。无论是从公益慈善行业人才市场需求特征还是本科专业的培养层次上看，均不宜把本专业过分小口径专门化、职业化。强调厚基础、强能力、广适应的素质教育、通识教育是高等教育改革的大方向，公益慈善管理本科专业应有一定的适应面，在规划专业发展时既要有效区分"学历教育"与"职业教育"的区别，还要整合"学历教育"与"职业教育"的优势，满足当前高等教育所主张的"宽口径、厚基础"的人才培养要求。本专业应该在公共管理大学科背景下，加强公益慈善管理与整个公共管理学科的共性设计，特别是与行政管理、社会保障等专业的融合与交流，能够使其一次适应不同层面对管理人才的需求。公益慈善管理专业学生的专业基础、英语水平、价值观和职业素质，被公益慈善行业某些领域、部门和岗位看好，这才是本专业培养特色的重要体现和社会贡献。

第四，引导性。行业需求是高等教育需要回应的重要问题，但公益慈善行业对高校公益慈善管理专业的现实评价不应是指导办学的唯一标准。市场对人才的需求往往具有较强的短效功利性，而高校对公益慈善人才的培养，既要满足行业人才发展与需求，同时还应该瞄准国际、国内公益慈善事业发展的趋势，整合教学、科研与社会服务三者之间的关系，有目标性地培育与发展科学研究，为公益慈善事业的可持续发展提供知识生产。本专业的建设，特别是课程体系的设计，需要充分考虑中国公益慈善事业发展的现状与实际需要，从本土化的角度去构建培养方案与课程体系。同时，应有一定的高标准和适度的超前性，在尽可能适应现实的基础上，引导公益慈善事业持续健康的发展。

（三）专业教育的培养目标

专业教育目标是指某一专业为社会培养何种技术人才，需掌握何种知识来应对专业问题。不同学校为学生提供了不同的方向，然而不同的学校对相同的专业却有不同的培养方向。这体现出不同学科背景、学术传统以及区域特点对专业培养的人才有不同的认识，我们一般称之为专业教育的培养目标（李铁等，2010）。有从应用角度出发，培养应用人才的，也有从学术的角度出发，培养研究型人才，还有从国际化程度需求出发，培养具有国际视野与本土关怀的公益慈善管理与服务人才。

培养目标包括知识和技能、过程与方法、情感态度与价值观，特别是时代发展所需要的创新精神、实践能力以及终身学习能力。美国普林斯顿大学在本科生培养目标设计上，就确定了12项标准：具有清楚的思维、表达和写作的能力；具有以批评的方式系统地推理的能力；具有形成概念和解决问题的能力；具有独立思考的能力；具有干预创新及独立工作的能力；具有与他人合作的能力；具有判断什么意味着彻底理解某种东西的能力；具有辨识重要的东西与琐碎的东西、持久的东西与短暂的东西的能力；熟悉不同的思维模式；具有某一领域知识的深度；具有观察不同学科、文化、理念相关之处的能力；具有一生求学不止的能力（钟志贤，2008）。

我们对于公益慈善管理专业的理解至少包含以下几个方面：（1）就总体而言，高等教育的任务就是坚持正确的人才培养方向，"培养和造就适应21世纪需要，富有时代特征和创新精神，有理想、有道德、有文化、有纪律的社会主义建设者和接班人"①,公益慈善管理专业要服从我国高等教育的总体培养目标。(2)就具体的业务培养目标而言,公益慈善管理人才将是公益慈善行业领域的重点人才,其终极目标是培养我国公益慈善事业发展所需要的各种专业人才,能胜任公益慈善机构和大中型企业社会责任部门有关组织管理、项目运作、宣传推广、筹集资金、专业服务等工作。(3)就专业教育与基础教育的关系而言,公益慈善管理专业培养目标应体现国家关于高等院校改革中加强基础教育、拓宽专业口径、增强人才培养适应性的思想。(4)就专业培养规格而言,"本科人才是我国未来建设事业高级专门人才的基础来源",因此作为本科层次教育而言,应该以培养高层次专门人才为总体目标。(5)就专业教育的发展性而言,所培养的学生也是未来硕士与博士研究生的重要来源,所培养的学生应具备进一步攻读学位的可能,所以应该具备基本的科学研究工作能力。

综上所述,公益慈善管理本科专业的培养目标可以概括为"培养具有强烈的社会责任感和现代慈善理念,具有管理人员基本素养和职业能力,掌握公益慈善管理和公共管理学等学科的基本理论、专门知识与操作技能,拥有宽阔的国际视野、独立的处事能力、强烈的开拓创新意识,能够胜任公益慈善机构和企业社会责任部门等领域从事调查研究、组织管理、项目运作、筹集资金与分析解决管理实践问题等工作的高级专门人才。有志于继续深造者也可以报考国内外慈善学、公共管理、公共政策或其他相近专业的硕士研究生"。其人才培养规格应当是:(1)掌握管理类学科的基础理论知识,具备慈善经理人的基本能力和素质;(2)掌握现代公益慈善组织经营与管理岗位的专业知识和技能;(3)了解现代公益慈善管理的前沿与发展动态,具有管理服务创新的能力;(4)具有良好的中英文口头与书面表达、人际沟通以及团队协助的能力;(5)熟悉国内外有关公益慈善管理的政策、法律和法规,了解国际惯例和规则;(6)具有开阔的国际视野、系统思维、创新思维以及综合运用服务管理定性和定量方法解决实际问题的能力;(7)具备社会责任感和良好的职业道德。

四 公益慈善管理本科专业课程体系的构建

课程体系建构是指通过哪些课程实现专业教育的目标,包括课程目标厘定、

---

① 教育部《关于深化教学改革、培养适应 21 世纪需要的高质量人才的意见》。

课程宗旨、架构与组织、教学科目、方法与时间分配等（万明钢，2005）。公益慈善管理专业课程从何而来，课程提出的依据是什么，如何实现课程的跨专业等，是公益慈善教育课程研究中的基本问题。本文在借鉴国内外慈善学、非营利组织管理课程教育与实务训练经验的基础上，遵循课程培养目标和专业核心能力指标，以北京师范大学珠海分校"公益慈善管理"本科专业为例，尝试推演出国内公益慈善管理本科专业课程体系。

（一）学科知识体系设计

一个学科的教育内容由普通教育、专业教育和综合教育内容组成，教育内容由若干个教学模块组成，每一个教学模块可以直接描述，也可以用知识体系描述。知识体系由若干个知识领域构成，一个知识领域可以分解为若干个知识单位，一个知识单位又包含若干个知识点，因此知识体系由知识领域、知识单元和知识点三个层次组成。

前文论及公益慈善管理作为一个学科或专业存在知识领域不明的突出特征，这也让诸多学者怀疑公益慈善管理能否作为一个独立学科来发展，因此有必要明确专业的知识领域与专业范畴。台湾"中央"大学孙炜教授认为，非营利管理教育的利益相关人与政府部门及企业部门的领导者和主管一样，应该具备类似的知识基础，因此非营利管理教育课程可以来自企业管理、行政管理、公共政策等学科专业通用的课程。而非营利管理教育仍应具有普遍性的核心课程，以提供非营利管理的利害关系人的知识、技能与价值，这些普遍性非营利管理教育的课程应该包括：非营利组织的历史发展与未来挑战；非营利组织的角色、价值与目标；非营利组织与政府和企业的关系；非营利组织的治理与领导；非营利组织的相关法令；非营利组织的行销、公共关系与广告；非营利组织的公共政策与倡导；非营利组织的策划与计划规划；非营利组织的管理控制与评估；非营利组织的参与动力、义工与志愿服务（孙炜，2002：138）。

在这个分析框架的逻辑下，再结合国内外非营利组织管理教育课程设置的经验，大致可以将公益慈善管理专业教育的体系划分为管理学基础、公共管理学基础、经济学基础、社会学基础、学科概论、学科思想史、研究方法与技术、治理与领导、管理控制与评估、项目管理、筹款、传播、法律与政策倡导、使命价值与伦理、社会创新、实践实训共16个知识领域。再根据知识领域的拓展知识单元和知识点，根据知识单元与知识点的汇集，就形成了基本的课程体系

（如表1所示）。

表1 专业知识领域与课程对照表

知识领域指标	核心课程	其他课程
知识领域1：管理学基础	管理学原理	
知识领域2：公共管理学基础	公共管理学	慈善事业和公民参与
知识领域3：经济学基础	公共经济学	
知识领域4：社会学基础	社会学概论、社会心理学	社会福利政策
知识领域5：学科概论	慈善学概论、非营利组织管理	
知识领域6：学科思想史	欧美慈善发展简史、中国慈善史	中国传统文化与慈善、宋庆龄慈善理念与实践
知识领域7：研究方法与技术	社会调查研究方法	定量研究方法、定性研究方法、统计分析与SPSS应用
知识领域8：治理与领导		非营利组织战略规划、非营利组织治理
知识领域9：管理、控制与评估	非营利组织人力资源管理、非营利组织财务管理	公关社交礼仪、商务沟通、公益慈善组织管理案例、慈善组织管理实务
知识领域10：项目管理	项目策划与管理	公益项目评估
知识领域11：筹款	公益筹款	非营利组织营销、公益品牌管理、公益创投与资助管理、公益筹款实务、企业善因营销
知识领域12：传播	公共关系与慈善传播	项目传播工作坊
知识领域13：法律与政策倡导	公益慈善政策分析、慈善法	
知识领域14：使命、价值与伦理	慈善伦理	
知识领域15：社会创新		企业社会责任、社会企业与社会创新、企业战略慈善、社会影响力投资、公益创业、国际慈善发展专题
知识领域16：实践实训		专业实习、毕业论文（设计）、团队建设、志愿服务、境外公益慈善访学计划

（二）课程体系的结构框架

课程结构是课程内部各类型、各要素和各成分之间合乎规律的组织形式（廖哲勋等，2003）。根据《基础教育课程改革纲要（试行）》中的界定，课程结构是指在学校课程的设计与开发中将所有课程类型或具体科目组织在一起所形成的课程体系的结构形态。课程结构主要解决课程内部各个部分之间的协调问题（明平芳，2015）。在规划课程体系主体结构时，遵循学分制、弹性学习制、自主选课制等现代教学制度的要求，根据区域经济发展的社会需要、学科专业特点以及认知、技能、综合能力与素养等学生全面发展的要求，建立基本核心能力建构的公益慈善管理专业本科课程体系构建模型。

根据专业知识领域所对应的课程体系，结合课程规划的基本原则，初步形成了公益慈善管理本科专业知识领域与课程对照表（见表2）。

表2 公益慈善管理本科专业知识领域与课程对照表

专业核心课		专业方向课		专业实践课		专业选修课			
管理学原理	3	项目策划与管理	2	非营利组织战略规划	2	专业实习	7	统计分析与SPSS应用	3	企业善因营销	2
公共管理学	3	非营利组织财务管理	3	非营利组织治理	2	毕业论文（设计）	6	定量研究方法	2	社会影响力投资	2
公共经济学	3	公共关系与慈善传播	2	公益项目评估	2	团队建设	1	定性研究方法	2	公益创业	2
社会学概论	3	公益筹款	2	非营利组织营销	2	志愿服务	3	宋庆龄慈善理念与实践	1	公益慈善组织管理案例	2
社会心理学	3	公益慈善政策分析	2	公益品牌管理	2			中国传统文化与慈善	3	慈善组织管理实务	2
社会调查研究方法	3	欧美慈善发展简史	2	公益创投与资助管理	2			慈善事业和公民参与	2	公益筹款实务	2
慈善学概论	3	中国慈善史	2	企业社会责任	2			社会福利政策	2	项目传播工作坊	2
非营利组织管理	3	慈善法	2	社会企业与社会创新	2			公关社交礼仪	2	国际慈善发展专题	2
非营利组织人力资源管理	3	慈善伦理	2					商务沟通	2	境外公益慈善访学计划	2
								企业战略慈善	2		

依据课程间的内在逻辑与修读顺序，形成公益慈善管理本科专业课程学期分配表（见表3）。

表3 公益慈善管理本科专业课程学期分配表

学年	学期	专业课程	学分数
一年级	第1学期	管理学原理（3）、社会学概论（3）、慈善学概论（3）、团队建设（1）	10
	第2学期	公共经济学（3）、社会心理学（3）、社会调查研究方法（3）、非营利组织管理概论（3）、宋庆龄慈善理念与实践（1）	13
二年级	第3学期	公共管理学（3）、项目策划与管理（2）、非营利组织战略规划（2）、非营利组织营销（2）、统计分析与SPSS应用（3）、中国传统文化与慈善（3）	15
	第4学期	非营利组织人力资源管理（3）、非营利组织财务管理（3）、欧美慈善发展简史（2）、非营利组织治理（2）、公益项目评估（2）、公益品牌管理（2）、定量研究方法（2）、公关社交礼仪（2）	18
三年级	第5学期	公共关系与慈善传播（2）、公益筹款（2）、中国慈善史（2）、企业社会责任（2）、定性研究方法（2）、慈善事业和公民参与（2）、社会福利政策（2）、商务沟通（2）、公益创业（2）、公益慈善组织管理案例（2）、慈善组织管理实务（2）	22
	第6学期	公益慈善政策分析（2）、慈善法（2）、慈善伦理（2）、公益创投与资助管理（2）、社会企业与社会创新（2）、企业战略慈善（2）、企业善因营销（2）、社会影响力投资（2）、公益筹款实务（2）、项目传播工作坊（2）、国际慈善发展专题（2）	22
四年级	第7学期	专业实习（7）	7
	第8学期	毕业论文（设计）（6）	6

（三）专业教学课程体系

专业课程体系包括公共基础课程群、专业核心课、专业方向课、专业实践课、专业选修课五大课程类型模块。就北京师范大学珠海分校公益慈善管理本科专业而言，这五大课程类型模块分列如下：

1. 公共基础课程群

基本素质教育课程群包括政治理论课程、大学英语课程、体育课程、军事理论与训练、职业发展与就业指导、创业基础、大学生心理健康教育等通识教育必修课程。通识教育选修课程包括：社会科学素养、自然科学素养、人文素养、艺术素养、实践技能等模块。建构人文社会科学、自然科学、外语、计算机信息技术、体育、社会实践等知识体系。通过学习，要求学生掌握马克思主义、毛泽东思想和邓小平理论的基本原理和方法，树立正确的世界观、人生观和价值观，具有较高的科学文化素质，有健康的心理和强健的体魄（见表4）。

表 4　公益慈善管理专业公共基础课程（学分：38）

课程分类（学分）	课程名称（学分）
政治理论课（16）	思想道德修养与法律基础 1（1）、思想道德修养与法律基础 2（2）、中国近现代史纲要（2）、马克思主义基本原理概论（3）、毛泽东思想和中国特色社会主义理论体系概论 1（3）、毛泽东思想和中国特色社会主义理论体系概论 2（3）、形势与政策（2）
大学英语（12）	大学英语 1（3）、大学英语 2（3）、大学英语 3（3）、大学英语 4（3）
大学体育（4）	体育 1（1）、体育 2（1）、体育 3（1）、体育 4（1）
军事理论（2）	军事理论与训练（2）
大学生职业规划与就业指导（1）	大学生职业规划与就业指导（1）
创业基础（2）	创业基础（2）
大学生心理健康教育（1）	大学生心理健康教育（1）

2. 专业核心课程群

专业核心课程群由本专业的学科平台课程、核心基础与专业理论知识方面的课程按照逻辑序列关系构成，是本专业课程体系最基本的骨架，是为系统的公益慈善管理专业学习奠定基础的课程，通过这些课程的学习达到梳理专业意识，引导职业能力逐步形成。在规划专业核心课程时需突出公益慈善管理跨学科、跨专业的学科特色，融合管理学、公共管理学、经济学、社会学、心理学等学科的知识与方法，体现学科专业主干课程设置的科学性、规范性和前沿性，并尽量与国际接轨，避免不同课程专业知识点的重复或缺失。由管理学原理、公共管理学、公共经济学、社会学概论、社会心理学、社会调查研究方法、慈善学概论、非营利组织管理、非营利组织人力资源管理、项目策划与管理、非营利组织财务管理、公共关系与慈善传播、公益筹款、公益慈善政策分析、欧美慈善发展简史、中国慈善史、慈善法、慈善伦理共18门课程46学分构成（见表5）。

表 5　公益慈善管理专业专业核心课程（学分：46）

课程名称	学分	学时	课程名称	学分	学时
管理学原理	3	54	项目策划与管理	2	36

续表

课程名称	学分	学时	课程名称	学分	学时
公共管理学	3	54	非营利组织财务管理	3	54
公共经济学	3	54	公共关系与慈善传播	2	36
社会学概论	3	54	公益筹款	2	36
社会心理学	3	54	公益慈善政策分析	2	36
社会调查研究方法	3	54	欧美慈善发展简史	2	36
慈善学概论	3	54	中国慈善史	2	36
非营利组织管理	3	54	慈善法	2	36
非营利组织人力资源管理	3	54	慈善伦理	2	36

3. 专业方向课程群

专业方向课程群，是根据学生未来所从事的领域和岗位需要而开设的专业方向课程，主要包括非营利组织战略规划、非营利组织治理、公益项目评估、非营利组织营销、公益品牌管理、公益创投与资助管理、企业社会责任、社会企业与社会创新共8门课程16学分（见表6）。

表6 公益慈善管理专业方向课程（学分：16）

课程名称	学分	学时	课程名称	学分	学时
非营利组织战略规划	2	36	公益品牌管理	2	36
非营利组织治理	2	36	公益创投与资助管理	2	36
公益项目评估	2	36	企业社会责任	2	36
非营利组织营销	2	36	社会企业与社会创新	2	36

4. 专业实践课程

实践环节的设计不单是为了服务技能和业务操作能力的培养，最终应是为了毕业生能真正胜任相关的管理工作。一般由毕业论文（设计）、专业实习、团队建设、志愿服务共4门课程共17学分构成（见表7）。

表7 公益慈善管理专业实践课程（学分：17）

课程名称	学分	学时
毕业论文（设计）	6	108
专业实习	7	126

续表

课程名称	学分	学时
团队建设	1	18
志愿服务	3	54

5. 专业选修课程

专业选修课程学分是为鼓励学生自主性、个性化学习而设。学生可根据自己的兴趣爱好，搭建今后自身发展所需的知识结构，在主修专业课程之外以模块化方式选择修读其他专业的课程，实现跨学科交叉修读课程，从而增加学生自主选择空间。包括统计分析与SPSS应用、定量研究方法、定性研究方法、宋庆龄慈善理念与实践、中国传统文化与慈善、慈善事业和公民参与、社会福利政策、公关社交礼仪、商务沟通、企业战略慈善、企业善因营销、社会影响力投资、公益创业、公益慈善组织管理案例、慈善组织管理实务、公益筹款实务、项目传播工作坊、国际慈善发展专题、境外公益慈善访学计划19门课程共36分（见表8）。

表8　公益慈善管理专业选修课程（学分：36）

课程名称	学分	学时	课程名称	学分	学时
统计分析与SPSS应用	3	54	企业善因营销	2	36
定量研究方法	2	36	社会影响力投资	2	36
定性研究方法	2	36	公益创业	2	36
宋庆龄慈善理念与实践	1	18	公益慈善组织管理案例	2	36
中国传统文化与慈善	3	54	慈善组织管理实务	2	36
慈善事业和公民参与	2	36	公益筹款实务	2	36
社会福利政策	2	36	项目传播工作坊	2	36
公关社交礼仪	2	36	国际慈善发展专题	2	36
商务沟通	2	36	境外公益慈善访学计划	2	36
企业战略慈善	2	36			

五　结语

学科的发展过程在某种程度上就是通过实证或证伪程序，不断否定一种以前公认的理论或接受另一种理论的历史过程（郭小聪等，2003）。诚然，公益慈善管理作为一门独立的学科当前还处于初探期，尚未建立起自己的理论体系与课程体系，但随着公益慈善管理专业建设提上日程，对学科发展以及专业课程体系的研究将更显重要。本文基于专业核心能力建构了公益慈善管理本科专业课程结构的基础模型，受当前国内课程内容以及师资队伍现实的影响，加上参考文献资料有限与经验不足，难免留下诸多的遗憾。

未来在公益慈善管理本科专业课程体系的完善过程中，应避免单纯从管理学取向或社会学取向来进行公益慈善管理的课程设置，尊重专业的综合性、复合型学科特点。在课程设置方面，可以改变传统刚性的专业教学计划模式，建立以课程为基本单元，由多个模块课程平台构成的专业规则，以使学习者有更多的课程选择空间和学习途径达到教学的基本要求。

参考文献

郭小聪等（2003）：《中国当代行政管理学课程体系与教学内容改革分析》，《中山大学学报（社会科学版）》，（4）。

廖哲勋等（2003）：《课程新论》，教育科学出版社。

李轶等（2010）：《美国大学运动科学专业课程体系研究》，《体育学刊》，第57－61页。

明平芳（2015）：《社会体育指导与管理专业课程体系优化研究——以湖北科技学院体育学院为例》，《湖北民族学院学报（哲学社会科学版）》，（2）。

马庆钰、廖鸿（2015）：《中国社会组织发展战略》，北京：社会科学文献出版社。

人民政协报（2015－03－04）：《王名委员：大力推进公益慈善人才培养》。

孙炜（2002）：《公共政策与教育规划——政府与非营利组织的人力资源管理》，翰卢图书出版有限公司，第138页。

万明钢（2005）：《教师教育课程体系研究——以师范大学教育学院教师教育课程体系建构为例》，《课程·教材·教法》，第83－87页。

钟志贤（2008）：《大学教学模式改革：教学设计视域》，北京：教育科学出版社，（5）。

Research into Undergraduate Curriculum System for the Program of Philanthropy Management

Yang Zhiwei

[**Abstract**] China's philanthropy development faces important strategic opportunities. At present, the philanthropy management talents are limited, and their professional competence, management experience and international vision have yet to be improved, which directly restricts the capacity building and development of the philanthropy undertaking. The domestic want of professionals in philanthropy reveals the management, project-based, marketing and research-oriented talents are in tight supply. This research firstly makes clear the orientation and notion of professional education as well as the justification and the goal for the education design, and on this basis builds a disciplinary knowledge system and a curriculum system for undergraduate education in philanthropy.

[**Keywords**] Program of Philanthropy Management, Undergraduate, Professional Core Competence, Curriculum System

(责任编辑：马剑银)

我国社会组织人才职业化成长的现实困境与路径选择

李长文[*]

【摘要】 社会组织人才是我国人才队伍的重要组成部分,其职业化程度关系到社会组织的规范化发展与和谐社会构建。当前,我国社会组织人才职业化发展存在很多突出问题,集中表现在:与蓬勃发展的社会组织相比,社会组织专门人才严重匮乏;社会组织人才职业化发展相关配套制度严重滞后;社会组织人才专业性不足、结构不尽合理;相比较于政府、企事业单位,社会组织缺乏就业吸引力。本研究对社会组织人才职业化成长面临的现实困境与路径选择进行专门研究和系统分析,探索有助于根本解决我国社会组织发展困境的有效途径和制度构建。

【关键词】 社会组织　职业化　现实困境　路径选择

加强人才建设是贯彻落实科学发展观、更好实施人才强国战略的重大举措,社会组织人才是我国人才队伍的重要组成部分。《国家中长期人才发展规划纲要

---

[*] 李长文,民政部培训中心(北京社会管理职业学院,原民政部管理干部学院)社会组织管理系副教授,法学博士,研究方向:社会组织管理理论与实践、公民慈善理论与实践。基金项目:教育部人文社会科学青年基金项目"中国非营利组织能力建设研究——基于个案的比较与分析"(13YJC630071)、北京社会管理职业学院2015~2016年度科研项目(GYYB2015-6)阶段性成果。

(2010－2020年)》提出"实施鼓励非公有制经济组织、新社会组织人才发展政策",提出"把非公有制经济组织、新社会组织人才开发纳入各级政府人才发展规划,制定加强非公有制经济组织、新社会组织人才队伍建设意见"。改革近四十年来,我国社会组织步入一个相对成熟和稳步发展的新阶段,尤其近年来,社会组织发展态势迅猛,在服务民生、表达民意、维护民权、倡导民主等方面功能逐渐显现,社会组织在改革中创新、在创新中发展的组织和制度优势逐步彰显。然而,我国社会组织的持续发展仍然面临着各种制约因素,其中,缺乏一支高素质、强技能、职业化程度高的人才队伍是瓶颈。本研究拟对我国当前社会组织人才职业化现状、面临的困境及其成因进行调查与分析,系统分析和探索我国社会组织人才职业化成长的有效途径。

一 社会组织人才职业化的意涵阐释与研究简评

(一)社会组织人才职业化的内涵

职业化是伴随着职业的发展而出现的,对职业化内涵的认识须基于对职业的认识与了解。《中国大百科全书》将职业定义为:职业随着社会分工而出现,并随着社会分工的稳定发展而构成人们赖以生存的不同的工作方式;从社会学角度来看,职业除了作为一种谋生手段之外,同时体现着从业者的人生价值。

对于职业化的理解,学科背景不同,理解亦不同。郭宇强认为,职业化指转变成某种性质或状态,是指职业的形成、发展的过程,是职业的各项管理机制的形成与完善过程,是职业的知识与技能体系形成、发展与完善的过程(郭宇强,2008)。此观点是从社会分工发展的角度出发,分析某种职业形成的过程,即某种活动因专业性、专门性逐步形成,开始成为具有特定模式的职业活动,并得到社会认可。这种观点关注的重点,是某种还不能称之为"职业活动"的活动,如何发展为"职业活动"的过程,其本质是一种工作状态的标准化、规范化和制度化演变过程。社会组织在我国近三十年的发展历程中,在社会、经济领域中属于新生力量,社会组织领域的相关活动亦处于职业化发展的探索过程中,上述对于"职业化"的理解适用于社会组织活动发展现状,因此,本研究借用上述定义。

基于"职业化"的理解，社会组织人才职业化是指从事社会组织领域相关工作的专业性、专门性逐步发展的动态过程，是社会组织领域职业的各项管理机制逐渐形成和完善，相关知识与技能体系逐步形成，最终发展成为特定模式的职业活动，并得到社会认可。

社会组织人才职业化包含三层含义：一是要求社会组织从业者技能专业化。即拥有从事社会组织领域职业所需要的社会组织方面的专业知识和技能；二是具有保障社会组织从业人员正常工作的物质条件，既包括保障正常工作的环境条件，如办公场所、办公用品等必需品，还包括能为社会组织从业人员支付合理报酬的资金条件；三是要求具有社会组织领域的职业发展制度保障的系统性，如具备薪酬管理、职业准入、职称管理、职业晋升、培训考核等成体系的职业化管理机制。本研究将围绕上述内容，分析社会组织人才职业化成长的现实困境，探索其职业化成长的有效路径。

（二）社会组织人才职业化的国内外研究述评

人才是社会主义现代化建设的第一资源，社会组织人才是我国人才队伍的重要组成部分，其职业化程度直接关系到社会组织发展与和谐社会构建。然而，学术界关于社会组织人才职业化发展的研究并不多见，已有的相关研究成果主要体现在以下三方面。

1. 对社会组织人才职业化现状的考察。考察社会组织人才现状是社会组织人才职业化研究的首要问题，Lester M. Salarmon（2002）、王名（2001）等众多学者很早就对社会组织人才发展现状予以关注，认为当前我国乃至全球范围社会组织人才存在流动性大、专业水平低、管理体系不规范等问题。还有学者以特定区域或特定组织类型人员为调查对象，分析社会组织人才专业化现状，郁建兴从人才培养视角考察当前德国（郁建兴、任婉梦，2013）、美国的社会组织人才培养体系（郁建兴，2013），金锦萍（2008）以北京市残疾人康复服务机构为例，Tracy Taylor、Peter McGraw（2006）以体育类社会组织为例分别考察社会组织人才专业化状况。

2. 社会组织人才职业化的途径研究。学者比较多地从人力资源管理视角探讨社会组织人才职业化发展的实现途径，内容涉及绩效、激励等。在绩效管理方面，Kaplan, R. S（2001）分析了社会组织人才管理中的战略绩效与评价。Robert S. Kaplan（2001）提出以平衡记分卡作为社会组织绩效测量与评价方法。

在激励管理方面，李小宁着重阐述了"产出门槛值监督"、"自我激励"两种社会组织主要激励方式的内容、方法（李小宁、田大山，2003）。Walter O. Simmons（2010）通过数据分析认为最低薪酬与志愿者数量成正相关关系。Meredith A. Newman 从情绪劳动管理视角分析社会组织人员开展工作需付出沉重、复杂的情绪劳动并提出应对其情绪予以管理（张冉、纽曼，2012）。

3. 社会组织人才职业化的制度研究。制度构建是推进社会组织人才职业化发展的根本路径。杨团（2009）提出利用农村剩余劳动力构建社会组织养老服务业的制度设计。廖鸿等（2010）、罗美侠和曲文勇（2011）、张江丽（2013）认为应尽快建立社会组织人才社会保障体系，维护社会组织人才合法权益。石国亮等（2013）从现代社会组织体制构建角度提出建立社会组织负责人管理制度，规范社会组织负责人岗位要求、资格认定、产生程序、任职年限等。

现有研究成果为社会组织人才职业化研究提供了丰富的理论依据和研究基础，但大多是对社会组织人才职业化某方面进行阐述，较为零散。在职业化途径方面，大多从微观视角或基于西方国家实际，缺乏本土改造。在制度研究方面，学者多就某项政策进行可行性探索，未能将社会组织人才职业化作为一个系统去审视与探究，缺乏系统的制度分析与设计。

二 我国社会组织人才职业化发展的价值判断

（一）人才职业化是当前我国社会组织发展的现实需求

截至 2015 年 6 月底，全国共有社会组织 62.1 万个，同比增长 10.4%；其中，社会团体 31.4 万个，基金会 4313 个，民办非企业单位 30.2 万个，已初步形成门类齐全、层次各异、覆盖广泛的社会组织体系。然而，截至 2014 年，我国社会组织吸纳社会各类人员就业仅 682.3 万人①，与数量巨大的社会组织相比，我国社会组织从业人员却严重不足。一定规模的人才总量是社会组织人才职业化的前提与基础。从业人员极度匮乏的状况严重阻碍了社会组织人才职业化的进程以及社会组织的进一步发展。

---

① 数据来自 2014 年民政部社会服务发展公报、2015 年民政部政务微信《民政部举行新闻发布会——陈日发就上半年重点业务工作进展及下一步安排答记者问》（2015.8.20）。

（二）人才职业化是实现我国社会组织人才科学管理的有效手段

目前，我国社会组织人才建设与管理立法滞后，人员保障相关规章制度不尽完善，尚未在全国范围内形成关于社会组织人员的引进、培养、使用、评估、激励、保障等方面的法律法规，以上这些制度、政策的缺失难以保障社会组织人才职业化的可持续发展，更是阻碍实现社会组织人才的科学管理。社会组织人才职业化最终是为了实现社会组织人才的科学管理，好的制度、规章是实现人才科学管理的有效保障。

（三）人才职业化是我国社会组织人才专业化培养的目标

专业化是社会组织人才职业化的必要条件，而学历教育又是人才专业化培养的主要渠道。目前，我国社会组织、公益慈善等相关方面的专业还未被纳入教育部高等教育专业序列，虽然，北京、广州、南京等地一些高等院校在积极尝试各种不同形式的社会组织人才专业化培养模式，如北京社会管理职业学院社会组织管理方向的"岗—课—证"培养模式以及北京师范大学珠海分校的公益慈善班模式等，[①] 但是，系统的社会组织专业人才培养体系还未建立起来。社会组织人才专业化培养的缺失仍然是当前我国社会组织人才职业化成长面临的主要障碍。

（四）政府的支持性政策为社会组织人才职业化发展提供了制度保障

《国家中长期人才发展规划纲要（2010–2020）》提出"实施鼓励非公有制经济组织、新社会组织人才发展政策"，提出"把非公有制经济组织、新社会组织人才开发纳入各级政府人才发展规划。制定加强非公有制经济组织、新社会组织人才队伍建设意见"。《民政事业发展第十二个五年规划》提出制定社会组织人才政策，健全和落实社会组织从业人员职称评定、薪酬待遇、社会保险等政策。2013年5月，《国家职业分类大典》修订，将社会组织服务类的"劝募师"与"会员管理师"纳入新的职业大典中，并将"社会组织管理师"作为拟新增职业。这些支持性制度、政策无疑为社会组织人才职业化发展提供了强有力的制度保障。

---

① 北京社会管理职业学院（民政部培训中心）是民政部直属院校，于2012年在公共事务管理专业下设"社会组织管理"方向，首次在全国招收社会组织管理方向学历教育学生。同年，北京师范大学珠海分校在学校各学院针对大三学生招收大四"公益慈善"方向学生，上述两所院校在社会组织专业人才培养方面进行了开创性探索。

（五）丰富生动的实践探索为社会组织人才职业化发展提供了现实依据

人力资源和社会保障部、民政部等相关政府部门从顶层设计的高度，对社会组织人才发展提出了指导性政策，地方政府也在推进、鼓励社会组织人才职业化发展方面做了各种积极有益的探索。深圳市民政局尝试建立社会组织从业人员诚信数据库，并将其纳入全市的诚信系统，将诚信记录作为社会组织从业人员考核评估的重要依据。天津市民政局分别与市商务委、市司法局签署《建立社会组织法律对接服务战略合作备忘录》，通过多种"利好"政策促进社会组织发展，规定社会组织从业人员在专业技术职称评定方面享受与国有企事业单位同类人员同等待遇。北京市通过"政府购买社会组织管理岗位"项目，使用市社会建设专项资金，用于购买"枢纽型"社会组织管理岗位，积极支持社会组织管理人员的自身发展。地方政府在丰富的实践过程中，积累了很多推进社会组织职业化的有益经验，为社会组织人才职业化发展提供了现实依据。

三　我国当前社会组织人才职业化成长的现实情境

我国社会组织种类多样、数量繁多、活动领域复杂，对其人才职业化现状进行考察与分析实为艰难。当前，国内尚无机构或研究人员对全国社会组织从业人员状况进行全面考察和分析，仅有对一定范围或领域的社会组织从业人员的个别研究。同时，考量社会组织人才职业化的维度很多，从业人员类别、学历分布、职称以及职业资格状况、社会保障程度等与社会组织人才职业化程度直接相关，本文拟从上述层面，并借助相关数据，分析当前我国社会组织从业人员职业化发展程度。

（一）我国社会组织人才职业化发展现状

1. 社会组织人才结构

相对于企业、政府工作人员，社会组织从业人员构成比较复杂。目前，业内认同的社会组织从业人员主要类型有全职人员、兼职人员两大类。据统计，2012年，北京市社会组织共吸纳从业人员145155人，其中兼职人员是北京市社会组织从业人员中的重要组成部分，占34.2%。[①]

---

① 引自2012年北京市民政局社会组织年检数据。

早在2010年，腾讯公益基金会、南都公益基金会、刘鸿儒金融教育基金会联合零点研究咨询集团共同发起并合作开展"中国公益人才发展现状及需求调研暨素质能力模型建模"项目。在项目选取的样本机构中，近半数的机构全职人员在3人以下（其中还有10%的机构无全职人员，见图1）。[1]

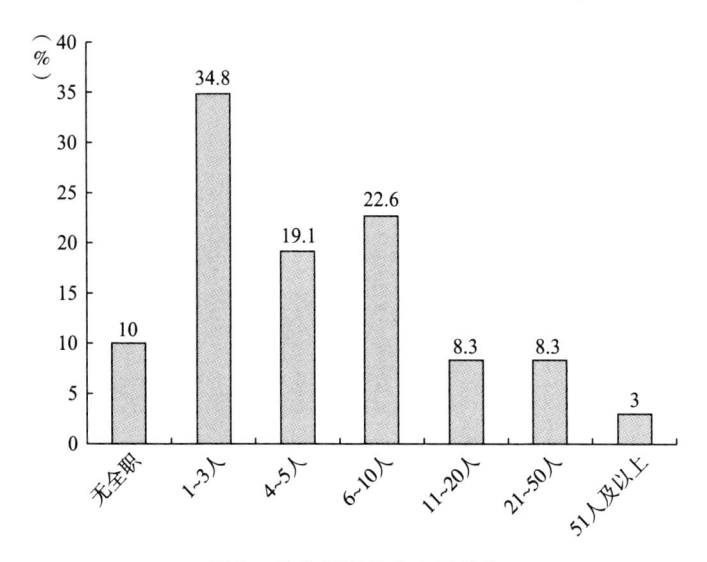

图1 社会组织从业人员结构

以上可见，兼职人员居多，全职人员规模小是当前我国社会组织人才构成的主要特征，这样的组织人员结构不但大大减弱了社会组织人才队伍的稳定性与活力，更不利于社会组织人才的职业化成长。

2. 社会组织人才学历状况

从学历上看，北京市社会组织从业人员中，中专及以下35327人，占24.33%；大专35801人，占24.66%；本科56571人，占从业人员总数38.97%；硕、博士以上17446人，占12.02%。[2] 本科及以上高等教育学历人员仅过半，相比较于政府、企事业单位从业人员受教育程度，社会组织仍然处于人才低谷，社会组织人才职业化基础较薄弱，见图2。

---

[1] 引自南都基金会《中国公益人才发展现状及需求调研报告2010》。见http://www.naradafoundation.org/content/4368。

[2] 引自北京市民政局2012年社会组织年检数据。

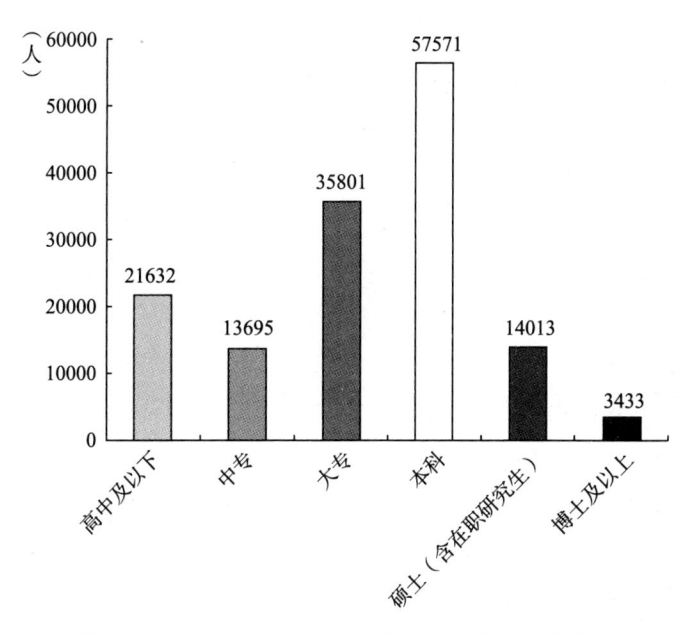

图2 2012年北京市社会组织从业人员学历构成情况

柱状图数据：
- 高中及以下：21632
- 中专：13695
- 大专：35801
- 本科：57571
- 硕士（含在职研究生）：14013
- 博士及以上：3433

3. 社会组织人才职称以及职业资格证获取情况①

职称与职业资格证获取情况是考量人才职业化发展程度的主要维度。目前，我国社会组织从业人员专业职称评定主要有以下三种情况：无职称人员、其他领域专业职称、社会组织专业职称。在职业资格证获取方面，当前，与社会组织工作关联度比较高的职业资格证仅有社会工作者资格证。因此，社会组织从业人员在职业资格证考取方面仅指社会工作者职业资格证获取情况。从北京市的数据来看，截至2012年，北京市社会组织从业人员中，63360人具有其他领域专业职称，占总人数46%，81795人无专业职称，占总人数56%。在职业资格证获取方面，有2598人获得社会工作者资格证，仅占1.8%。② 社会组织领域的职业资格认证体系与职称序列尚未建立，因此，还没有人获得社会组织方面的职业资格证，我国社会组织人才职业化仍然处于低水平发展阶段。

4. 社会组织人才社会保障建设状况

从社会组织从业人员参与社会保障情况看，北京市社会组织从业人员专职

---

① 目前，社会组织职称系统还未建立，因此，此处职称是指社会组织从业人员具备的各种其他专业领域资格，并非社会组织专业职称。
② 引自北京市民政局2012年社会组织年检数据。

人员95555人中，有86584人签订了劳动合同，占全部专职人员的90.61%；72569人参加了失业保险，占全部专职人员的75.94%；34859人缴存住房公积金，占全部专职人员的36.48%；22460人参加了补充医疗保险，占全部专职人员的23.5%；10002人参加了商业保险，占全部专职人员的10.46%。① 可见，社会组织从业人员大多与机构签订了劳动合同，然而，其补充医疗保险、商业保险参保率以及住房公积金缴存率仍然较低。

同样，2010年，腾讯公益基金会、南都基金会等机构合作发起的"中国公益人才发展现状及需求调研"调查发现，社会组织从业人员往往会随着资历的增加，可期望的薪资待遇和社会保障的上升空间却逐步变小。所调查样本中的绝大多数社会组织从业人员的薪酬水平以及社会保障方面显示仍然很薄弱（见图3、图4）②。2010年社会组织从业人员年均薪酬为2909元/月，2014年，社会组织从业人员平均薪酬长到3998元/月，四年间薪酬水平仅增长1089元/月，年增长率均为8.3%。社会组织薪酬水平与城镇职工薪酬水平相比差距依然显著（见图5）③。

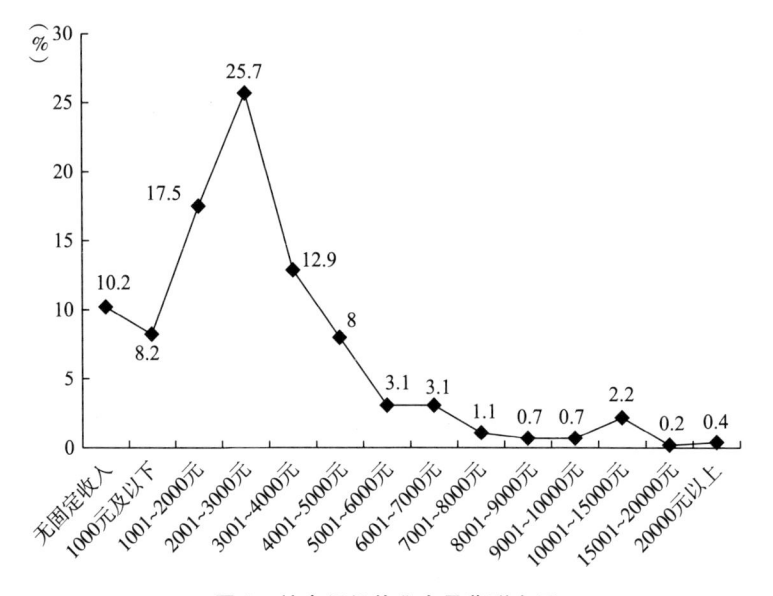

图3 社会组织从业人员薪酬水平

① 引自北京市民政局2012年社会组织年检数据。
② 引自南都基金会《中国公益人才发展现状及需求调研报告2010》。见 http://www.naradafoundation.org/content/4368。
③ 引自南都基金会《中国公益人才发展现状及需求调研报告2014》。见 http://www.naradafoundation.org/content/4069。

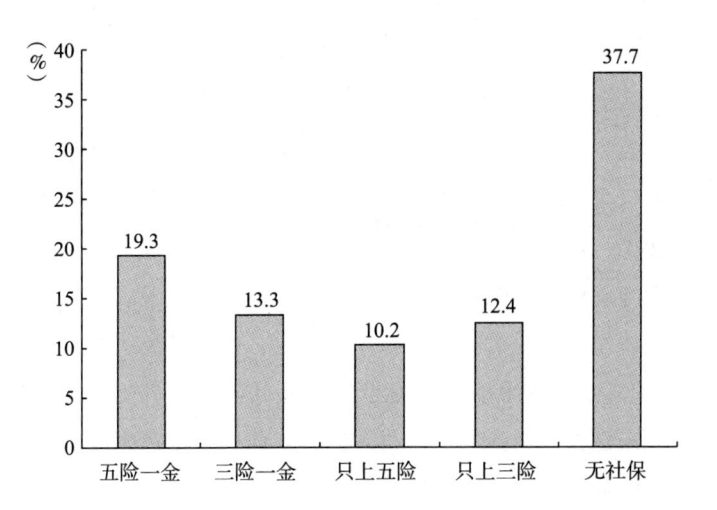

图 4 社会组织社会保障状况

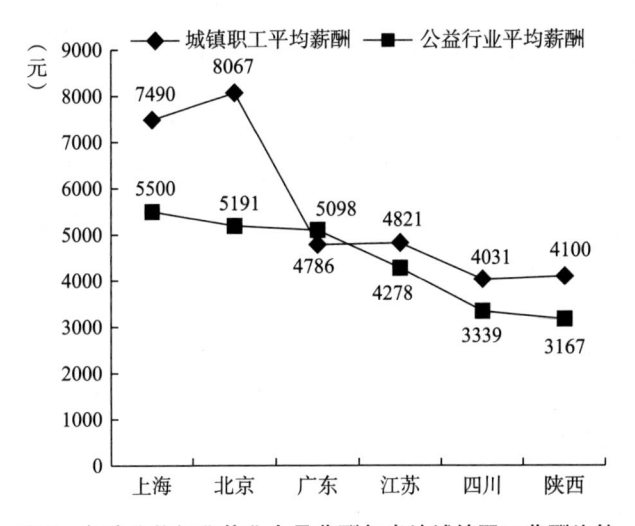

图 5 各地公益行业从业人员薪酬与当地城镇职工薪酬比较

（二）我国社会组织人才职业化成长面临的现实困境与成因

人才的职业化成长是一个需经历练的漫长过程，其实现离不开体系化的构建与深入探索，难以一蹴而就。当前，我国社会组织人才职业化发展依然面临以下主要困境：

1. 社会组织就业吸引力较弱

根据20世纪90年代萨拉蒙对36国非营利部门国际统计，包含发展中国家和发达国家在内的36国非营利部门吸纳就业人口4550万，约占这些国家经济活跃人口的4.4%。据统计，截至2014年底，我国共有社会组织60.6万个，吸纳社会各类人员就业682.3万人。这个数据与20世纪的发达国家相比，差距甚远。社会组织从业人员总量依然偏少，还远未发展成为社会就业的主渠道。

社会组织人才吸纳能力低，其原因主要在于：首先，社会组织缺乏良好的人才发展平台与可持续的职业发展空间，社会组织从业人员在岗期间接受继续教育的机会较少，在职人员培训的体系化建设仍不够完善，社会组织人才可持续发展的通道与职业空间极为有限，这成为影响社会组织从业人员尤其是青年将其作为自己毕生事业追求的主要因素。其次，社会组织从业人员流动会受到档案、户籍、职称等因素的限制，社会组织人才与党政机关和企事业单位人才的交流渠道还未建立，社会组织从业人员的职业延续没有制度保障。再次，社会组织从业人员缺乏参政议政渠道，在各级党代会、人代会、政协会议中没有相应界别，相比机关、企事业单位人员，社会组织从业人员没有获得平等的政治待遇，缺乏正当的利益诉求表达的合法化途径，大大增加了资深且有一定政治诉求公益人士的离职率。

2. 社会组织人才专业化程度不高

社会组织人才专业化是人才职业化的基础和前提。当前我国社会组织人才专业化程度较低，主要体现在以下方面：一是社会组织从业人员中兼职人员比例较高，导致人才队伍稳定性不足，社会组织的人才专业化难以保障。二是社会组织从业人员中本科以上学历偏低，尤其硕士、博士以上高端人才及境外人员更是少之又少，这种人员状况势必会影响社会组织的国际化及高端化发展进程。三是，随着社会组织服务领域的日益多元，其对于人才的专业需求也愈加多元，公益人才的岗位职能细化与专业化要求也愈加高，然而，社会组织中项目管理、公共传播、筹资等专门人才仍然很匮乏。

全脱产的高校学历教育与在职人才的非学历培训是人才专业化成长的主要途径。现当代，依托高校实施的学历教育依然是人才专业化培养的最主要途径。总体看，社会组织人才专业化程度较低，其核心原因在于缺乏依托公益慈善相关学科发展的学历教育。当前，我国公益慈善、社会组织管理等相关专业或学科的学历、非学历教育发展远远滞后于社会组织的迅猛发展。专业或学科的体系化发展包含人才培养模式的探索、专业课程的设置与建设、实习实训基地的建设等一系列核心工作，社会组织相关专业及学科发展的缺失与不完善意味着社会组织人才的专业化培养失去了核心载体，其人才专业化进程难以保障。

3. 社会组织人才职业化管理制度不够完善

制度是实现社会组织人才职业化管理的手段，更是社会组织人才职业化发展的保障。人才职业化管理需要一系列制度保障，包括户籍、档案管理、社会保障、薪酬、绩效考核等方面。当前，我国社会组织人才职业化管理制度体系还远未建立，不能给社会组织人才提供基本的职业安全与职业保障，其职业化发展的内在动力不足。

社会组织人才职业化管理制度不健全的原因在于，一是社会组织人才职业化管理是个系统工程，需要户籍、档案、社会保障等多方面配套政策支持，单一政策无法真正实现社会组织人才的职业化管理。同时，制度或政策的出台往往不是单一部门能够决定的，而是多部门利益博弈的结果，制度体系的构建需要复杂的社会系统共同作用、共同推动。因此，即便是现行的社会组织人才相关制度，在现实情景的推广与实施中，也难以保证和实现设立制度的最初本意。

4. 社会组织人才职称序列与职业资格认证体系尚未建立

职称序列以及职业资格认证体系是衡量一个行业人才职业化水平的最核心要素。在现代人才管理机制中，职称以及职业资格与薪酬、聘任、晋升、培训、退休等管理环节紧密相关。职称序列以及职业资格体系的建立与完善，已经发展成为社会各行各业人才规范化管理的主要手段以及刺激和推动人才成长内动力的主要载体。目前，我国社会组织管理的专业职称序列、职业资格认证体系以及相应的考试体系均未完全建立。

社会组织人才职称序列以及职业资格认证体系缺失的主要原因在于：一是我国社会组织在近十余年得到迅猛发展，在这么快的时间里，各领域尤其政府相关部门还没来得及系统考虑和解决该领域的职称以及职业认证相关事宜。二是职称评定以及职业资格认证与单位性质、户籍、档案管理等制度高度关联，涉及部门繁多，使得职称评定以及职业资格认证已经不是单一问题，而是多元问题交织在一起演化而成的复合问题，社会组织从业人员的职业化发展道路依然任重道远。

四 我国社会组织人才职业化成长的路径选择

社会组织人才的职业化建设与发展是个系统工程，需要提供系统支持。基于主体，可以将社会组织人才职业化发展体系分解为：一是以政府职能部门为主体的政策支持体系。政策支持体系主要以出台各种支持型政策，为社会组织人才职业化发展提供制度保障；二是以高等院校、科研院所为主体的专业化培养体系。专业化培养体系主要面向非在职人员进行学历教育的专业化培养，这是社会组织人才职业化发展的基础与核心；三是以社会组织自身为主体的职业培训体系。职业培训体系主要面向社会组织在职工作人员，在职称、职业资格认证体系基础上，对社会组织在职人员进行职业培训与提升，拓展其职业化发展空间，职业培训体系是社会组织人才职业化途径的重要补充与深度拓展，详见图6。

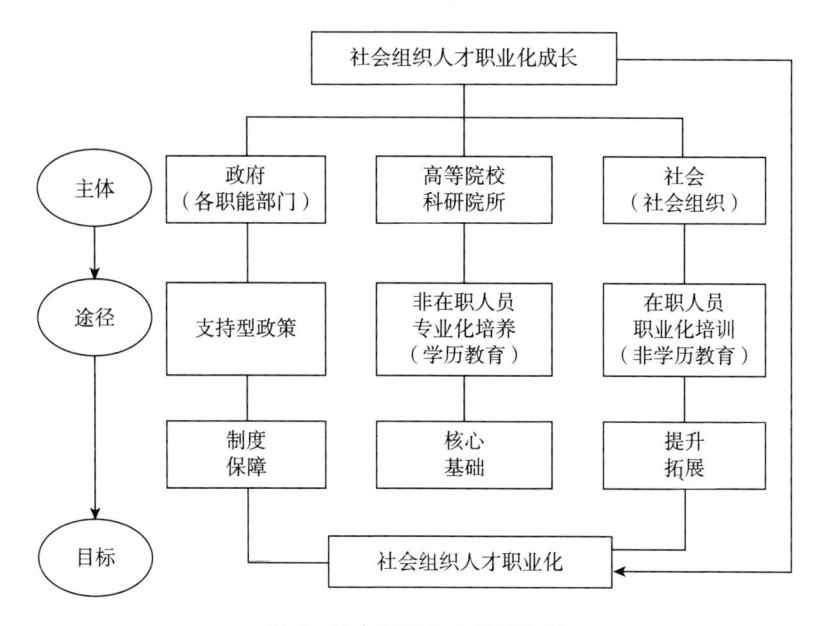

图6 社会组织人才成长体系

社会组织人才职业化是个系统工程，然而，完美的体系建设需要各项配套具体制度措施才能得以实现，基于上述分析，为构建社会组织人才职业化发展体系，深度推进社会组织人才职业化成长，需加强以下几方面工作：

（一）制定并出台《社会组织法》，规范社会组织的各项权益保障

党的十八大后逐步取消社会组织双重管理体制，社会组织如雨后春笋进入一个新的发展时期，然而，与社会组织快速发展相比，相关立法却非常滞后。迄今还没有一部社会组织基本法，仅依靠有关行政法规和部门规章来规范，既缺乏对社会组织权益保障的法律规范，也缺乏对社会组织与其他组织及个人之间的权利义务关系的法律规范。法律规范的缺乏，已经成为阻碍当前我国社会组织发展的巨大瓶颈。党的十八大明确提出"加快形成政社分开、权责明确、依法自治的现代社会组织体制"，"引导社会组织健康有序发展"的要求。党的十八届二中全会提出要"改革社会组织管理体制"，党的十八届三中全会提出要"激发社会组织的活力"，党的十八届四中全会更是明确而直接地提出要"加强社会组织立法，规范和引导各类社会组织健康发展"。这些重要且明确的要求，为加快社会组织立法提供了权威的指引。当前，我国60余万家社会组织几乎涵盖了各个社会领域，他们不但有着强烈的政策需求，其丰富的实践还为制定《社会组织法》提供了坚实的立法源泉。

综上，制定《社会组织法》已经具备了较好的现实基础，由全国人大内务司法委员会、全国人大法制工作委员会牵头起草，民政部等部门紧密配合，共同推进《社会组织法》草案起草工作。研究和制定全面规范社会组织发展与管理的"母法"——《社会组织法》，明确社会组织的性质和地位，规定设立条件、运行机制、行为规范、政府职责、社会参与等，提升社会组织政治、法律主体地位。

（二）积极探索与创建社会组织专业人才学历教育培养体系，为社会组织人才职业化奠定基础

人才专业化是人才职业化的基础，学历教育体系的建立是人才专业化培养的前提。社会组织人才培养是个系统工程，需依托多元途径实现。依托高等院校实现的学历教育是社会组织人才专业化培养的主要渠道。目前，"社会组织管理"相关专业还未被列入国务院学位委员会、教育部制定的《学位授予和人才培养学科目录》。民政部门与教育部门可共同组织开展调研，对"社会组织管理"相关专业的设立进行必要性与可行性调查，推动修订与完善学科目录，通过在我国高等学校本科以及高职教育专业设置中的"管理学"门类一级学科"公共管理"下设立二级专业目录"社会组织管理"，逐步建立和完善社会组织专业的高职、本科、硕士、博士等不同层次的人才培养体系。探索以能力培养为本位，以专业教学为基础，以工作过程为主导的"岗位—课程—职业资格证"相融通的项目化课程体系与实践实训体系，加强社会组织学科专业体系建设，制定科学的专业设置标准，完善社会组织相关专业的教学规范。加快专业学士、硕士、博士学位授权点建设，积极推广 MPA 社会组织管理方向专业学位教育；完善继续教育体系，对社会组织专业技术人员的知识和技能进行更新、补充、拓展和提高，进一步完善知识结构，提高专业化、职业化水平。

（三）建立健全社会组织人才职业培训制度与机制，规范社会组织在职人员职业培训体系

除了高校学历教育以外，职业培训是社会组织在职人员专业化培养不可或缺的有机组成部分，在职培训具有周期短、频率高等特点。以支持型社会组织为主体的职业培训更侧重实践性，它可以满足从事社会组织相关工作的实操人员的专业技能需求。逐步规范和完善培训课程开发管理、培训认证、培训绩效管理等制度建设，实现培训体系的规范化、标准化。同时，志愿实践是社会组织专门人才培养的有益补充，热衷于公益事业的人员也可在本职工作之余，通过参加志愿者培训、参与志愿实践与体验实现公益理想。进一步探索志愿者管理、开发志愿基地建设，使志愿基地成为社会组织专门人才培养的摇篮。

加强社会组织人才培训机构和师资建设力度。建立社会组织培训基地，依托各类党校、行政学院、高等院校等开展对社会组织人才的培训，分领域研究、开发社会组织培训课程和教材。加大培训师资队伍建设，打造一支专兼职结合、理论与实务水平较高的培训师资队伍。制定《社会组织职工教育条例》，规范社会组织从业人员培训管理，保障培训经费，使社会组织人才培训制度化。

（四）建立健全社会组织人才职业资格认证体系，推进社会组织工作人员持证上岗制度建设和职称评定工作

目前，与政府机关、企事业单位相比，社会组织行业准入门槛偏低、身份认同意识淡薄，科学规范的社会组织资格认证机制缺失，极大地影响了社会组织人才的质量及其职业发展前景与职业吸引力。应以政府相关部门的配套支持型政策为基础，进一步规范与明确社会组织专职人员岗位设置、建立社会组织职业制度、健全社会组织人才继续教育制度，实现专业人才培养与职业资格认证的衔接。2013 年，《国家职业分类大典》新增社会组织方面的"劝募师""会员管理师"职业，应在此基础上，进一步补充和完善"社会组织管理师"等社会组织方面的职业资格认证体系。协调相关部门，推动社会组织人才职称评定工作，在职业资格认证体系与职称评定工作之间建立对接制度，在工资待遇或社会福利方面对持证上岗人员给予倾斜，增强社会组织从业人员对职业的认同感与归属感。在一些具备条件的社会组织先行开展社会组织职称评定以及职业资格认证与职称衔接管理试点，逐步摸索取得经验，为将来在全国社会组织中推行职称评定工作奠定基础。

（五）借鉴企业人力资源管理方法及机制，建立健全社会组织人才管理体系

企业人力资源管理的方法与机制较为成熟，其相关做法与经验可在社会组织人才管理中加以借鉴。社会组织人才管理体系的构建包括人才评价、人才激励、人才引进、人才流动等核心环节。

1. 建立健全社会组织人才评价与激励机制

建立以岗位职责要求为基础，以品德、能力和业绩为导向，科学化、社会化的社会组织人才评价机制。社会组织人才评价机制的建立主要包含以下工作：第一，疏通社会组织职称评定渠道，实现专业技术职务等级认定工作的社会化。积极推进国有企业、非公企业、社会组织、事业单位在同一条件下评定职称，相互认可。第二，加快会员管理师、劝募师、社会工作者职业资格考试与认定工作，完善社会组织人才职业水平评价制度，将取得职业水平证书的专业人才纳入专业技术人员管理范围。鼓励用人单位根据工作需要聘用持有职业水平证书的专业人才。

建立社会组织人才激励机制包含以下主要方面：第一，建立健全社会组织人才薪酬福利保障机制，适当放宽社会组织管理成本限制，切实提高社会组织人才薪酬水平。加大社会组织补充养老保险（年金）推广力度，鼓励有条件的社会组织建立年金，初步形成基本养老保险、企业年金和个人储蓄养老保险相结合的多层次养老保险体系。进一步完善工伤保险政策和标准体系，组织实施基金会、社会团体和民办非企业单位参加工伤保险，完善工伤认定制度和劳动能力鉴定制度，积极探索工伤补偿与工伤预防、工伤康复相结合的有效途径，建立预防工伤事故的有效机制，逐步建立适合我国国情的社会组织从业人员工伤康复制度。进一步扩大生育保险覆盖范围，建立健全生育保险医疗服务管理体系和费用结算办法。第二，建立社会组织人才表彰奖励制度。以党委、政府表彰奖励为导向，以用人单位和社会力量为主体，按照国家有关规定开展表彰奖励活动；探索建立专门针对社会组织人才的表彰奖励制度；将社会组织各类人才纳入政府奖励范围，在授予劳动模范等各种荣誉称号时，应给予社会组织人才相应的评选比例。将符合条件的社会组织人才纳入享受国务院政府特殊津贴范围。

2. 建立健全社会组织人才引进与流动机制

社会组织人才引进机制包括以下方面工作：第一，建立社会组织高端人才引进机制，在户籍、档案、工作居住证、培训、税收、奖励等方面给予社会组织人才平等对待。完善工作居住证制度，为社会组织优秀人才享受市民待遇提供前提条件。第二，授权民政管理部门组建专门的社会组织人事档案管理中心，对社会组织的人事档案管理，实行统一领导、分级集中的管理体制，为社会组织社会化、市场化运作奠定基础。同时，根据人事档案信息内容，加强社会组织系统的人才资源数据库的建设，并实施科学管理，在维护人事档案相对人合法权益的前提下，为社会提供人才信息咨询服务，提高人才引进效率。

社会组织人才流动机制的建立需要从以下方面工作着手：第一，打破行业、地域、身份、所有制界限，放宽视野，拓宽渠道，完善社会组织人才社会化选拔、流动机制。第二，畅通社会组织与党政机关、企事业单位间的人才流动渠道，结合事业需要将社会组织人才纳入党政机关、国有企事业单位后备人才选拔培养视野，加大社会组织人才的选拔力度。

参考文献

波伊斯特，西奥多·H（2005）：《公共与非营利组织绩效考评：方法与应用》，北京：中国人民大学出版社。

郭国庆（2001）：《现代非营利组织研究》，北京：首都师范大学出版社。

郭宇强（2008）：《工会工作职业化的一个分析框架》，《中国劳动关系学院学报》，22（5），第51页。

江明修（2003）：《志工管理》，台北：智胜文化。

金锦萍（2008）：《民办残疾人康复服务机构发展状况报告——对北京市的调查》，《学习与实践》，(5)，第127~137页。

〔美〕克林格勒，罗纳德（2001）：《公共部门人力资源管理：系统与战略》，孙伯瑛译，北京：中国人民大学出版社。

李小宁、田大山（2003）：《无偿服务非营利组织中的委托——代理关系》，《北京航空航天大学学报》，（6），第 27~31 页。

罗美侠、曲文勇（2011）：《社会组织人才建设现状浅析——以黑龙江省为例》，《社会工作》，（24），第 82~84 页。

李长文（2013a）：《我国非营利组织能力建设发展的历史回顾与反思》，《宁夏社会科学》，第 20~29 页。

——（2013b）：《为现代社会组织发展培养专业人才——北京社会管理职业学院社会组织管理专业的创建及发展》，《中国社会报》2013 年 5 月 27 日，第 008 版。

——（2014）：《社会组织人才专业化研究综述》，《社会福利》，2014 年 5 月。

张冉、纽曼，玛瑞迪斯（2012）：《情绪劳动管理：非营利组织人力资源管理的新视角》，《浙江大学学报》，（3），第 5~21 页。

〔美〕萨拉蒙，莱斯特·M（2002）：《全球公民社会非营利部门视界》，贾西津、魏玉等译，北京：社会科学文献出版社。

王名主编（2001）：《中国 NGO 研究 2001——以个案为中心》，联合国区域发展中心，清华大学 NGO 研究所。

——（2002）：《非营利组织管理概论》，北京：中国人民大学出版社。

王名、李长文（2012）：《中国 NGO 能力建设：现状、问题及对策》，《中国非营利评论》（第十卷），北京：社会科学文献出版社，第 149~169 页。

杨团（2009）：《促进非营利部门就业是新社会政策时代的社会产业政策》，《学习与实践》，10，第 117~126 页。

郁建兴（2013）：《美国社会组织的人才培养模甘拜口经验》，《中国社会组织》，（1），第 49~51 页。

郁建兴、任婉梦（2013）：《德国社会组织的人才培养模式和经验》，《中国社会组织》，（3），第 46~49 页。

Kaplan, R. S. (2001), *Strategic Performance Measurement and Management in Nonprofit Organizations*, WileyPeriodicals, Inc.

Pynes, J. E. (1997), *Human Resources Management for Public and Nonprofit Organization*, Jossey-Bass Publishers.

Simmons, W. O. (2010), "Resemarie. Emanuele. Are Volunteers Substitute for Paid Labor in Non-profit Organizations", *Journal of Economics and Business*, (1), pp. 65 – 77.

Taylor, T. & McGraw, P. (2006), "Exploring Human Re-source Management Practices in Nonprofit Sport Organisations", *Sport Management Review*, (9), pp. 229 – 251.

Weisbrod, B. (1988), *The Nonprofit Economy*, Cambridge: Harvard University Press.

The Dilemma and Path Selection for Personnel Professional Development of Chinese Social Organizations

Li Changwen

[**Abstract**] Talents are the paramount resource for socialist modernization campaign. Social organization talents make up an important part of the talents in China; their professional growth hinges on the standardization of social organizations and construction of a harmonious society. At present, many problems stand out in personnel professional development with Chinese social organizations as mainly found in the following aspects: the booming social organizations have an acute shortage of professionals; the relevant policy support for personnel professional development of social organizations evidently lags behind; the social organization personnel have inadequate professional competence and they are not properly structured; compared with the government organs, enterprises and public institutions, social organizations are less attractive to job hunters. This research conducts a systematic analysis upon the dilemma and path selection for personnel professional development of social organizations, with a view of building an effective path and system that will fundamentally help address the dilemma faced by the social organizations in China.

[**Keywords**] Social Organization, Professional Development, Dilemma, Path Selection

(责任编辑：陈洪涛)

美国非营利管理教育研究综述

朱照南　马　季[*]

【摘要】 美国的非营利管理教育（NME）作为一个新兴学科，在过去三十年发展迅猛。本文通过对美国 NME 相关研究进行系统综述发现，学者普遍认为 NME 与其他学科的管理教育应当作为一个新的独立学科进行发展；NME 项目的数量在过去三十年迅速增加，学者提出了相对系统的课程体系，但对 NME 项目效果和社会影响的研究还比较缺乏；此外，在知识生产方面，尽管非营利部门的知识体系尚未完全形成，但已经涌现了大量的、独特的关于非营利管理的知识；推动美国 NME 发展的主要力量包括：研究中心、学术期刊、图书、学术网络、专业杂志和网站、基金会、企业和私人的资金支持等。我国当前非营利管理教育和研究都尚处于起步阶段，本文将对我国非营利管理教育的发展提供最前沿的借鉴和参考。

【关键词】 非营利管理教育　研究综述　非营利组织　高等教育

一　前言

"自 20 世纪末，伴随着经济、社会等领域的不断转型，我国 NGO 及公民社

---

[*] 朱照南，北京师范大学社会发展与公共政策学院非营利组织管理专业博士生，美国印第安纳大学公共与环境事务学院访问学者。马季，Indiana University Lilly Family School of Philanthropy 博士研究生。

会进入了一个前所未有的快速成长期，NGO 的活动也逐步深入到社会生活的各个领域和各个层面，在推动经济发展、繁荣社会生活、参与公共管理、发展公益事业和扩大对外交往等方面发挥着越来越重要的作用。"（王名、李长文，2012）与之相匹配，政府、高校、NGO 自身纷纷开展非营利组织能力建设、培训、教育、研究等相关工作（王名、李长文，2012）。但是，目前国内对非营利管理教育的相关研究尚非常匮乏，基本上停留在对非营利组织能力建设的现状和问题的描述阶段。系统的学术研究有助于推动国内非营利管理教育的发展，也进而可以为中国非营利组织整个行业的发展提供源源不断的知识生产和技术支持。

本文旨在通过对美国非营利管理教育的相关研究进行系统综述，呈现已有研究的主要内容和发展趋势，包括美国非营利教育的概念形成与演变、NME 学科的发展和确立、美国 NME 的发展现状和趋势（包括学位项目、课程设置、项目效果和社会影响等）、非营利管理领域知识生产现状，以及推动美国非营利的管理教育的主要力量等。在此基础上，本文希望从美国非营利管理教育的研究中发现可供中国借鉴的经验，为发展具有中国本土特色的非营利管理教育实践和研究工作提供一定参考。

二 研究方法

本文将采用"结构化文献综述"（Structured Literature Review）（Liket & Maas, 2013; Lecy et al., 2012; Harris et al., 2011）的研究方法对该领域的文献进行系统分析，力求客观和全面。通过文献之间的引证关系，该方法系统探索并构建知识库，一般包括四个步骤：1）选定文献搜索数据库，咨询领域内专家，确定对该领域产生重要影响的文献为种子文献（Seed Article）；2）以种子文献为起点，通过"滚雪球"（Snowball Sampling）的抽样方法获取更多文献，直至饱和（Saturation），形成文献库总体；3）从文献库总体中抽出引用率最高的文献，并通过一定标准确定样本文献库作为分析对象；4）对样本文献库的所有文章进行编码和内容分析。与上述步骤稍有不同的是，本研究综述没有使用样本文献库，而是对文献库总体进行了内容分析。

（一）确定种子文献

自 1986 年以来，五次全国性会议对 NME 的发展产生了至关重要的影响，

(Ashcraft & Stone, 2012) 是该领域发展的标志性事件。

第一次会议于1986年11月召开，由旧金山大学非营利组织管理学会（Institute for Nonprofit Organization Management）举办，这次会议的主要产出为《培养非营利组织的管理者》（*Educating Managers of Nonprofit Organizations*）（O'Neill & Young, 1988）一书，该书收录了本次会议的十篇重要文章；第二次会议于1996年3月，同样由旧金山大学的非营利组织管理学会举办，35篇会议论文中的10篇高质量的文章于会后被结集出版为《非营利管理教育：美国和世界视角》（*Nonprofit Management Education：U. S. and World Perspectives*）（O'Neill & Fletcher, 1998）；2004年，印第安纳大学慈善研究中心邀请领域内专家举办了一次闭门会议，会议的重要文献被收录入《公民社会教育：2004会议摘要》（*Education for a Civil Society：A Summary of the 2004 Conference*）（Burlingame & Hammack, 2005）；2006年的BenchMark 3会议在前几次会议的基础上，将非营利管理教育和慈善研究纳入统一框架，会议的重要文献在2007年12月以NVSQ的特刊形式结集出版；BenchMark 3.5于2011年举办，这次会议的重要文献在2012年秋季发表于《非营利管理和领导力》。

这五次重要会议所产生的三本书和两份高质量的期刊特刊，将作为本文的"种子文献"。

（二）形成文献库总体

通过种子文献，在 Google Scholar 和 Proquest 两个文献库中追踪、筛选更多文献，并最终形成文献库总体。Murdock（2013）提到了另外两份与NME相关的期刊特刊，即2012年第3期的《管理教学学会》（*Academy for Management Learning and Education*）和2008年第4期的《公共部门管理国际期刊》（*International Journal of Public Sector Management*），本文也将这些文章纳入了文献库中。最终，本研究建立的文献库总体包括4本书、4份期刊特刊和45篇期刊文章或学位论文，共计94个条目。笔者认为该文献库覆盖了NME研究领域的绝大部分重要研究成果。[①]

[①] 笔者已将本文文献库做成在线开放数据库，下载地址为：https://www.zotero.org/groups/nme。

二 美国非营利管理教育研究的内容和主题

（一）NME 的概念形成与演变

"非营利管理教育"（Nonprofit Management Education，NME）在这一研究领域的早期重要文献中，就已经作为专有名词广泛使用（O'Neill & Young, 1988）。第一个全美 NME 项目普查时曾使用以下标准来界定 NME 项目（Wish, 1991：78）：

（1）由学术高校而不是营利机构或其他类型非营利组织设立；

（2）提供研究生学位而不是培训证书或继续教育学分；

（3）以非营利管理教育为主，而不仅仅是在其他专业下开设一两门相关课程；

（4）侧重管理学而不是政策或历史；

（5）聚焦于非营利组织的管理而不是政府或私营部门；

（6）提供一般性、普适性的非营利管理教育，而不是聚焦非营利组织中的某种特定类型，例如医疗卫生类组织。

后续的研究除了纳入更多类型的教育项目（如包括了研究生学位教育、本科生学位教育、非学分教育、继续教育和在线教育等）和其他非高校类的培训项目，基本上沿用了上述标准（Mirabella, 2007；Mirabella & Wish, 2001；Wish & Mirabella, 1998）。

"非营利管理教育"（Nonprofit Management Education）及其英文缩写"NME"在相关研究中一直被广泛使用，直至近几年才产生了一些变化。2004 年之后，由于两次重要会议①的影响，"慈善"（Philanthropy）和"慈善研究"（Philanthropic Studies）也逐渐被纳入，例如："非营利和慈善研究教育"（Burlingame & Hammack, 2005：5）、"非营利管理教育和慈善"（Ebrahim, 2012：14），以及"非营利和慈善研究博士教育"（Allison et al., 2007；Jackson et al., 2014）等。然而，"非营利管理教育"和"NME"仍然作为主流术语被研究人员广泛使用，本文也将沿用此术语。

（二）NME 学科在争论中发展和确立

通过对已有研究分析，笔者发现这一研究领域的最初一些重要文章主要探

---

① 见下文五次重要会议中的 2004 年和 2006 年两次会议。

讨的问题是 NME 是否应该且能够成为一门独立学科。具体包括：NME 与其他管理类学科（如工商管理和公共管理）的关系，NME 的学位项目应该设立在哪个学院，非营利管理领域的知识产出是否足以支撑其成为一门学科等。

1. NME 与其他学科管理教育的关系

回顾管理学的发展，最初一些人也曾质疑"管理"是否像医生、教师等，是一个需要专业知识的职业——很多人没有经过培训就成为管理者。19 世纪末，随着公共管理和工商管理两个专业的产生和发展，"管理学"教育开始逐渐形成规模，社会从而开始认可，应该将管理学的教育纳入高校专业（O'Neill, 2005：8 - 10）。

对于 NME 的发展，学者最初也质疑，是否有必要将 NME 与其他学科的管理学教育（如公共管理和工商管理）进行区别。虽然 NME 与这些学科在诸多方面存在显著的差异，例如：价值观、教员文化、教学目标、学生特点等（O'Neill & Young, 1988：4 - 8；Young, 1999：16），但这些区别不一定能够支撑 NME 成为一个独立学科。很多管理学专业确实提供了关于组织管理的通用的知识，但这些专业无法涵盖非营利管理的特殊性（Young, 1999：16）。非营利组织的管理与其他类型的组织管理有着本质的区别，因此，非营利管理教育也不能被包含于其他管理学科之下，越来越多的人认为应该将 NME 作为一个独立学科。

2. "最佳地点"之争

非营利管理教育的学位项目是应该设立在已经相对成熟的商学院、公共管理学院还是应该为其组建独立的新学院？这一问题被学术界称为"最佳地点"之争。这一争论与前面讨论的 NME 和其他学科管理教育的关系在本质上是一致的。

作为一个跨学科的新兴专业，其优势是可以汇集所有相关学科的优秀人才（Young, 1990：18）；但是，若因此将 NME 专业置于其他成熟学科的体系下，又将各有利弊。在早期的 NME 研究中，学者就指出将 NME 设置在商学院和公共管理学院都不合适，因为在这些成熟的学科体系下，NME 的自身特点会被忽视（Keane & Merget, 1988；Levy, 1988）。也有学者认为将 NME 设置在商学院、公共管理学院、社会工作学院各有利弊（Mirabella & Wish, 2000）。例如，虽然社工专业与非营利管理联系紧密，二者在价值观上也基本一致，但社工学院开设的 NME 课程更多地强调"服务"而忽视了"管理"。

尽管 NME 与其他管理学科有一定的内在联系（Hall, 1992：425），但 NME

作为独立学科发展的趋势越来越明显；然而，为 NME 成立一个新的学院远比想象中复杂，需要平衡诸多利益相关方的关系。不仅需要争取充足的教职岗位、专业的师资、高质量的生源以及资金支持（O'Neill & Fletcher, 1998：8 - 12），这还是一场竞争激烈和复杂的"学术政治"——如 Yung（1998）所提到的，NME 必须与其他学科的支持者们在"占地盘""争座次""争权力""争教师""争资金"和"争社区"等各种"跑马圈地游戏"中展开激烈竞争。

（三）NME 的发展现状和趋势

1. NME 的项目发展现状和趋势

随着非营利部门的快速成长，美国的非营利管理教育（Nonprofit Management Education，NME）在过去三十多年间也发展迅猛。20 世纪 70 年代末 80 年代初，为了满足非营利部门专业化运作的需求，美国个别高校开始尝试设立 NME 项目（O'Neill & Fletcher, 1998：5）。1990 年，全美范围内只有 17 所高校设立了 NME 相关的研究生项目[①]，1997 年增长到 76 个，到 2007 年，已有 240 所高校开设了 NME 课程（Mirabella, 2007；Mirabella & Wish, 2001）。最新数据显示，美国已经有超过 292 所高校开始了 NME 相关课程或专业[②]。

20 世纪 80 年代到 90 年代，美国非营利管理教育集中于设立硕士学位项目（O'Neill & Fletcher, 1998：9）。1996 年共有 128 个学院开设了研究生阶段的 NME 项目或课程（Mirabella, 2007：13S）；而最新的数据已经达到 252 个研究生项目（包括少量博士项目）[③]。2000 年之后，NME 的本科教育也开始快速发展：1996 年共有 66 所高校在本科教育中开设 NME 相关课程，而最新的数据显示已经增加到了 154 所（Mirabella, 2007：13S）[④]。与此同时，尽管博士项目一直增长缓慢，但对博士项目的需求正在快速增加（Allison et al., 2007；Jackson et al., 2014）。

以往研究学者主要关注基于高校的学位教育，因为学位教育在领域发展和

[①] 筛选这些专业的标准：至少包括 3 门非营利组织相关的课程。

[②] Mirabella, R. M. (2014), "Nonprofit Management Education: Current Offerings in University-Based Programs", retrieved December 15, 2014, from http://academic.shu.edu/npo/.

[③] Mirabella, R. M. (2014), "Nonprofit Management Education: Current Offerings in University-Based Programs", retrieved December 15, 2014, from http://academic.shu.edu/npo/.

[④] Mirabella, R. M. (2014), "Nonprofit Management Education: Current Offerings in University-Based Programs", retrieved December 15, 2014, from http://academic.shu.edu/npo/.

专业化的过程中处于重要和前沿的位置；但学位项目和高校教育只是整个非营利教育的一部分（Young，1999：18）。2000年之后，非学位项目、继续教育或者在线教育等多种形式的NME项目都在快速发展（Lee，2002；Mirabella，2007），为此，Hvenmark & Segnestam Larsson（2012：69）提出了一个完整的框架，从而能够将这些不同类型的项目进行统一比较和分析。他们的框架包括三个维度：1）知识维度，通识类管理—特定领域管理；2）学分维度，学分—非学分；3）项目提供主体，非营利组织—其他类型组织。他们认为这一框架还可以应用于国际比较研究。

2. NME的课程体系的现状和趋势

课程体系的发展对于一个学科来说至关重要。Heimovics & Herman（1989：306）认为非营利组织的管理者需要四类能力：人力资源开发、跨界合作、服务递送和战略规划；NME项目就可以针对这些能力而开设课程（例如：冲突化解、环境分析、筹资、公共关系等）。Independent Sector（1991：163）通过分析NME项目的课程大纲，发现当时的课程内容可以分为七大主题：管理和行政、人文、美国研究、社会科学、经济学、财务管理、法律、公共政策和国际研究。

Wish & Mirabella（1998：103-104）通过分析研究生NME项目的课程大纲，提出NME课程可以分为三大类：内部管理、外部环境管理和跨界合作。内部管理课程包括：管理技能、财务管理、金融和会计，以及人力资源管理等；外部环境管理课程包括：关于慈善和第三部门的基础知识、倡导、公共政策、社区管理、筹资、市场和公共关系等；跨界合作课程包括：非营利组织法律问题、战略规划和跨界合作等（既要与其他非营利组织合作也要与政府组织或者商业组织合作）。

此外，美国非营利学术中心委员会（NACC）出版的本科生和研究生课程大纲也是这一领域内非常重要的文献（Nonprofit Academic Centers Council，2007a；2007b）。这两份大纲为NME学位项目的建设构建了较为完善的课程体系，也为非营利管理课程的评估提供了基础。根据该大纲，本科生课程应该主要包括两个部分：第一部分从理论层面介绍非营利部门的角色和定位，包括非营利部门的文化背景、历史、价值伦理、社会功能等，这些课程的目的是为了让学生能够对整个领域有宏观的认识，并培养学生积极的公民参与意识；第二部分主要从应用的层面介绍非营利组织管理的具体技能，包括财务管理、市场开发、员工和志愿者管理、决策评估等，这些课程的目的是为有志于进入非营利组织工作的学生提供实用的技能知识。而研究生课程的目的侧重于培养非营利部门的领导者，课程内容更加深入，并且增加了非营利经济、法律和信息技术等相关议题。

目前高校开设的NME课程存在一些问题。首先是对跨界合作相关课程的轻视。根据Wish和Mirabella（1998）提出的课程分类，学者发现目前的NME课程主要关注内部管理和外部环境（分别占44%和46%），而跨界合作的相关课程只占10%。Tschirhart（1998）也得出了近似结论：目前的NME项目普遍开设的课程主要是财务管理、人员管理等内部课程，跨界类的课程在这些项目中很少见。随着各个部门之间的合作越来越频繁，边界越来越模糊（Selsky & Parker, 2005），未来NME的课程需要教育学生如何更好地开展跨界合作。

此外，还有一些理应发展为NME特色课程的知识没有被得到足够的重视。例如：志愿者管理（Brudney & Stringer, 1998）、价值观教育（Burlingame, 2009：64；Ebrahim, 2012：23）；随着社会问题变得日益复杂，对社会创新的需求日益增加，NME还需要包含更多新的知识，例如：领导力（Burlingame, 2009；Paton et al., 2007；Pedersen & Hartley, 2008）、社会企业和社会企业家精神（Mirabella, 2007：24S；Mirabella & Young, 2012；Smith et al., 2012）等。

3. NME的效果和社会影响

学者从20世纪90年代末期开始关注这一议题。通过对NME项目的各利益相关方（学生、高校、非营利组织）进行访谈，Mirabella和Wish（1999）对以下四个问题进行了了解：（1）NME项目的目标是什么？（2）应该传递什么样的知识、技能和价值？（3）项目对非营利实务领域的影响是什么？（4）应该如何测量NME项目的效果？他们发现虽然不同的利益相关者对这些问题的答案并不一致，但学生和非营利组织的雇主都希望NME项目能够更好地将理论和实践相结合，并更多地讨论市场、政府和非营利部门之间的关系——这也印证了未来课程设置需要包含更多跨部门合作的课程。

也有一些研究得到了积极的结论（Fletcher, 2005）。研究者调查了三个开设NME硕士项目的高校，对数百名毕业生进行了调研（Fletcher, 2005：437），反馈者普遍认为NME项目对他们的职业生涯产生了积极影响。毕业生也提出了一些问题，例如：项目无法很好地平衡实操性技能和理论知识；有些课程教学质量不高，教师水平不足；学生实践经验不足导致就业困难，因此建议在教学过程中尝试"服务学习"这一方法，将理论与实践联系起来（Fletcher，2005：445）。另一个关于 NME 的案例研究发现，将理论与实践联系起来的教学方式对学生和非营利组织都有积极影响，获得了较好的效果（Donmoyer et al.，2012：100-102）。还有一些研究聚焦 NME 项目中的"服务学习"对社区的影响，但这些研究仍处探索阶段（Carpenter，2011；Carpenter & Krist，2011）。

总体来说，NME 项目确实产生了一些积极效果，但仍然需要更多的研究来评价，并对未来的项目改善提出建议，从而为该学科的发展提供更加坚实的基础。

（四）美国非营利管理领域的知识生产

NME 需要大量的、持续的知识生产，才能形成一个完整和独立的领域。学者一直在探讨这一领域的知识生产是否足以支撑 NME 作为一个独立的学科继续发展（Bushouse & Sowa，2012；Jackson et al.，2014；Shier & Handy，2014；Young，1999：19-21）。

早在十几年前，Young（1999）就对这一问题得出了积极结论：尽管非营利部门的知识体系尚未完全形成，但其发展趋势非常迅速；已经涌现了大量的、独特的关于非营利管理的知识，使其区别于其他学科而逐渐形成一个新的学科体系。这一结论主要基于三个方面的事实：第一，学术界出版的非营利相关的书籍、文章数量不断增加；第二，非营利相关的数据不论是在数量上还是质量上都在不断发展，可以被有效地、广泛地使用；第三，该领域内的重要学术期刊影响力不断提升。

学者的最新研究得到了更为肯定的结论（Bushouse & Sowa，2012；Jackson et al.，2014；Shier & Handy，2014）。2006~2011 年间发表的非营利相关的文章，其数量相较 2000~2005 年增长了 65%（Jackson et al.，2014：803）。从 1986 年到 2010 年，非营利管理相关的博士论文数量增加了近 1500%，这些数据反映出学术界对非营利部门的研究兴趣不断加强（Shier & Handy，2014：818）；此外，这些论文不仅在数量上增长迅速，同时也形成了五大重要的研究主题：资源（人力和财务等），组织绩效，组织发展（背景、过程和文化等），组织内部治理（领导力、组织架构等），以及互动与合作（与其他组织、政府等）（Shier & Handy，2014：816）——这样的知识生产已经不仅仅是简单的知识积累了，而是正在形成系统的知识体系（Jackson et al.，2014：797；Young，1999：20）。

（五）推动美国 NME 发展的主要力量

美国 NME 的快速发展同时得益于相关研究中心、学术期刊、图书、学术网络（O'Neill & Fletcher, 1998：6），以及专业杂志和网站的日趋成熟。美国一些著名高校纷纷成立非营利研究中心，例如耶鲁大学、印第安纳大学、约翰·霍普金斯大学等，这些研究中心成为非营利管理学术研究和人才培养的重要场所。一些高水平学术期刊的涌现，也为整个领域的学术交流和知识积累提供了平台，例如：《非营利管理和领导力》（Nonprofit Management and Leadership）、《志愿》（Voluntas）、《非营利和志愿部门季刊》（Nonprofit and Voluntary Sector Quarterly，NVSQ）等。同时，很多非营利相关的文章也在其他相关领域的重要期刊上发表，例如《公共管理》（Public Administration）和《公共管理评论》（Public Administration Review）等。非营利领域的学术网络也开始形成规模，促进了学术交流与合作，例如：非营利组织和志愿行为研究学会（The Association for Research on Nonprofit Organizations and Voluntary Action，ARNOVA）、国际第三部门研究会（International Society for Third Sector Research，ISTR）和非营利学术中心委员会（Nonprofit Academic Centers Council，NACC）等。此外，《慈善纪事》（Chronicle of Philanthropy）、基金会中心（Foundation Center）、导航之星（GuideStar）和慈善导航（Charity Navigator）等，这些专业的杂志和网站为 NME 的发展提供了丰富的基础数据。

基金会、企业和私人的资金支持也是 NME 发展的重要因素。例如，凯洛格基金会（W. K. Kellogg Foundation）、礼来家族（Lilly Endowment）和克利夫兰的曼德尔家族（Mandel family in Cleveland）捐赠了大量资金用于支持 NME。美国的非营利管理教育在这些因素的共同推动下快速发展。

三 总结：美国非营利管理教育研究对中国的借鉴意义

作为一个新兴学科，美国非营利管理教育在过去三十年获得了极大的发展。在学科层面，NME 尽管与其他学科的管理教育具有一些共同点，但本质区别明显；虽然目前多数 NME 项目都设立在一些相对成熟的学院或专业之下，但这些专业无法涵盖非营利管理教育的特殊性，所以设立独立的 NME 项目和学科非常有必要。可以预计将会有越来越多的高校设立 NME 专业，并且提供更多的资金和学术岗位去支持 NME 的发展。在 NME 项目层面，美国高校各个层次的学位项目蓬勃发展，一些非学位教育也开始涌现。NME 的课程体系逐渐完善，为了培育具备综合素质的非营利组织管理者，NME 项目充分利用各个学科的优势资源，形成了适用于非营利组织的专业内容，并且将理论与实践相结合，为整个领域的发展输送合格人才，取得了一定的积极效果。已有的非营利领域的知识生产为 NME 未来的发展奠定了坚实基础，也为这一学科的形成储备了足够的学术资本。此外，我们发现美国 NME 的发展与其强大的公民社会基础关系密切，主要力量包括，研究中心、学术期刊、图书、学术网络、专业杂志和网站、基金会、企业和私人的资金支持等。

美国 NME 的发展历程和相关研究对中国非营利管理教育的实践及研究均具有重要的借鉴意义。

第一，中国目前尚未对"非营利管理教育"这一概念形成共识。基础概念是研究的起点，学术界需要根据中国本土实践界定中国非营利管理教育的范畴，例如从发起主体、课程内容、学位形式等方面细化指标。

第二，在中国是否存在"非营利管理"这一独立学科，这一学科与公共管理、工商管理、社会工作等学科的联系和区别是什么？如果在中国已经慢慢出现"非营利管理"这一学科，那么其最佳的开设学院应该是在哪里？国内目前尚很少有研究对这些基础的学科问题进行系统梳理。我们可以借鉴美国相关研究，分析中国非营利管理教育学科的发展处于怎样的阶段，存在的问题和未来的发展趋势。

第三，中国目前尚缺乏一个关于非营利管理教育现状的基础数据库，到底哪些高校、科研院所、非营利机构在开设相关的课程和提供相关的学位？中国 NME 的课程内容和课程体系是怎样的？学生对接受教育的评价及人才的毕业去向如何？我们可以借鉴美国学者的具体做法，对中国现有的 NME 项目、教育需求、课程设置、教育效果、人才去向等在全国范围内进行调查摸底，为实践和研究提供基础的数据和资料。对这些基础问题的研究是推动中国 NME 教育发展的重要起点。

第四，从比较视角和中国的本土视角去分析非营利管理教育发展的动力机制，探索 NME 的发展与国家制度、经济、社会、文化之间的联系，这将成为一个重要的理论发展和理论建构的研究地带。

参考文献

王名、李长文（2012）:《中国 NGO 能力建设：现状、问题及对策》,《中国非营利评论》, 2012 年第 2 期, 第 149~169 页。

Allison, L. et al. (2007), "Toward Doctoral Education in Nonprofit and Philanthropic Studies", *Nonprofit and Voluntary Sector Quarterly*, 36 (4 suppl), 51S – 63S, doi: 10.1177/0899764007305054.

Ashcraft, R. F. & Stone, M. M. (2012), "Introduction", *Nonprofit Management and Leadership*, 23 (1), 5 – 11. doi: 10.1002/nml.21052.

Brudney, J. L. & Stringer, G. E. (1998), "Higher Education in Volunteer Administration: Exploring—and Critiquing—the State of the Art", in M. O'Neill & K. Fletcher (Eds.), *Nonprofit Management Education: U. S. and World Perspectives*, Greenwood Publishing Group, pp. 95 – 109.

Burlingame, D. E. (2009), "Nonprofit and Philanthropic Studies Education: The Need to Emphasize Leadership and Liberal Arts", *Journal of Public Affairs Education*, 15 (1), pp. 59 – 67.

Burlingame, D. & Hammack, D. C. (Eds.) (2005), *Education for a Civil Society: a Summary of the 2004 Conference*, Indianapolis, Ind: Center on Philanthropy at Indiana University.

Bushouse, B. K. & Sowa, J. E. (2012), "Producing Knowledge For Practice Assessing NVSQ 2000 – 2010", *Nonprofit and Voluntary Sector Quarterly*, 41 (3), pp. 497 – 513. doi: 10.1177/0899764011422116.

Carpenter, H. (2011), "How We Could Measure Community Impact of Nonprofit Graduate Students' Service-Learning Projects: Lessons from the Literature", *Journal of Public Affairs Education*, 17 (1), pp. 115 – 131.

Carpenter, H. L. & Krist, P. (2011), "Practice Makes Perfect: Impact and Use of Nonprofit Master Students Applied Projects on Nonprofit Organizations in the San Diego Region", *Journal of Nonprofit Education and Leadership*, 1 (2), pp. 61 – 77.

Donmoyer, R. et al. (2012), "Bridging the Theory-practice Gap in a Nonprofit and Philanthropic Studies Master's Degree Program", *Nonprofit Management and Leadership*, 23 (1), pp. 93 – 104. doi: 10.1002/nml.21055.

Ebrahim, A. (2012), "Enacting Our Field", *Nonprofit Management and Leadership*, 23 (1), pp. 13 – 28. doi: 10.1002/nml.21053.

Fletcher, K. M. (2005), "The Impact of Receiving a Master's Degree in Nonprofit Management on Graduates' Professional Lives", *Nonprofit and Voluntary Sector Quarterly*, 34 (4), pp. 433 – 447. doi: 10.1177/0899764005279762.

Hall, P. (1992), "Teaching and Research on Philanthropy, Voluntarism, and Nonprofit

Organizations: A Case Study of Academic Innovations", *The Teachers College Record*, 93 (3), pp. 403 – 435.

Harris, J. K. et al. (2011), "Mapping the Multidisciplinary Field of Public Health Services and Systems Research", *American Journal of Preventive Medicine* 41, No. 1 (July 2011), pp. 105 – 11.

Heimovics, R. D. & Herman, R. D. (1989), "The Salient Management Skills: A Conceptual Framework for a Curriculum for Managers in Nonprofit Organizations", *The American Review of Public Administration*, 19 (4), pp. 295 – 312. doi: 10. 1177/027507408901900403.

Hvenmark, J. & Segnestam Larsson, O. (2012), "International Mappings of Nonprofit Management Education: An Analytical Framework and the Case of Sweden", *Nonprofit Management and Leadership*, 23 (1), pp. 59 – 75. doi: 10. 1002/nml. 21050.

Independent Sector. (1991), *Compendium of Resources for Teaching about the Nonprofit Sector, Voluntarism, and Philanthropy*, Washington, DC: Independent Sector.

Jackson, S. K. et al. (2014), "The State of Nonprofit and Philanthropic Studies Doctoral Education", *Nonprofit and Voluntary Sector Quarterly*, 43 (5), pp. 795 – 811. doi: 10.1177/0899764014549056.

Keane, M. E. & Merget, A. E. (1988), "Genesis of a Program: Management Education for Nonprofit Organizations", in M. O'Neill & D. R. Young (Eds.), *Educating Managers of Nonprofit Organizations*, pp. 23 – 31.

Lecy et al. (2012), "Non-Governmental and Not-for-Profit Organizational Effectiveness: A Modern Synthesis", *VOLUNTAS: International Journal of Voluntary and Nonprofit Organizations* 23, No. 2 (June 1, 2012), pp. 434 – 57.

Lee, M. (2002), "Noncredit Certificates in Nonprofit Management: An Exploratory Study", *Public Administration and Management*, 7 (3), pp. 188 – 210.

Levy, R. (1988), "Curing benign Neglect: Alternative Approaches to Nonprofit Management Education", in M. O'Neill & D. R. Young (Eds.), *Educating Managers of Nonprofit Organizations*, pp. 23 – 31.

Liket, K. C. & Maas, K. (2013), "Nonprofit Organizational Effectiveness: Analysis of Best Practices", *Nonprofit and Voluntary Sector Quarterly*, November 13, 2013, 0899764013510064.

Mirabella, R. M. (2007), "University-Based Educational Programs in Nonprofit Management and Philanthropic Studies: A 10-Year Review and Projections of Future Trends", *Nonprofit and Voluntary Sector Quarterly*, 36 (4 suppl), 11S – 27S. doi: 10. 1177/0899764007305051.

Mirabella, R. M. & Wish, N. B. (1999), "Educational Impact of Graduate Nonprofit Degree Programs: Perspectives of Multiple Stakeholders", *Nonprofit Management and Leadership*, 9 (3), pp. 329 – 340. doi: 10. 1002/nml. 9309.

—— (2000), "The 'Best Place' Debate: A Comparison of Graduate Education Programs for Nonprofit Managers", *Public Administration Review*, 60 (3), pp. 219 – 229. doi: 10. 1111/

0033 - 3352. 00082.

—— (2001), "University-Based Educational Programs in the Management of Nonprofit Organizations: An Updated Census of U. S. Programs", *Public Performance & Management Review*, 25 (1), pp. 30 - 41. doi: 10. 2307/3381167.

Mirabella, R. & Young, D. R. (2012), "The Development of Education for Social Entrepreneurship and Nonprofit Management: Diverging or Converging Paths?", *Nonprofit Management and Leadership*, 23 (1), pp. 43 - 57. doi: 10. 1002/nml. 21049.

Murdock, A. et al. (2013), "Responding to Challenge: Comparing Nonprofit Programmes and Pedagogy at Universities in the United Kingdom, Spain and the United States", *NISPAcee Journal of Public Administration and Policy*, 6 (2) . doi: 10. 2478/nispa - 2013 - 0007.

Nonprofit Academic Centers Council (2007a), *Curricular Guidelines for Graduate Study in Nonprofit Leadership, the Nonprofit Sector and Philanthropy* (Second Revised Edition.), Cleveland, Ohio: Nonprofit Academic Centers Council.

—— (2007b), *Curricular Guidelines for Undergraduate Study in Nonprofit Leadership, the Nonprofit Sector and Philanthropy* (First Edition.), Cleveland, Ohio: Nonprofit Academic Centers Council.

O'Neill, M. (2005), "Developmental Contexts of Nonprofit Management Education", *Nonprofit Management and Leadership*, 16 (1), pp. 5 - 17. doi: 10. 1002/nml. 87.

O'Neill, M. & Fletcher, K. (1998), *Nonprofit Management Education: U. S. and World Perspectives*, Greenwood Publishing Group.

O'Neill, M. & Young, D. R. (Eds.) (1988), *Educating Managers of Nonprofit Organizations*, New York: Praeger.

Paton, R. et al. (2007), "Beyond Nonprofit Management Education: Leadership Development in a Time of Blurred Boundaries and Distributed Learning", *Nonprofit and Voluntary Sector Quarterly*, 36 (4 suppl), pp. 148S - 162S. doi: 10. 1177/0899764007305053.

Pedersen, D. & Hartley, J. (2008), "The Changing Context of Public Leadership and Management", *International Journal of Public Sector Management*, 21 (4), pp. 327 - 339. doi: 10. 1108/09513550810880214.

Saldaña, J. (2009), *The Coding Manual for Qualitative Researchers*, SAGE Publications, Incorporated.

Selsky, J. W. & Parker, B. (2005), "Cross-Sector Partnerships to Address Social Issues: Challenges to Theory and Practice", *Journal of Management*, 31 (6), pp. 849 - 873. doi: 10. 1177/0149206305279601.

Shier, M. L. & Handy, F. (2014), "Research Trends in Nonprofit Graduate Studies A Growing Interdisciplinary Field", *Nonprofit and Voluntary Sector Quarterly*, 43 (5), pp. 812 - 831. doi: 10. 1177/0899764014548279.

Smith, W. K. et al. (2012), "A Paradoxical Leadership Model for Social Entrepreneurs: Challenges, Leadership Skills, and Pedagogical Tools for Managing Social and Commercial Demands", *Academy of Management Learning & Education*, 11 (3), pp. 463 – 478. doi: 10.5465/amle. 2011.0021.

Tschirhart, M. (1998), "Nonprofit Management Education: Recommendations Drawn from three Stakeholder Groups", in M. O'Neill & K. Fletcher (Eds.), *Nonprofit Management Education: U. S. and World Perspectives*, Greenwood Publishing Group, pp. 61 – 80.

Wish, N. (1991), "University-and College-Based Nonprofit Programs in the United States", in Independent Sector (Ed.), *Compendium of Resources for Teaching about the Nonprofit Sector, Voluntarism, and Philanthropy*.

Wish, N. B. & Mirabella, R. M. (1998), "Curricular Variations in Nonprofit Management Graduate Programs", *Nonprofit Management and Leadership*, 9 (1), pp. 99 – 110. doi: 10.1002/nml.9108.

Young, D. R. (1990), "Nonprofit Management Education Comes of Age: A Progress Report", *Nonprofit World*, 8 (6), p. 17.

—— (1998), "Games Universities Play: An Analysis of the Institutional Contexts of Centers for Nonprofit Study", in M. O'Neill & K. Fletcher (Eds.), *Nonprofit Management Education: U. S. and World Perspectives*, Greenwood Publishing Group, pp. 119 – 136.

—— (1999), "Nonprofit Management Studies in the United States: Current Developments and Future Prospects", *Journal of Public Affairs Education*, 5 (1), pp. 13 – 23.

A Literature Review on US Non-profit Management Education Research

Zhu Zhaonan, Ma Ji

[**Abstract**] An emerging discipline, the US Non-profit Management Education (NME) develops rapidly in the past thirty years. This article, based on a systematic literature review of the US NME research, finds that the management education of NME and other disciplines should be made into an independent discipline. As the number of NME projects increased rapidly in the past three decades, the existing studies have proposed a relatively systematic curriculum system, but have yet to conduct sufficient study on the effect and social impact of the NME projects. In addition, in terms of knowledge generation, though the knowledge system of the non-profit departments has yet to be fully developed, there has emerged considerable knowledge on non-profit management. The main drivers of the US NME development include research centers, academic journals, books, academic networks, professional journals, websites, foundations, enterprises and private funding. Currently, China's non-profit management education and research are in infancy; this article will inform China's non-profit management education sector of the latest experience in NME.

[**Keywords**] Nonprofit Management Education, Literature Review, Non-profit Organization, Higher Education

(责任编辑：李长文)

民办非企业单位："组织变形"背后的制度危机

——一个寻求合法性支持的法定概念

龙宁丽[*]

【摘要】民办非企业单位现实中存在的利润分配、独立性残缺等"组织变形"现象受到了广泛的诟病。从深层次来看，民办非企业单位的组织合法性危机与其作为一项制度的合法性问题息息相关。当一项制度设计本身存在合法性危机时，这种缺陷无法不对现实造成结构性的影响——合法性在从宏观制度让渡给现实中的组织时，合法性的危机也被同时传递。本文借鉴发轫于韦伯的合法性经典概念，重点从认知合法性以及规制合法性两个维度，追问对实践造成重大影响的制度框架中所隐含的制度合法性危机，并指出民办非企业单位在未来的发展，有赖于从制度层面为非营利性和独立性等核心价值构建一个坚实的合法性基础。

【关键词】民办非企业单位　合法性　危机

有关民办非企业单位的思考，常常因淹没在对中国公民社会的抽象宏观评

---

[*] 龙宁丽，中央编译局世界发展战略研究部副研究员，主要研究领域为非政府组织治理、国家与社会关系等。

价中（Wu & Chan, 2012；Froissart, 2014；纪莺莺, 2013）而受到了忽视甚至是遗忘；在对中国的社会组织进行类型学的分类研究中，民办非企业单位或者作为活跃于某个领域的特定类型被分析，却很少像社团或者基金会那样，成为社会的各种组织化形式中被高度关注的焦点对象（邓宁华, 2011）。但是，来自中国官方的连续统计数据以及少数学者的独立调查（邓国胜, 2006），再三表明了民办非企业单位作为一类公民社会组织的重要社会价值，与现有法律框架下的另外两种社会组织类型相比，它们在一些关键的社会经济（于晓静, 2014）指标上的表现，例如固定资产原价、收入、费用、单位增加值等方面独占鳌头（见表1），甚至在数量、容纳就业人口等指标评价上也有仅次于社团的不俗成绩，显现出重要的制度价值。然而，这些指标无法掩盖实践中民办非企业单位普遍存在的"组织变形"现象，在市场至上以及个人经济自利盖过利他的直接驱动下，对其非营利性以及独立性等核心价值的偏离，已深刻影响到制度功效的实现并给组织造成严峻的生存合法性危机。除了受行动者的主观动机、行为方式等微观因素的现实影响，作为一种组织现象的民办非企业单位的合法性危机，是否也受到其作为一种制度设计的合法性危机的影响？

表1 2009年中国社会组织基本情况

	单位数（个）	年末职工人数（人）	固定资产原价（万元）	上年结余（万元）	收入合计（万元）	费用合计（万元）	社会组织单位增加值
民办非企业单位	190479	2078160	7682754.4	972290.8	6729372.8	5875413.4	2728631.3
社团	238747	3356506	2181041.1	1692012.9	3108502.7	3204415.2	906181.9
基金会	1843	12000	147290.1	1072538.7	2113806.8	1429601.4	1214769.8
总计	431069	5446666	10011085.6	3736842.4	11951682.3	10509430.0	4849583.0

针对上述问题，本文以韦伯所开创的合法性经典研究为分析框架，从民办非企业单位客观存在的"组织变形"这一合法性危机的事实入手，追问制度框架中隐含的制度合法性危机对现实的影响。研究发现，这种影响不仅来自于民办非企业单位这一概念突出的本土性及相伴随的话语认知障碍，还源于中国法律体系本身的结构性缺陷及中外法律体系之间的差异，此外，亦不排除现实中对民办非企业单位错位的社会价值之抵触。总的来看，这些皆可被归结为一个已经在《民办非企业单位暂行管理条例》框架下得到支持的法律概念，在制度

上面临的深层次合法性困扰。在发展的视角下，民办非企业单位在今后的行业生态状况，首先就有赖于在制度层面重构合法性的坚实基础。

一 合法性：自韦伯以来的思维历程

对民办非企业单位事实层面合法性的探讨，最初包含在社会组织合法性的整体判断中。对中国公民社会的观察表明，除了合法登记的民间组织存在内部管理不善、财务混乱甚至违法犯罪等经营问题，更突出的是现存体量巨大且活跃度较高的草根民间组织未经登记而属于非法的存在，对于后一种合法性危机现象，"双重管理体制"下因找不到"业务主管单位"无法登记被视为罪魁祸首，由此引发了社会各界对改革双重登记管理体制的强烈呼求（谢海定，2004；邓国胜 2010；王名、贾西津，2002；俞可平，2006；金锦萍，2012）。一些城市对在街道、社区等层面开展活动的草根组织采取了以备案制替代登记制的创新形式，但却以削弱非法人社团的权利能力为法律代价，将社会组织的合法性与政府登记管理制度切割的问题依然悬而未决（金锦萍，2010），因未能满足制度要求而产生的事实层面的合法性危机被视为制约中国社会组织发展的首要问题。

合法性是一个含义复杂的概念，有关合法性的经典研究，绕不开韦伯对统治合法性的开山探讨。韦伯指出，每个社会活动系统的存在，取决于它是否有能力建立和培养对其存在意义的普遍信念，这种信念也就是其存在的合法性，当人们对传统、个人超凡的能力或者法律产生了信任并愿意遵从时，统治的合法性就诞生了，建立在此基础上的传统型统治、卡里斯玛型统治和法理型统治构成了人类社会的基本统治类型（韦伯，1977）。韦伯的判断标准是，"经同意而统治"乃是一切统治合法性的最终来源，他的追随者甚至将此点发挥到了极致，认为只有卡里斯玛型统治的合法性是唯一纯粹的合法性类型，因为"在主子没有力量惩罚反对者时，他的属下还愿意服从他的命令"（帕金，1987）。但是，"经同意而统治"仅仅关注了掌权者获取公众的支持与忠诚，而不顾政权的性质、获取信任的手段如何，无法解释部分专制统治及极权国家的政治秩序合法性的理智基础是什么。正因如此，对公众相信并愿意服从统治的强调，而不是从哲学或伦理的角度对统治进行道德判断，导致了后人对韦伯合法性理论的深刻反思。批评者指出，韦伯在合法性问题上的深远影响几乎是场灾难（Beetham，1991），他将合法性由一个事关权力体系的价值问题，转变成对身处权力体系中的人的信念的实证问题（Grafstein，1981；Beetham，1991），使合法性跳不出"在具体情况下始终是个经验问题，而决不能先验地假定"（帕森斯，1988）的韦氏定论，这在本质上是一种以科学化和技术化面目出现的统治术（张康之，2002）。毕竟，合法性的真正含义在于"某种政治秩序被认可的价值"（哈贝马斯，1989）而不是"事实"，抛开合法性的形式合理性，对一种政治秩序是否具有合法性进行价值提问，才是有无合法性的最好证明。

从狭义的讨论政治统治秩序中所演化的合法性概念，迅速扩大到对社会的秩序、规范的广义讨论。任何一个社会中，社会组织以及企业等社会行动主体，尽管缺乏政治组织的广泛公共性，但毫无例外地要考虑组织被认可的合法性问题。合法性概念的引入，使组织从最初的一个投入产出的生产单位，迅速转向为对嵌入在社会环境中面临规章、制度、法律和习俗等合法性压力的结构体系的关注。梅耶等指出，组织合法性是一种结构化的信念机制，包括了对组织存在的接受性（acceptance）、适宜性（appropriateness）和希求性（desirability）的社会整体判断，代表已有规范、信念、价值观等社会构建体系对某一组织的存在所提供的解释程度（Meyer，1983；DiMaggio & Powell，1983），社会中无所不在的组织的制度结构趋同化现象，正是合法性机制的作用结果（Meyer & Rowan，1977）。社会组织追求合法性的目的，除了要适应外部制度化环境的压力——外部制度建构了组织并不断与组织相互渗透，决定组织的产生和运行方式，同时也决定外界对组织的认知与评价（Suchman，1988；曾楚宏等，2008），更重要的是，为组织获取其生存和成长所需要的其他资源提供可能。

在合法性被视为一种"能够帮助组织获得其他资源的重要资源"（Zimmerman & Zeitz，2002）的功利视角下，中国的社会组织因登记准入限制无法取得合法身份，并进而影响到组织资源获取和正常运转的状况，强化了中外学者对这一群体存在整体上的合法性危机的认知。对民办非企业单位合法性的探讨，如前所述，就包含在这种整体性的价值判断中。但是，上述视角至少存在两方面的问题。一方面，社会组织内部存在极大的差异，讨论组织的合法性危机，如果沿用不合时宜的整体视角将抹杀不同组织制度设计之间的差异性，无法辨识出特定类型组织合法性的独特性。例如，"双重管理体制"下因找不到"业务主管单位"而制约社会组织获得合法身份的现象,就很难见之于基金会这一典型的以资产集合为基础的财团法人组织,这一现象不仅存在于官方色彩较重的基金会中,而且由个人捐资成立的基金会也可以比较顺利地找到"业务主管单位",甚至很多基金会就是业务主管单位一手培育起来的(徐宇珊,2008)。在民办非企业单位中,无法与某个体制内机关形成纵向的"业务主管单位"联系,并不十分突出地构成其获取合法性身份的登记障碍,部分原因还来自于中国法律环境对民办非企业单位提供特定服务的功能定位,使获取行业资质审批成为注册中更艰难的环节。另一方面,因身份不合法所导致的组织合法性危机,只是合法性多元维度之一法律合法性匮乏的体现,无法全面反映合法性的其他来源形式受损的状况,毕竟,在对道德、宗教、习惯、惯例、法律等构成的规则的认同中,法律仅是其中一种比较特殊的规则。中国的许多社会组织在成立的时候虽然并不具备法律合法性,但在实际运作的过程中仍能获得社会的承认而进行活动,社会组织所表现出的与秩序的这种复杂关系,在高丙中(2000)看来,可以从社会合法性、行政合法性和政治合法性的层面解释其为何能在与法律不一致的情况下"正常"地存在并开展活动,其中以法条形式所确认的法律合法性只是整合上述不同类型的合法性以使社团具备充分合法性的外在表现。

作为一类明显易于社会团体和基金会的别具中国特色的制度结构,民办非企业单位自下而上建立并在不完全竞争的市场环境中运营,为社会提供教育、医疗保健等准公共产品——准公共产品具有较强的正外部效应而使组织具有了公益色彩,生产过程受到市场机制的作用和调节使组织具有了一定的经营性(柏必成,2005),一旦自律性和公共性松弛则将造成对非营利等核心价值的侵蚀,这将直接导致民办非企业单位组织运行的合法性危机。

二 民办非企业单位合法性危机："组织变形"的客观事实

在实然层面,民办非企业单位作为一类重要的社会行动主体,它的合法性危机主要表现在两个方面:第一,非营利性神话的破灭。普遍存在的非营利性要求与营利性动机的共生现象,显示出民办非企业单位市场化运作程度高的商业能力，由此却引发了利润分配的根本矛盾。做假账虚报开支、提供明显超出市场行情的薪酬待遇、向利益相关方转移金额等利润分配形式，扭曲了公众对民办非企业单位非营利性本质的主观感受，民办非企业单位被视为拉着非营利幌子做生意的营利性企业。一方面，部分民办非企业单位的负责人将机构看成产权归属于出资人的私产，投资就是为了获取利润，认为从个人"所有"的机构中提取利润回报天经地义。一项全国性的调查发现，高达61.2%的民办非企业单位认为单位的产权归出资人所有，20.5%的认为归"本单位"所有，12.6%的认为归合伙人所有，这种主观认识反映了人们的经营动机和产权状况（王名、陶传进，2004）。一些区域性的问卷调查也证实了这种认识偏差的存在，例如，对青岛市民办非企业单位的调查显示，73.8%的调查对象认为民办非企业单位的产权属于出资者，按照类似于企业"谁出资谁所有"的产权安排来对待民办非企业单位产权；在回答民办非企业单位与企业的主要区别时，"经营方式不一样"超过"宗旨不一样"成为调查对象回答的首选，意味着调查对象并不认为营利与非营利的宗旨是区分民办非企业单位与企业的根本界限（赵立波，2005）。

另一方面，利润不得分配的原则约束在民办教育行业中被有关法律条款"合法"地废除，撕开了民办高校进行利润分配的制度口子，由此对民办非企业单位作为一项制度设计要固守非营利性特征的约束原则产生了强烈冲击。2003年《民办教育促进法》第51条以肯定的口气确认了利润可分配的原则，在扣除办学成本、预留发展基金以及按照国家有关规定提取其他的必需的费用后，民办学校的出资人可以从办学结余中取得合理回报。第二年出台的实施条例又进一步规定了可分配的比例，"合理回报"可提取的最大值是学校年度净收益的75%，其他25%作为学校发展基金，这一条款赋予了高额的分配比例以合法性。税兵（2008a）指出，混淆了公益性与非公益性、营利性与非营利性的《民办教育促进法》，在实施过程中并没有实现社会利益与个人利益共生双赢的局面，反而形成了各利益相关方利用"合理回报"的法律缺陷大玩"猫鼠游戏"的情况；对于民办教育机构而言，在利用"非营利"名义享受国家土地、税收等优惠政策的同时，却按照"营利性教育机构"性质在收费、资金运作和办学结余等方面"取得合理回报"。事实上，《民办教育法》中这一既不合法又不合理的制度规定还对民办医疗机构、民办体育机构等其他类型民办非企业单位产生了极大的负外部性影响——在法律所设定的十类行业领域①，民办非企业单位的活动领域十分集中，表现出很强的集聚性特点，根据2003~2012年的统计，教育和卫生是两大最主要领域，尤其是教育行业集中了全国民办非企业单位数量的50%左右（见表2），以法律的形式明确允许民办教育机构可以对利润进行分配，客观上鼓励了借非营利组织的外壳从事营利性活动的不正常现象，扭曲了非营利组织发展所需的制度设计，长远上不利于民办非企业乃至非营利组织的整体发展。

表2 2003~2012年全国民办非企业单位按行业分类情况

单位：个

年份	本年末实有单位数	教育	卫生	文化	科技	体育	劳动	民政	社会中介服务业	法律服务业	其他	生态环境	工商业服务	宗教	农业及农村发展	国际及涉外组织
2003	124491	62776	26795	2811	4522	2682	9037	7792	1777	728	5571	—				
2004	135181	69068	27509	3139	5824	3441	10736	9658	1275	546	3985	—				
2005	147637	75813	27179	3773	6915	4012	12085	10445	1665	662	5088	—				
2006	161303	80666	28050	4482	7927	4712	13878	11179	1997	682	7730					
2007	173915	84077	29188	5578	8867	5343	1251	—	24077	855	11094	345	2059	247	931	3
2008	182382	88811	27744	6505	9411	5951	1441	—	25836	862	11377	908	2068	281	1166	21
2009	190479	92703	27237	7188	9760	6591	1628	—	28060	782	11608	1049	2080	271	1466	56
2010	198175	98043	25191	8114	10196	7062	2218	—	29465	776	12104	1070	2013	156	1730	37

---

① 《民办非企业单位登记暂行办法》第4条规定，民办非企业单位主要分布于十大行（事）业中，分别是：1. 教育事业，如民办幼儿园，民办小学、中学、学校、学院、大学，民办专修（进修）学院或学校，民办培训（补习）学校或中心等；2. 卫生事业，如民办门诊部（所）、医院，民办康复、保健、卫生、疗养院（所）等；3. 文化事业，如民办艺术表演团体、文化馆（活动中心）、图书馆（室）、博物馆（院）、美术馆、画院、名人纪念馆、收藏馆、艺术研究院（所）等；4. 科技事业，如民办科学研究院（所、中心），民办科技传播及普及中心、科技服务中心、技术评估所（中心）等；5. 体育事业，如民办体育俱乐部，民办体育场、馆、院、社、学校等；6. 劳动事业，如民办职业培训学校或中心，民办职业介绍所等；7. 民政事业，如民办福利院、敬老院、托老所、老年公寓、民办婚姻介绍所，民办社区服务中心（站）等；8. 社会中介服务业，如民办评估咨询服务中心（所）、民办信息咨询调查中心（所）、民办人才交流中心等；9. 法律服务业；10. 其他。

续表

年份	本年末实有单位数	行业												
		教育	卫生	文化	科技	体育	劳动	民政	社会中介服务业	法律服务业	其他	生态环境	工商业服务	宗教	农业及农村发展	国际及涉外组织
2011	204388	104894	21573	8827	10956	7700	—	—	31750	—	10740	846	6897	169	—	36
2012	225108	117015	20979	10590	11126	8490	—	—	35956	—	10989	1065	8717	132	—	49
2013	254670	145210	21234	11694	13729	10353	—	—	36698	—	9652	377	5625	94	—	4
2014	292195	163681	23404	14148	15110	11901	—	—	42244	—	15308	398	5915	82	—	4

资料来源：作者根据中国社会组织网（http://www.chinanpo.gov.cn）上公布的数据自制。注：2007~2010年在统计中执行了新的分类标准，民办非企业单位按行业分为14类，其中的"职业及从业组织"类别在本图表中被归入传统的"劳动"类别。2011~2014年再次执行了新的分类标准，共分为11类。2010~2012年的数据来源于民政部历年发布的《社会服务发展统计公报》。"—"表示当年不存在此种分类。

第二，独立性的破碎。NGO的独立性表现在独立于政府和市场两个领域。中国的社会团体高度依附于政府，行政化色彩重，独立性较差，表现在很多社会团体直接由政府创办、干预人事任免、提供财政资金等；尽管民办非企业单位没有表现出社团的这种高度行政化特质，但它们在走向社会选择的过程中，发展出了对市场以及出资人的高度依赖，表现出典型的"出资人主导"的治理特征，独立性受到了普遍质疑。清华大学NGO研究所对全国六省的1700家民办非企业单位的问卷调查表明，在领导人产生来源上，有58.9%民办非企业单位领导人是由主要出资者决定；在决策上，20.1%的民办非企业单位由理事会等正式决策机构决定；17.6%的由全体成员协商决定，31.3%由两个以上的负责人协商决定，29.3%由负责人个人决定（邓国胜，2006）。对特定类型机构的调查也证实了这种现象，例如，在青少年体育俱乐部的负责人（法人）中，俱乐部专职负责人只占到13%，由依托单位指派的人员担任俱乐部的经理、主任或法人代表，兼任的达到84%（肖林鹏，2006），甚至出现了"一套人马、两块牌子"的现象。

此外，来源于民办事业单位的民办非企业单位，在政府选择向社会选择进化的过程中，理论上应不存在行政依附性，其名称中的"民办"以及性质上的"独立性"暗含了这种要求。例如，机构发起人和领导人的产生方式独立于行政机关，机构中不存在政府机关人员的任职兼职以及资产的非国有等。但是，独立于国有的"民办"却成为一种假想的乌托邦——随着国家对混合所有制的鼓励以及国有资产积极寻求参与社会事业，大量具有"民办公助"性质的民办非企业单位产生了，这对其独立于政府的性质要求形成了一定的挑战。例如，体育类民办非企业单位中的青少年体育俱乐部，就主要由政府发起并受体育彩票公益金的主要资助，而这源于1999年国家体育总局提出的利用体育彩票公益金开展创建适应市场经济体制和青少年体育活动需求的青少年体育俱乐部的工作思路①。从青少年体育俱乐部从运行所需要的场地设施、师资力量等资源条件来看，无论是依托于各类学校、体校、社区还是依托于体育场馆、各基层体育项目协会办的青少年体育俱乐部，均无法实现资产的非国有（肖林鹏，2008）。这种现象意味着，在中国现有法团主义的背景下，无论国家和社会之间的分化程度及其生命力如何，上述领域内"公助民办"的结构性整合方式从根本上决定了，民办民管等社会力量即使带来了新的治理要素，也无法改变国家相对于市场和社会力量的宰制性地位，更无法杜绝权力腐败和寻租空间（龙宁丽，2014），从这点看，民办非企业单位仍然无法避免依附于作为出资人之一的政府的情况。

导致民办非企业单位产生上述"组织变形"的原因十分复杂，一些可见的经验事实部分地揭示了根源，包括，利用民办非企业单位的身份及名称，例如注册为各类科研中心，能够帮助机构方便地申请到国家的一些项目资金；一些特定类型的税收优惠政策只开放给具有某类身份的机构，例如医疗卫生机构税收、残疾人专用品税收优惠等。从更深层次来讲，"组织变形"现象还与民办非企业单位作为一项制度的合法性息息相关。当一项制度设计本身存在合法性危机时，这种缺陷无法不对现实造成结构上的影响——合法性在从宏观制度让渡给现实中的组织时，合法性的危机也同时被传播。

单纯从制度（泛指广义上的政治秩序、规范等各种社会存在）被信仰的角度来看，一项制度得到认同便具有了合法性的判断，并没有被韦伯及其继承者朝着同一个方向推进的更远——制度除了被信仰外，更重要的是被行动所遵守，在制度被行动所遵守的实践中，社会行动主体因满足了制度所要求的权利义务内容，也就获得了制度合法性所让渡出的那部分合法性，行动主体才具有了合法性。行动主体对制度的满足程度也预示了行动主体合法性的大小，理想状态是制度被全部满足时，社会行动主体具有完整的合法性，反过来也可以说，社

---

① 国家体育总局：《1999年度体育彩票公益金用于扶持创办青少年体育俱乐部实施方案》（体群字〔2000〕63号）。

会行动主体的合法性危机，常常根源于对制度的不完全满足。但是，上述推理的前提是制度得到了完全的信仰，如果制度存在根本性的缺陷并被社会公开并要求修正，即制度本身就存在着信仰上的合法性危机呢？这事实上回到了哈贝马斯站立的地方，他指出，韦伯所关注的是合法性的一个形式合理性问题，仅仅讨论了各种统治得以要求合法性的载体形式是什么，判断的结果是有没有合法性以及从哪里获得合法性，却没有探求合法性应当怎样被建立起来，而更重要的问题是合法性的价值问题，即"什么样"的统治才应该被建立起来。这意味着，价值层面具有根本缺陷的制度即便通过某种欺骗或恐吓的方式得到了认同和信仰，也同样是不合法的，即存在合法性危机的问题。在这种制度本身存在合法性危机的前提下，制度向社会行动主体让渡合法性的同时也必然将危机一并让渡出去，在某种情况下将加剧社会行动主体的合法性危机程度。

韦伯按照合法性是从哪里获得的建构了政治秩序合法性的三种类型，包括传统、个人超凡魅力和法理。哈贝马斯在合法性的形式之外，提出了一种与之相对的合法性价值的类型。无论合法性的抽象价值如何，对其价值基础的追问代表了对合法性形式理性的亡羊补牢式的挽救。伊斯顿在区分不同类型的政治支持时，不经意地提出，相对于基于特定诱因如利益需求被满足而带来的特定支持，对政治系统的弥散性支持来自于公众心中"道义原则和是非感"的合法性信仰（伊斯顿，1999）。对于这些在政治秩序中所讨论的合法性类型，组织学者在借鉴的基础上提出了自己的看法，Aldrich & Fiol（1994）指出，组织合法性可以被划分为社会政治合法性和认知合法性。在此基础上，Scott（1995）将组织合法性进一步细分为认知合法性（cognitive legitimacy）、规制合法性（regulative legitimacy）和规范合法性（normative legitimacy），尽管该分类仍存在缺乏对三种合法性类型之间的关系进行解释的不足，但却代表了比较一致的看法。下文以 Scott 的合法性类型划分为框架，重点从认知合法性以及规制合法性两个维度，对受到法律明确支持的民办非企业单位制度的合法性危机进行分析，进而指出危机下民办非企业单位的现实发展需要一种怎样的制度做合法性支撑。

三 认知合法性危机：民办非企业单位"无中生有"的烦恼？

认知合法性来源于与特定事物或活动有关的知识扩散（Scott，1995；

Aldrich & Fiol 1994），它表明了对新事业相关知识的普及程度，是对特定社会活动的边界和存在合理性的共同感知，当某项知识不被人们所真正理解和接受，则该事物或活动具有较低的认知合法性。作为一个专有名词的民办非企业单位早在1998年就确立了法律地位，但这一概念的日常应用常招致各方的质疑——公众在政府费劲的解释中常不知所云，作为行政权力行使主体的政府官员也直指概念名称及意涵的不规范及其对工作的扰动，并呼吁进行制度设计的调整（陈金罗，2006；赵立波，2008），法学家更是一针见血地指出，民办非企业单位不是经过批判性反省和提炼的法律概念，它舍弃了严谨的法人概念，以致所创设的制度内涵混乱不堪、外延模糊不清、体系庞杂无序，制度价值颇受质疑（税兵，2008b），这些怀疑和批判令人不得不重新思考民办非企业单位作为一个术语的认知合法性危机。

民办非企业单位发轫于经济体制改革和事业单位的分化过程，其名称和组织形式烙上了明显的意识形态色彩和所有制区分的痕迹，体现了立法者人为干预的浓厚色彩。从历史的角度看，企业单位和非企业单位的二分法源自企业单位与事业单位的二分法，在不同的生产职能分工中，企业是在工商行政管理部门登记的从事经济活动的行动主体，事业单位是在机构编制部门登记的主要在科教文体卫等领域提供准公共物品或准公共服务的社会服务组织。随着经济体制改革尤其是单位制度改革在20世纪90年代初的深入，社会的资源配置能力不断提高，过去由事业单位提供准公共物品的格局逐渐面临私人供给的竞争挑战，一种有别于"社会团体"的"民办事业单位"在政府与市场组织之外形成；与此同时，现有的事业单位与国家财政的关系也发生了变化，从100%国家出资分化为全额拨款、差额拨款、自收自支三种类型，其中自收自支的事业单位就是所谓的"民办事业单位"。"民办事业单位"这种现象引起国家政策层面的关注，例如，1996年中央办公厅、国务院办公厅印发的《中央机构编制委员会关于事业单位机构改革若干问题的意见》提出要推进事业单位的社会化，要加强对民办事业单位的管理，制定有关政策法规，有领导、有计划、有步骤地发展适宜民办的事业单位。

但是，被政策文件所认可的"民办事业单位"却与1988年颁布的《事业单位登记管理暂行条例》对事业单位的定义有着不可调和的矛盾——当"国家为了社会公益目的，由国家机关举办或者其他组织利用国家资产举办的，从事教育、科技、文化、卫生等活动的社会服务组织"被纳入事业单位的范畴时，在举办主体、资产来源、运行方式以及责任机制等方面与事业单位存在巨大差异，并且无法实行机构编制部门的公立机构管理方式的"民办事业单位"，显然超出了事业单位这一制度设计的调整范围。很明显，需要一种替代性的制度形式，1996年7月召开的中央政治局常委会议就被当成解决这一问题的商议平台。有关这次内部会议的信息透露，"民办事业单位"将被"民办非企业单位"制度所正式取代。在重点讨论如何加强对民间组织进行规范管理的议程中，决策者们原则规定了民办非企业单位的管理体制、管理制度、法制建设、舆论宣传和登记管理机关的机构建设等问题，提出要制定《民办非企业单位登记管理暂行条例》并对民办非企业单位进行一次全面的清理整顿，"民办非企业单位统一归口由各级民政部门登记管理，其它任何部门无权审批和颁发证书"（赵泳，1999）。很快，作为落实这次会议精神的中共中央办公厅和国务院办公厅联合发布的《关于加强社会团体和民办非企业单位管理工作的通知》（中办发〔1996〕22号）文件，对外首次提出了与"社会团体"相并列的"民办非企业单位"概念，并由其取代"民办事业单位"概念，明确民办非企业单位由民政部门统一登记管理，民办非企业单位由此获得官方话语体系中的正式地位。此后，民办非企业单位借助《民办非企业单位登记管理暂行条例》的权威形式，使自己成为与社会团体相并列的具有法律地位的组织，至此，作为一种独立的组织制度创新形式的民办非企业单位得到了法律的正式承认。

从"民办事业单位"到民办非企业单位的转换，相应地体现在民办非企业单位数量从无到有的增长变化中。1999年底民政部印发的《关于开展民办非企业单位复查登记工作意见》的通知（民发〔1999〕133号）再次明确民办非企业单位由民政部门统一登记，至2001年复查登记结束时，据统计，全国民办非企业单位实有单位数82134个；2002年，全国民办非企业单位增长迅猛，批准登记民办非企业单位数36986个，与上年相比增幅达35.4%，注撤销单位数7863个，最终达到年末实有单位数111212个（见表3）。在这一阶段，民办非企业单位的构成，除了极少量新设成立登记的，绝大部分是根据《关于开展民办非企业单位复查登记工作意见》的文件精神，将原先在编制部门登记的"民办事业单位"变更为在民政部门登记管理的"民办非企业单位"（赵泳、刘宁宁，2003）。

表3　1999～2002年全国民办非企业单位数据统计信息

单位：个

年份	上年末实有单位数	本年批准登记单位数	本年注、撤销单位总数	撤销单位数	年末实有单位数
1999	—	—	—	—	5901
2000	5901	—	—	—	22654
2001	22654	—	—	—	82134
2002	82134	36986	7863	2418	111212

资料来源：笔者根据中国社会组织网（http://www.chinanpo.gov.cn）上公布的相关数据自制。
注："—"表示无法获知该数据。

带有浓郁中国国情特征的民办非企业单位概念的形成过程，暗含了这一制度在社会认知合法性上存在危机的根源。一方面，作为一个专有名词，民办非企业单位在构词上由"民办""非企业""单位"三个独立词语合成而来，这一结构表明了它的制度价值——被制度设计者赋予纠正"民办事业单位"一词隐含的内在逻辑冲突，以及凸显区别于"官方"身份以及"企业"营利性属性特征的双重目标。但是，"民办"一词所暗含的组织身份选择并不适应于改革开放以来现代化转型中对从身份到契约的过渡趋势，同时，用否定方式对概念外延进行界定的做法并没有回答民办非企业单位到底是什么，所谓的"非企业"表述并没有在企业以外的机关、事业单位、社会团体等范围中明确组织的定位；此外，"单位"作为重拾计划经济时代话语体系的政策文件词汇，在法律术语体系中亦缺乏足够的立论基础。另一方面，在概念的形成过程上，民办非企业单位并不像社会中其他新概念那样，经历社会文化习惯、大众的心理认知习惯的检验，符合民族语言构词法和表达习惯，同时表义又十分明确，相反，它在口语中从来就不是一个符合惯常表达用法的生词，在上升为中央文件中的政策术语前并未经过社会环境的检验，在最终成为一个法律词汇时也未受到严格的法理论证。从这两点看，脱离了社会习惯表达法、依靠立法者人为创造产生的民办非企业单位概念，在社会认知合法性方面存在严重的缺陷也就不足为奇了——作为一个具有强烈本土性色彩的概念，在英文中几乎很难找到与民办非企业单位相对应的词汇，它既不与国际接轨，又得不到国际社会的认同；即使在中国语境下，与社会团体、基金会这些同类组织相比，不仅公众对民办非企业单位这个概念普遍感觉陌生，就连在政府管理部门中它也未得到普遍的认可，给管理造成很大困扰（赵立波，2009）。

四 规制合法性危机：民办非企业单位的"阿喀琉斯之踵"？

Scott 认为，规制合法性来源于政府、专业机构、行业协会等相关部门所制定的制度规章，这些规范性文件代表着社会对组织的存在及其行为的解释水平（1995）。现代立宪价值的确立以及发展中的法律理性主义，促成了神权思想衰败后的成文法在现代社会中所起的作用，以及由此确立了法定性（legality）准则的重要性（思古德，1997），但是这些法定性准则同样面临法律合法性的考验。来源于权力部门制定的法律制度，往往可以用权利和义务这对社会控制的"规矩绳墨"，限制和确定行为者行为的可能性空间——如果要变革一个社会，就运用法律制度作为一种强有力的杠杆，对社会体制进行根本性的再造（熊继宁，1991）。由于执行中的强制性和权威性，法律制度被理解为组织必须达到的最低限度的正当性要求，这类正当性通常被称为法律合法性。法律合法性建基于对实定的法律规则和那些为提升统治者之权力的合法律性信仰之上，统治者能够通过法律规则来发布命令（Weber，1978）。考虑到法律制度对社会行为空间的最强约束力，本文重点考察规制合法性中的法律作为调节社会关系的一类重要制度规则所提供的合法性，即法律合法性。

尽管认知合法性危机并没有得到根本解决，但民办非企业单位的自组织能力和资源配置能力，随着社会转型和公共事业体制改革不断深入而增强，法律制度为其划定规范行为空间的能力也越来越强。在法律体系中，按与民办非企业单位的关系来看，存在专门针对民办非企业单位本身、针对特定领域的社会事业、针对所有类型社会组织制定的法律规范性文件；按法律效力来看，有法律、法规、规章以及规范性文件等[①]；按内容来看，涉及民办非企业单位登记

[①] 根据《立法法》的规定，我国法律体系主要包括三层：第一层为法律，由全国人大通过。第二层为法规，指国务院、地方人大及其常委会、民族自治机关和经济特区人大制定的规范性文件，主要包括行政法规、地方性法规、民族自治法规及经济特区法规等。第三层为规章，主要指国务院组成部门及直属机构，省、自治区、直辖市人民政府及省、自治区政府所在地的市和经国务院批准的较大的市和人民政府，在它们的职权范围内，为执行法律、法规，需要制定的事项或属于本行政区域的具体行政管理事项而制定的规范性文件。在没有明确指出的情况下，本文所用的法律指广义的法律，包括上述法律体系中的法律（狭义）、法规和规章等。

审查与管理、名称管理、印章管理、开立银行账户、票据管理、征税管理、免税优惠等各方面（见表4）。

表4 涉及民办非企业单位的主要法律规范性文件

法律规范性文件	法律效力	主要内容	发布时间	名称	发布机关
针对民办非企业单位制定的一般性法律规范性文件	法规	登记管理	1998	《民办非企业单位登记管理暂行条例》	国务院
	规章		1999	《民办非企业单位登记暂行办法》	民政部
			1999	关于印发《关于开展民办非企业单位复查登记工作意见》的通知	民政部
			2000	《科技类民办非企业单位登记审查与管理暂行办法》	科技部、民政部
			2000	《体育类民办非企业单位登记审查与管理暂行办法》	国家体育总局、民政部
			2000	《文化类民办非企业单位登记审查与管理暂行办法》	文化部、民政部
			2000	《关于城镇非营利性医疗机构进行民办非企业单位登记有关问题的通知》	民政部、卫生部
			2001	《职业培训类民办非企业单位登记办法（试行）》	民政部、劳动部
			2001	《教育类民办非企业单位登记办法（试行）》	民政部、教育部
		开立账户	1999	《关于民办非企业单位开立银行账户有关问题的通知》	民政部、中国人民银行
		名称管理	1999	《民办非企业单位名称管理暂行规定》	民政部
		印章管理	2000	《民办非企业单位印章管理规定》	民政部、公安部
		票据管理	2002	《关于民办非企业单位使用票据等问题的通知》	财政部
		征税管理	1999	《事业单位、社会团体、民办非企业单位企业所得税征收管理办法》	国税总局
		税收优惠	2012	《关于科技类民办非企业单位适用科学研究和教学用品进口税收政策的通知》	财政部、科技部、民政部、海关总署、国家税务总局

续表

法律规范性文件	法律效力	主要内容	发布时间	名称	发布机关
针对特定类型民办非企业单位制定	法律	教育	2002	《中华人民共和国民办教育促进法》	全国人大常委会
			2004	《中华人民共和国民办教育促进法实施条例》	国务院

资料来源：笔者根据近年出台的关于民办非企业单位的各类法律规范性文件自制表格。

在民办非企业单位未经严格论证的一整套法律规范体系中，内容模糊以及条款之间相互抵牾等，给法律合法性埋下了危机的种子。《民办非企业单位登记管理暂行条例》仅仅是从行政法规的角度确认了民办非企业单位的法定表述并认可了这一制度形式的民事主体地位，即使作为有关法律法规上位法的《劳动合同法》在2008年从法律的角度认可了"民办非企业单位"这一概念，明确民办非企业单位的劳动人事制度等同于企业，但在我国的民法体系中，民办非企业单位仍然被裹挟在"社会团体"概念之中，其法人性质含糊不清，根本性的法律地位并未获得民法体系的承认。在《中华人民共和国民法通则》所明确的企业法人、机关法人、事业单位法人、社会团体法人四类法人中，作为目前我国社会组织三种类型法人统称的社会团体法人并不能准确反映民办非企业单位的本质属性，相反，它还混淆了民办非企业单位与社团两类不同组织形式的本质区别。从历史的角度看，以社会团体统称我国所有类型的社会组织的习惯，源于社会生活被政治极大抑制的计划经济时期，当时社会组织形式的单一和不活泼的状况在1950年颁布的《社会团体登记暂行办法》中得到了反映，并成为很长一段时期内我国此方面法规、规章、行政命令、决定的最主要用语，甚至在1989年《社会团体登记管理条例》中第2条"在中华人民共和国境内组织的协会、学会、联合会、研究会、基金会、联谊会、促进会、商会等社会团体"中，以列举的方式将基金会这一典型财团法人性质的组织形式纳入了以人的集合为基础的社团法人中。

法人是组织稳固存在的最有效载体，法人制度也是评判社会在落实结社自由与意思自治等宪法理念最敏感的标尺。大陆法系国家在借鉴德国法律体系中的法人体系分类基础上，在民法中将法人在理论上区分为公法人和私法人，后者被进一步划分为社团法人和财团法人。其中，社团是以"人的集合"为基础形成的组织，即"由每个人对其他人做出意思表示，表明成立一个由他们设想的组织从而设立一个社团"（拉伦茨、王晓晔，2003）；财团是以"财产的联合"为基础形成的组织，即"一定的财产，经由人格化而有独自的法律生命，不受捐助人的支配，不因人事变迁而影响其财产的存在与目的事业之经营"，其设立的基础乃是捐助行为或遗赠行为（王泽鉴，2001）。在一些大陆法系国家中，社团又进一步被区分为社团法人和非法人社团（又被称为"无权利能力社团"），虽然传统民法也有"无权利能力财团"概念，但无权利能力财团与其被认为是一种不具有法人资格的财团，毋宁被认为是一种特别财产，这种特别财产并无独立人格，只能适用附条件的赠与规定（税兵，2008b）。

尽管我国民法目前仍无社团法人和财团法人的区分，但民办非企业单位成立的基础、意思表示机制以及行为方式，很明显表现出了与基金会一样的，以捐赠人之财产捐赠为前提的"财产上的联合"所形成的组织体，显著区别于以"人的集合"所形成的行业协会商会、俱乐部、同乡会等社会团体。对于这种情况，有学者在比较我国基金会与法人型民办非企业单位与国外财团法人之后指出："我国的基金会与民办非企业单位法人制度同国外的财团法人制度的确存在一些差异，但除了在若干问题上范围较窄、若干细节规定上有些区别或者缺乏规定外，并没有根本性的不同"，"我国所建立的民办非企业单位制度并非什么独创，不过是一个简陋型的财团法人制度。"（苏力，1999）现代意义上的财团法人是捐助人捐赠意志得以实现的有效法律形式，捐助人通过捐助行为使其捐助的财产成为独立的法律主体，组织得以独立存续下去，可以说，我国现有民办非企业单位的制度设计在某种程度上已经体现了财团法人的设计理念却缺乏一个明确的财团法人身份。

一个社会组织被赋予法律主体地位的实质要件和形式要件，取决于该国政治法律体系的现实选择（李永军，2006），《民法通则》未能涵盖民办非企业单位的基本问题，而《民办非企业单位登记管理暂行条例》在缺乏上位法支持的情况下确立了民办非企业单位的民事主体地位，包括法人、合伙和个体三种类型，这种划分为法人型民办非企业单位和非法人型民办非企业单位的制度设计充满了内部的矛盾冲突。一方面，作为社会组织的一种，民办非企业单位一经成立即须遵循社会组织财产相对独立的原则，构成其组织基础的捐助财产与出资方在法律上完全区隔开来，捐赠行为的完成改变了财产的属性。但是，合伙或个体这两种非法人型的组织形式却要求举办者个人或者合伙人对组织行为及其后果承担无限责任，这意味着对民办非企业单位财产的独立性和人格化的彻底否定，由此导致民办非企业单位个人和合伙型的组织形式与民办非企业单位出资者所有权之间的根本矛盾，上述违背非营利组织制度机理的设计，带来了民办非企业单位民事责任能力的不完整性，例如，个人在债务承担上对机构的债务负有无限（连带）责任等。我国目前个体和合伙类型的民办非企业单位占到全部民办非企业单位数量的一半左右，由于无法实现出资人自有资产与民办非企业单位资产的分离，单位的资产并不具有完全的独立性，机构资产所带来的各项收益无须"分配"便可直接归个人控制，出资者在事实上享有对资产的所有权。另一方面，特定领域的法人型民办非企业单位享有基于所有权而产生的收益权。民办非企业单位产权安排属于非国有、非私人所有的产权制度，出资者的行为在广义上应当被视为捐赠而非投资。但是，《民办高等教育促进法》规定，民办教育机构应当取得法人资格，出资人举办民办教育机构可以取得合理回报，从法理上看，收益权是基于所有权衍生出的一种物权，这等于在制度上变相承认具有"法人资格"的民办教育机构享有对机构财产的所有权。

五　民办非企业单位发展：寻求制度合法性的支撑

民办非企业单位对现有制度框架内的逾越是"组织变形"的原因，而导致这种逾越的原因，在规范层面与制度本身的合法性危机又无法完全分割。制度必须首先被信仰才能被遵守，但是，这一制度内在的认知合法性危机以及法律合法性危机，却干扰了非营利性与独立性等机制，不仅民办非企业单位负责人对这一制度中的"民办""非企业""非营利性""独立性"等存有明显的认识偏差甚至是错误，甚至法律规范体系内部的不自洽和相互冲突等逻辑矛盾也极大地影响了制度功能的正常发挥——当不合逻辑的价值得到法律的确立并获得合法性，与之相似的组织形态会从这种合法性的外部性与传递性中进行仿效，从而造成集体行动的"搭便车"行为。

在规范的层面，无论是认知合法性还是法律合法性，二者所建构的合法性本质上划定了行动者的行为空间，如果行动主体的真实行为空间与合法性划定的规范行为空间越一致,那么社会控制者所要求的宏观有序状态出现的概率也就越大。在事实的层面上,一个组织既可以被动地调整自己的行为以满足政府监管部门对规制的最低要求,也可以通过积极主动地遵守各项规章制度、获得各种行业性、专业性的认可来表明自己是一个遵纪守法的"好公民"。规范层面合法性的确立与现实中对合法性价值的事实承认,尽管不存在谁决定谁的问题,但二者共同构成了合法性"硬币"的两个方面。在认知合法性危机以及法律合法性危机的现实面前,民办非企业单位的真实行为空间还是不可避免地受到了一定的影响并以"组织变形"形式表现出来,尽管这种影响的程度目前难以量化评估。

从发展的视角看,制度设计者对民办非企业单位除了要满足非营利性这个底线之外,还对独立性(民办性)、公益性和服务性(实体性)等特性抱有较高的期待。其中,非营利性则是对包括民办非企业单位在内的所有社会组织的共同要求,包括利润不得分配以及机构终止后剩余财产处理的近似目的原则;民办性则体现在举办主体的身份上,包括企业事业单位、社会团体和其他社会力量以及公民个人,排除了政府力量的参与,此外,还表现在举办资金主要源于非国有资产方面;民办非企业单位以财产的集合为前提,面向社会不特定的公众提供服务而非为了增进小团体的共同利益,公益性是不言自明的;与同为财团法人的基金会相比,它并不为其他机构提供资金资助,而主要以提供教育、科学、文化、卫生、体育、社会福利等各领域的实体性服务为主,服务内容、服务方式比较直接和具体,活动的时间及地点相对固定,服务人员相对稳定,服务具有经常性和持续性,这些行为特质不可避免地要求民办非企业单位在运作上要具备最低限度的人、财、物、场地等条件,在部分行业领域甚至需要获得特定部门颁发的专业资质许可。从这点出发,民办非企业单位在未来的发展,有赖于从制度层面为上述价值尤其是其中的非营利性和独立性构建一个坚实的合法性基础。

参考文献

柏必成(2005):《NPGs 与政府的关系分析——基于中国 NPOs 的分类》,《公共管理学报》,2005 年第 4 期。

陈金罗（2006）：《中国非营利组织法的基本问题》，北京：方正出版社。

邓国胜（2006）：《中国民办非企业单位的特质与价值分析》，《中国软科学》，2006年第9期。

——（2010）：《中国草根NGO发展的现状与障碍》，《社会观察》，2010年第5期。

邓宁华（2011）：《"寄居蟹的艺术"：两个体制内社会组织的环境适应策略——对天津市两个省级组织的个案研究》，2011年第3期。

高丙中（2000）：《社会团体的合法性问题》，《中国社会科学》，2000年第2期。

〔德〕哈贝马斯（1989）：《交往与社会进化》，重庆：重庆出版社。

金锦萍（2010）：《社会团体备案制引发的法律问题——兼论非法人社团的权利能力》，《求是学刊》，2010年第9期。

——（2012）：《社会组织合法性应与登记切割》，《学会》，2012年第11期。

纪莺莺（2013）：《当代中国的社会组织：理论视角与经验研究》，《社会学研究》，2013年第5期。

〔德〕拉伦茨，卡尔、王晓晔等译（2003）：《德国民法通论》，北京：法律出版社。

李永军（2006）：《民法总论》，北京：法律出版社。

龙宁丽（2014）：《国家和社会的距离：寻求国家社会关系研究的新范式——基于对全国性行业协会商会的实证分析》，《南京社会科学》，2014年第6期。

帕金（1987）：《马克斯-韦伯》，成都：四川人民出版社。

帕森斯（1988）：《现代社会的结构与过程》，光明日报出版社。

〔法〕思古德，让·马克著（1997）：《什么是政治的合法性？》，王雪梅译，《外国法译评》，1997年第2期。

苏力等（1999）：《规制与发展：第三部门的法律环境》，杭州：浙江人民出版社。

税兵（2008a）：《民办学校"合理回报"之争的司法破解》，《法律科学》，2008年第5期。

——（2008b）：《民办非企业单位制度质疑》，《河北法学》，2008年第10期。

韦伯（1977）：《经济与社会》（上下卷），北京：商务印书馆。

王泽鉴（2001）：《民法通则》，中国政法大学出版社。

王名、贾西津（2002）：《中国NGO的发展分析》，《管理世界》，2002年第9期。

王名、陶传进（2004）：《中国民间组织的现状与相关政策建议》，《中国行政管理》2004年第1期。

熊继宁（1991）：《社会变革与结构性缺陷——经济体制改革中的法律调解机制》，北京：法律出版社。

谢海定（2004）：《中国民间组织的合法性困境》，《法学研究》，2004年第2期。

肖林鹏（2006）：《我国体育管理体制改革对策研究》，《体育社会科学研究成果汇编》，北京：人民体育出版社。

——（2008）：《我国青少年体育俱乐部性质辨析》，《西安体育学院学报》，2008年第2期。

徐宇珊（2008）：《非对称性依赖：中国基金会与政府关系研究》，《公共管理学报》,2008 年第 1 期。

伊斯顿,戴维(1999):《政治生活的系统分析》,北京:华夏出版社。

俞可平(2006):《中国公民社会:概念、分类与制度环境》,《中国社会科学》,2006 年第 1 期。

于晓静(2014):《北京市民办非企业单位管理创新研究》,"社会创新实证研究研讨会"论文集,2014 年 8 月。

赵泳(1999):《让民办非企业单位有法可依》,《中国民政》,1999 年第 1 期。

张健(2000):《合法性与中国政治》,《战略与管理》,2000 年第 5 期。

张康之(2002):《合法性的思维历程:从韦伯到哈贝马斯》,《教学与研究》,2002 年第 3 期。

赵泳、刘宁宁(2003):《全国民办非企业单位数量分析》,《中国民政》,2003 年第 4 期。

赵立波:《论事业单位向非营利组织转化:现实描述与理论探析》,《中国行政管理》,2005 年第 2 期。

——(2008):《民办非企业单位:现状、问题及发展》,《中国行政管理》,2008 年第 9 期。

——(2009):《关于民办非企业单位名称及其调整的思考》,《学习论坛》,2009 年第 7 期。

曾楚宏等(2008):《基于战略视角的组织合法性研究》,《外国经济与管理》,2008 年第 2 期。

Aldrich, H. E. & Fiol, C. M. (1994), "Fools Rush in? The Institutional Context of Industry Creation", *Academy of Management Review*, 19 (4), pp. 545 – 670.

Beetham, D. (1991), *The Legitimation of Power*, London: Macmillan.

DiMaggio, P. J. & Powell, W. W. (1983), "The Iron Cage Revisited: Institutional Isomorphism and Collective Rationality in Organizational Fields", *American Sociological Review*, 48 (2), pp. 147 – 160.

Froissart, C. (2014), "The Ambiguities between Contention and Political Participation: A Study of Civil Society Development in Authoritarian Regime", *Journal of Civil Society*.

Grafstein, R. (1981), "The Failure of Weber's Concept of Legitimacy", *Journal of Politics*, 43 (2), pp. 456 – 472.

Meyer, J. W. & Rowan, B. (1977), "Institutiionalized Organizations: Formal Structure as Myth and Ceremony", *American Journal of Sociology*, 83 (2), pp. 340 – 363.

Meyer J. W. & Scott, W. R. (1983), *Organizational Environments: Ritual and Rationality*, Beverly Hills, CA: Sage.

Scott, W. R. (1995), *Institutions and Organizations*, Thousand Oaks, CA: Sage Publications.

Weber, M. (1978), *Economy and Society: An Outline of Interpretive Sociology*, Edited by Guenther Roth and Claus Wittich, Berkerley: University of California Press.

Wu, Fengshi & Chan, Kin-Man. (2012), "Graduated Control and Beyond: The Evolving Government-NGO Relations", *China Perspectives*. No. 3, pp. 9–17.

Zimmerman, M. A. & Zeitz, G. J. (2002), "Beyond Survival: Achieving New Venture Growth by Building Legitimacy", *Academy of Management Review*, 27 (3), pp. 414–431.

Private Non-corporate Organizations: System Crisis Behind "Deformed Organization"
—A Legal Concept Seeking Legitimacy

Long Ningli

[**Abstract**] The private non-corporate organizations are widely criticized for their "deformed organization" as reflected in the interest distribution and lack of independence. At the in-depth level, the legitimacy crisis of the private non-corporate organizations is closely related to its legitimacy as a system. When legitimacy crisis is found with a system design itself, the defect will inevitably bring along structural influence. When legitimacy is granted to the physical organizations by the macro-system, the legitimacy crisis comes along as well. Proceeding from Weber's concept of legitimacy, the article goes in the two dimensions of cognition legitimacy and regulation legitimacy, to pursue the rule legitimacy crisis implicated in the system framework that impacts practice, and points out that the private non-corporate organizations' future development hinges on a solid legitimacy basis built at the institutional level with such values as non-profit and independence at the core.

[**Keywords**] Private Non-corporate Organization, Legitimacy, Crisis

（责任编辑：郑琦）

不为与不能：论政府购买社会服务的进场障碍与市场管理策略

刘淑琼[*]

【摘要】"竞争"是民营化的核心概念，然社会服务领域长期受制于供应者不足的现实，如何运用市场管理战略提高场域中供应者的质量，形成实质的竞争局面，让委托方可从中选择到最佳的合作伙伴，并透过竞争机制激发出最佳质量，一直是政府购买服务的学术研究者与实务工作者所共同关注的课题。本文检阅相关的文献论述，并根据台湾地区本土的实证研究指出，非营利服务供应者想参与投标成为政府购买服务的合作伙伴可说障碍重重，可归纳为制度、政治与行政等三大进场门槛。本文认为社会服务供应不足、市场缺乏竞争，尽管有其"不能"的先天限制，但还是存有若干应做、可做而未做的"不为"问题，若能对症下药，仍有活化供应者市场的可能。本文建议公部门应运用"宽资严管"的双轨战略，一方面阶段性地提供较优厚的购买条件作为诱因，吸引各类供应者前来竞标；另方面则大幅强化公部门的管理量能，积极去除贯穿整个购买服务过程中的各种人为路障，强力要求绩效，才有可能真正启动健康竞争与有效问责的机制，将社

---

[*] 台湾大学社会工作学系专任副教授。本论文以"国科会"2005年专题研究计划"竞争与选择：台湾购买服务之市场理性之研究"（NSC 94 – 2412 – H – 002 – 010）之实证数据为基础撰写。

会服务民营化导向正轨。

【关键词】 竞争 政府购买服务 进场障碍 民营化 市场管理

一 前言

缺乏竞争，尤其是实质的、有意义的正向竞争，造成"从政府独占变成民间独占"现象，也因此限制了购买者的选择权、服务接受者的消费者主权，购买主体难以对唯一的承接者问责[①]，最终无法达到民营化政策所期待的效率和效能等一连串的问题，长期以来一直为政府购买服务的研究者与实务工作者所诟病（Cohen，2001）。在台湾地区，多数人认为社会服务的供应者市场仍尚未成形，因此探讨政府购买社会服务的"竞争"是一个"未来式"。然事实真否如此？政府购买服务成为台湾社会服务输送的主要模式已经将近二十年，如果"供应者不足"仍是主要的问题，或是合格的服务供应者仍踌躇不前，抑或在接受政府委托一段时日之后决定退场，扣除需求面成长因素外，有没有可能是政府设计的购买服务机制所形构出来的场域生态，不足以"养活"更多的服务供应者；或者，问题根本不在于场域中潜在承接者不够多，而是某些因素让他们不愿意参与投标呢？为回答以上的问题，本文将检视先进国家有关购买服务竞争议题的相关论述，并以台湾地区残疾人服务与妇女服务领域为对象进行实证研究，分析促进或阻碍供应者进场动机的因素，从而提出政策与行政建议。

二 竞争？选择？一个不完全的政府购买服务市场

新古典经济理论信仰"市场"是一个完全竞争的，一个自律、自我修正的系统，可以更有效率地配置资源，鼓励创新、提升质量与效能、控制成本。换言之，"竞争产生效率"是民营化支持者的核心信仰，Kettle（1993）称之为"竞争处方"（competition prescription）。反之，若是缺乏一定数量的投标者参与竞逐，那么最后的得标者很可能不是场域中最佳的服务供应者。原因是投标者可以轻易推测这少数几位竞争对手的实力，从而调整自身的承接条件到低空掠

[①] 原文为 accountability，在华人学术社群的其他翻译包括："责信""公信力""交代""课责""问责"等（刘淑琼，2005a）。

过、足以得标即收手；投标者不足还可能发生少数有意进场的投标者之间共谋围标及"分赃"的事情。政府部门方面，受限于投标者过少、服务又不能没有人做的现实，也只能在无从选择下被迫接受较预期更高的价格、更差的承诺，或坐视投标者之间不法串联的事实（Klemperer，2004；Krishna，2002，引自Lamothe，2014）。购买社会服务由于服务对象的状况多变，服务过程与质量都存在高度的不确定性，因此被Sclar（2000）归类于不完美市场中的"'不完全'（incomplete）委外"。在不完全委外环境下至少产生以下三个问题：（1）买卖双方信息不对等：购买方信息不足，难以掌握真实成本与服务实况；（2）逆选择：即所谓的劣币驱逐良币，最后得标者未必是场域中最理想的服务供应者；（3）道德危险：承接者规避监督，追求本身的利益，以上这些现象可说都已背离民营化追求效率、效能与质量的原旨。刘淑琼（2008）有关台湾地区的实证研究发现，在非价格竞争[①]的制度设计下，原承接者只要得知有其他服务供应者对此标的有兴趣，多不敢掉以轻心，不仅在服务上更加用心，也多能努力达到购买式服务所期待的、交易成本较低的市场问责。再者，各参与竞争的行动者在投标文件上，也更愿意主动提出具有创新与加值的服务承诺。这些因应行为对专业服务而言，是一种向上提升的力量，对采购专业服务的公部门来说，也是一个有利的市场环境。

然而，晚近也有研究不认同竞争的功能，他们指出竞争的结果未必能达到选强汰弱的目的（Lamothe & Lamothe，2010），为营造竞争环境所付出的交易成本，将排挤问责、监督、要求平等及响应性等重要的公共价值之资源（Johnston & Romzek，2010；Johnston & Girth，2012），竞争的结果造成服务提供商的替换会冲击服务的延续性与稳定性，不利于个案与服务网络（Fernandez，2009），而最受瞩目的莫过于质疑竞争与服务绩效间因果关系之研究结论（Milward & Provan，2000；Fernandez，2007；Lamothe & Lamothe，2010；Johnston & Girth，2012；Lamothe，2014）。这些论述都在挑战将市场理论的假设运用到购买社会服务领域的适切性，提醒我们不应仅止于关注参与投标的家数，不宜盲目追求形式上的，或以价格为考虑的"竞争"，在营造具竞争性的购买环境的同时，也应审慎评估这对服务可能带来的冲击，自有其参考价值。尽管这些论文都使

[①] 即不是以"价格标"（最低价者得标）作为决标模式。

用"竞争"字眼,却因受限于篇幅,未能详细说明研究主体执行竞争的制度设计与实务操作细节,读者难以判断什么样的市场管理机制导致这些负面结果,但就政府购买服务的原理来看,公部门掌握潜在服务承接者进场的诱因和障碍,灵活运用市场管理策略引进更多的潜在承接者,营造更活跃的供应者市场,提供给公部门及服务使用者更多元的选择,恐怕仍是达成民营化目的必要手段。

"竞争"与"选择"在购买公共服务中,可说是一体的两面:从潜在承接者的角度来看,是"与多个行动者竞逐同一个对组织来说可欲、有价值的标的";从购买者的角度来看,则是指"市场上有多种供应者的选项,让公部门有机会在一个具有竞争性的市场中,挑选出有能力以最专业、最低价格提供最高质量服务者"(Van Slyke,2003)。这样的界定虽然从供需两方出发呈现不同的论述,但基本上都是以参与投标者数量作为定义"竞争"的关键指标。Keisler & Buehring(2005)的研究发现,当一个标案可以吸引到第三个竞标者进场时,政府支付的成本可望大幅降低,而引进四个竞标者最能达到获利的极大值。Johnston & Girth(2012)则指出,一般共识是至少要有三个以上的行动者参与才算是"有竞争"。

以参加投标者的数量为基础,来判读是否存在竞争虽有其简明性与便利性,却忽略了"形式竞争"不等同于"实质竞争",应该要进一步考虑发生竞争的时间点。Hansen(2003)认为除观察初次政府购买服务的竞争情况外,也要关照再次公开招标时是否"换手经营",若是出现"一旦委托,终生委托"型的购买式服务制度,则等同于实质独占。针对实务上所谓的"缺乏竞争",除了市场上供应者数量本来就稀少之外,学者还进一步细分以下三种状况:一是市场上不乏合格供应者,但多数因故缺乏意愿,最后只有少数采取投标行动。二是买卖双方合作多年已建立相当默契,其他供应者即使有意愿投入也不得其门而入。这正反映了民间投标者与公部门购买者之间的"共生关系",也就是承接者经过多年合作经验后深谙购买者的需求与游戏规则,多能表现出高度配合的行动;而公部门则站在规避风险的考虑,偏好与既有的现任承接者继续合作,虽可降低交易成本,但无形中也阻碍其他服务供应者进场的机会。三是表面上有好几个机构前来投标同一项目,但由于各区均取一优胜者,等同于让某一组织在某一特定地区享有独占权(Hansen,2003;Palmer & Mills,2005)。以上各种态样提醒我们讨论市场"缺乏竞争"一事,不宜单纯计算竞标家数,而是要进一步区分合格供应者数量、进场竞标者数量、投标与得标者数量之对比，以及购买者与承接者间的关系才能一窥全貌，毕竟只有在组织"必须与他组织竞逐市场占有率、功能和资源"的情况下，才算真正的竞争，也才有产生效率的效果（Cohen，2001）。

美国向来被认为拥有成熟多元的公民社会与蓬勃专业的服务供应者，但检阅各相关论述却显示其民间供应者基本上还是个"小水塘"，里面的鱼本来就不多，相对大的鱼也是有限，也就是，在社会服务领域中合格的供应者仍属严重不足。一个竞争有限的市场，对于州及地方政府规划与执行民营化政策上而言，可说是一重大挑战（Sawicky，1998；GAO，1997；Lavery，1999）。Sclar（2000：13-14）的研究指出，在涉及服务技术较复杂高端、需要提供较长期服务的，几乎找不到合适的承接者，购买者想要寻求更理想的替代承接者难度更高，因此很难期待营造出竞争的供应者市场。Van Slyke（2003）研究纽约市"贫困家庭暂时性扶助项目"（Temporary Assistance to Needy Families，TANF）的政府购买服务作为，发现完全不存在竞争。他指出纽约市许多社会服务的民营化，基本上只是将原本由公部门独占的权力与权威，移转给民间的独占者，可说是个卖方市场，因此购买者无从向承接者要求绩效与责信。然而，在这一面倒的论述中，Savas（2002）可能是唯一的例外，他研究纽约市游民庇护所、居家照顾及职业训练等三个服务领域的政府购买服务投标者数量，发现竞争状况比想象的踊跃。但他在论文中也有所保留地指出，除非有其他研究也得到相似的结果可资相互对照，这些数字才具有说服力，同时，他也不否认这种踊跃投标的情况不容易出现在人口较少的小型城镇。美国政府购买社会服务竞争不足的状况持续多年未见改善，Hefetz & Warner（2011）以实证数据计算出平均每一个政府公共服务委外案的竞争者只有1.67个。最近一项以美国佛罗里达州儿童与家庭局①的"预防伙伴项目"及"紧急庇护项目"② 所做的实证研究也显

---

① 佛罗里达州儿童与家庭局（Department of Children and Family，DCF）是该州最大的社会服务提供商，可分为十大类型，包括成人保护、儿童照护、家庭暴力、经济协助、家庭安全、游民、难民服务、婚姻教育、物质滥用、精神健康等。

② "预防伙伴项目"（Prevention Partner Grants，PPGs）鼓励学校及非营利组织推动各种校园和社区物质滥用预防项目。"紧急庇护项目"（Emergency Shelter Grants，ESGs）则是提供经费让紧急庇护单位进行设施设备维修及开发咨商等必要服务，同时为可能失去住所、成为游民的个人提供服务。以上两项目都禁止营利组织申请。

示，虽有论者认为社会服务供应市场的竞争程度有所提升，但事实上，若以"合格的竞标数"（acceptable bidders）[①]取代"参加竞标数"来测量，即可发现这是高估了社会服务市场内竞标程度的假象[②]（Lamothe，2014）。

刘淑琼（2008）以残疾人服务与妇女服务为例，探究台湾地区政府购买社会服务的竞争与选择之真实图像，观察到两个领域服务的购买服务都面对缺乏竞争的困境：只有一家来投标的购买式服务案均高达八成以上，两家以上来投标的都在一成五上下，三个以上服务供应者竞标的案件数更只有5%左右[③]。两类服务平均每案的竞标家数都不高，平均每个残疾人服务项目有1.24个投标者，妇女服务项目则有1.35个投标者。不同于残疾人服务，妇女服务具有多元性、知识技术的低明确性、个案的短期性与流动性等特征，加上较优厚的购买服务条件设计，不仅降低服务供应者进场的门槛，也正中多数社会服务团体对硬件设施之需求，因此吸引各式组织前来竞逐，表象上看似颇为激烈。然深入分析却可发现其竞争仍不脱"一强配数弱"的格局，极少出现势均力敌式的实质竞争，而最终也多为大型、具社会知名度的成熟团体得标。

归结以上，相关的实证研究均显示供应者不足、缺乏实质竞争，可说是政府购买社会服务的普遍共相。这样的现实或许有其"不能"的困境，也就是社会服务先天上缺乏市场性的特质，使得服务供应者裹足不前，这属于难以突破的"宿命"；然除此之外，是不是还有像是整体购买服务制度的设计、特殊的政治文化，或是公部门行政管理量能等"非不能也，是不为也"的人为因素所致呢？掌握这些影响竞争的因素，将有助于公部门的购买合同管理者拟定更具效能的市场管理（market management）[④]策略与活动，有效提升服务供应者进场

[①] Lamothe（2014）定义"合格"的条件有二：一是投标者在规定的期限内完成标案要求的文件制作；二是高于政府采购单位所设定的最低竞标分数。

[②] Lamothe（2014）的研究发现，平均每一案的竞标者数是1.73个，合格竞标者数更低，只有1.29个，差距为0.44个，达统计上的显着。在49个委外项目中，大约一半（49%）只有一个初始竞标者，高达七成（70.8%）只有一个合格竞标者；只有5个项目有超过3个以上的初始竞标者，若只计算合格的竞标者数，则降到只剩3个项目。

[③] 台湾残疾人服务从2001年到2005年的购买服务案中，有高达八成五只有一家进入最后的评选阶段，达到所谓"有竞争"的也只占5.5%。妇女服务竞争状况略优于残疾人服务，有八成仅以一家参与投标，其中有6.5%达到三个以上的竞标者（刘淑琼，2008）。

[④] "市场管理"指的是"购买者用来创造、加强、刺激和维持委外市场竞争的策略和活动"（Johnston & Girth，2012）。

的意愿和数量，以多元化、活化社会服务的委外市场，增进竞争与选择，达到政府购买服务的目的。以下将透过台湾实证研究数据与西方文献对话的方式，进一步探究牵动潜在承接者趋避行为的主因，希望能据以找出可为的突破点，协助公部门营造一个更多元而健全的供应者市场。

三　研究策略

本研究同时探讨妇女服务与残疾人服务的项目委托与机构委托，除延续研究者过去的实证研究，达到研究成果的贯时性累积外，主要考虑在于妇女服务与残疾人服务代表台湾两种非营利组织发展历程、服务性格迥异、技术成熟度不同的人口群服务，透过搜集各行动者实际参与经验，将有助于掌握台湾地区政府购买服务的多元竞争风貌。本研究的实证资料系由作者先向各地方政府搜集资料，建立台湾地区政府购买社会服务竞争的全貌性档案，再针对其中参与投标机构数较多的项目，于 2006 年 3 月至 5 月间正式约访竞标机构的关键知情人士（key informants）进行半结构式深度访谈（semi-structural in-depth interview），以进一步了解这些参与竞标者的第一手经验，以及他们决定参与投标或不进场竞标的考虑。本研究在征得受访者同意后于访谈过程采全程录音，并如实整理成逐字稿，采质性研究扎根模式编码分析。笔者反复阅读文本脉络，参酌理论文献找出有意义的陈述，加以归类并类名化，从中逐步抽萃出解释现今台湾地区政府购买服务环境中促进或阻碍潜在承接者进场参与竞标的因素。本研究之访谈对象包括台湾北、中、南部地方政府负责购买服务作业及合同管理的中级主管及决策层次主管 10 位，以及民间社会服务机构与团体的执行长或督导等管理阶层 8 位（请参附表）。

四　影响竞争的政策与行政因素

Johnston & Girth（2012）针对堪萨斯州 125 位政府社会服务委外承办人所做的深度访谈显示，面对这样一个长期市场竞争不足的公共服务领域，公部门的因应模式可大分为两类：一是"促进市场成长"型：工作人员投入相当的心力在"市场研究"上，主要的任务在探寻和游说合格的承接者前来投标。此模式相当耗能，无形中拉高了购买式服务的交易成本，也因而产生机会成本，相对地挤了原本应使用于监督与问责的资源。二是"接受现实"型：工作人员已习惯仅有少数一两个机构来投标，日久乃逐渐屈服于竞争不足的现实，不再采取积极作为。由于市场需求大于供给，长此以往，原本是供应者间相互竞争政府标案，竟翻转成不同公部门购买者之间竞相争取少数的合格供应者的局面。由此观之，了解并掌握正面吸引和负面排拒潜在承接者参与投标的因素，将有助于公部门拟订有效的市场管理战略，降低交易成本、突破现实困境，获得政府购买服务的预期效益。从半结构式的深度访谈，本研究归纳出非营利组织在政府购买服务中所经验到的"进场诱因"与"进场门槛"。在进场诱因方面，广义的"财务因素"即资助经费、提供免费房舍都是吸引非营利组织参与投标的主要因素，但也有不少非营利组织在缺乏财务诱因的情况下，考虑组织使命与基于生存战略，仍决定进场参与投标。在进场门槛方面，则可归纳为制度、技术、规模、政治、行政等几个面向，兹分述如下。

（一）进场诱因

Higgins & Roper（2005）指出英国在强制性竞争投标（Compulsory Competitive Tendering, CCT）的政策下，非社会服务领域的标案经常因获利率高低而有不同程度的竞争，像是大楼清洁与场地维护等相对有利可图，较能引起厂商的兴趣，平均每案都有将近5个投标者；但其他像是：垃圾清运、学校营养午餐、机具维护等利润较微薄的投标者就相对少，有的甚至只能在法定最低投标数的边缘挣扎，显见"获利空间"是牵动竞标者数量的关键因素之一。然而，在社会服务方面，最大的困难莫过于购买者可以释出的获利空间极为有限，承接者若因此发展出自行创利的因应行为而伤及服务对象权益，则非购买者所乐见。为此，美国堪萨斯州州政府针对项目特性设计财务诱因，降低承接者的经费负担，并顺势引导其服务战略，以达成购买者期待的项目目标，被认为颇具有提高投标意愿的效果。

美国堪萨斯州将寄养家庭项目改以"人头定额"方式支付费用即为一例。"人头定额制"又称"包案制"，也就是承接机构必须成功地协助儿童返回到原生家庭或是完成领养手续，达到永久安置的目标，才可以从州政府拿到经费。过去承接服务的机构为了获取更多服务经费，往往倾向把孩子留在寄养家庭，留得越久，领得越多，此举虽有利于服务承接者，却违反儿童的最佳利益。实施新制度之后，有效地推促机构在保持专业质量的前提下，加快儿童永久安置的脚步，既保障了儿童的福祉，达到购买者设定的项目目标，机构也可以尽快得到经费，可谓三赢（Blackstone et al.，2004：1039）。除此之外，州政府也逐年调高寄养项目的预算，以给予承接者合理的经费，并且视个别儿童的特殊需求微调费用，以提高供应者承接项目，尤其是服务案情复杂、需求多元个案的意愿。Blackstone et al（2004：1039）从此一经验归结，成功的民营化需要公部门抓紧项目的目标，善用支付制度引导承接者的行为，同时也要掌握供给端的服务实况，务实计算一般服务及特殊需求个案的成本结构，方能克竟其功。

本研究发现，"购买条件"同样是台湾地区的非营利组织考虑是否进场的优先考虑因素之一。所谓的购买条件分为金钱与房舍两种形式。政府购买服务的经费若足以支应生产该项服务所需的成本，甚至具有相当的获利空间，比较能吸引服务供应者。

"要符合民间需求，能够吸引人的，那当然就去标。"（CW1）

"我们的'毛利'相当可观……政府如果现在慢慢有一些标案是像这一种的，竞争就出来了！"（CH2）

"像个管，我们一天到晚跟政府叫叫叫，说你要反映成本，所以政府慢慢经费条件好了，当你条件好了，那他（身障团体）就愿意进来了嘛！"（CH2）

除了经费之外，当购买案所提供的资源条件，正是潜在服务承接者当下组织发展所必要的，如房舍场地，服务供应者的进场意愿将大为提高。非营利组织因政府的购买服务，而得以免费或以低廉租金取得办公房舍的使用权，除可降低营运成本外，拥有房舍实体也等同于扩大社福团体的版图。

"大部分的妇女团体其实没有场地，就要用租的，成本很高。"（CW1）

"如果（标案）有场地的释出，最容易引起团体的注意。因为它需要有场地跟空间，它才能够继续另外经营一个据点……（这）有助于团体的扩大，所以会有更多的团体愿意进去。"（CW1）

台湾地区发展公办民营初期，非营利组织只要能够取得房舍，多已趋之若鹜（刘淑琼，2001），但民间部门在累积相当经验后变得更精明，只是提供免费房舍未必足以构成进场诱因，他们更进一步关注房舍大小、施工质量优劣、所在地点的适中性、空间设计的合用性，以及与机构经营理念的适配性等。

"机构的条件好，还是会有竞争，像地点好，地理位置适中，或是与母机构很近都有影响。"（G1）

"我们为什么要接×××（公设民营机构名称）？是我们先去看了场地，我们喜欢它的格局是家庭式的，符合我们'社区居住'的概念，这个场地我可以接受。"（CH1）

除此而外，承接者也发现维护房舍与硬件设施设备，以及购买相关保险等，都是承接者在得到政府房舍的同时需要额外支出的费用。换言之，非营利组织累积足够的经验后，在决定是否参与投标时，已经越来越清楚要掌握公部门应允提供的资源是否足以支应整体实际支出。

当潜在供应者综合评估购买者所提供的购买条件，远低于生产合同内规定的服务所需的真正成本，以至于承接者必须自行设法吸收经费短差部分，市场里的服务供应者极有可能在权衡之后选择不参与投标。

"我们常说接政府的委托，赔个五六十万①是'小赔'；两三百万是'大赔'，再多就是'惨赔'。非营利组织赔不起，就决定不接了。"（CH4）

"机构算算不划算，就没有意愿啊！"（G1）

"×××②扩张太快，有压力，要拼命接案子养人，她们也会算，没有赚头，也是不接啊！"（G2）

政府购买合同所订定的条件能让承接者在努力经营之下获得一定的利润，从而愿意来参与投标并产生竞争效益，可说是购买式服务得以运转的核心逻辑，然而这种案例在台湾社会服务领域极为少见。访谈中，绝大多数的承接者指出，他们不奢望从政府的购买服务中获利，但底线是经费要能够支持承接者生产

---

① 注：新台币，下同。
② 注：供应者名称。

"有质量的服务",并达到收支平衡。

> 场地的确是吸引人,可是我们评估的不只是场地,我们评估的是说,我们接受那个委托项目可不可以 balance,最起码就是可以 balance。……因为它有时候只给场地,其他都没有,或是补得很少还是不行啊。(CW2)

适足的经费有利于带动民间社会服务供应者的进场意愿,看似一个不言自明的道理,然而,政府社会福利部门最大的困难就是经费拮据,这是否代表问题无解?民间团体有没有可能明知政府购买服务的条件不足以支应生产成本却仍决定参与投标呢?本研究结果显示民间非营利组织的进场决策确实有超越前述财务诱因的战略考虑,兹归纳成以下五项因素。

第一,基于组织使命的"应该做",或专业发展的"值得做"而选择进场。

> "这也是我们的使命嘛!赔钱也要做的。"① (CW2)
> "我们背负家长的期待,(身障)学生年龄越来越大,他们希望有住宿,我们才去接×××县的公办民营。"(CH7)

第二,基于组织发展与人力资源管理而选择进场。组织可借此将所承接的各个项目的社工们聚成一个团队,有助于建立同侪感、增进学习、降低流动率;或是藉由扩大承接量、降低成本,以获得规模经济的效益。

> "有时候要不要投入竞争,是机构的战略性规划。像是考虑区域上的方便性、各方案的社工之间有更多的互动、资源可近性等等。"(CH3)
> "虽然我们接公办民营接得非常痛苦,但为什么还是要去接,因为我们考虑专业的规模如果只有这样,专业养成的成本是高的,还有,变成我们员工没有轮调啊!"(CH1)

---

① CW2 是大型的妇女服务与倡议团体,在台湾地区各主要城市均有设点提供服务。该团体以弱势受暴妇女的代言人自许,在台湾的反性别暴力,如家庭暴力、性暴力、性骚扰等议题上,着力甚深,也是各种重要立法和创新方案的发动者。

第三，基于"卡位"战略而进场。较有规模的中大型基金会站在整体战略角度，即使购买服务的条件不理想，还是决定以广接购买服务案的方式，由点而面建立据点与服务网，以扩大组织的服务范围、扩展影响力、确立品牌专精形象，当然也可以同时服务资源较少的地区。

"我们早期为了打进这个社福的市场，很多时候是接受更不合理的委托条件，就是要先卡一角。"（CW2）

"我想我们机构没有辅具中心，在×××①也没有据点……所以就去说服我们董事会就下去了。"（CH1）

第四，出于组织生存的自我防卫作为。由于公共资源释出具有零合效应，部分组织警觉到"不吃下来，就会被吃掉"的敌长我消压力而决定投入竞争；部分组织则是评估该服务领域未来的发展趋势，判断若不及时采取行动则不仅未能夺得先机、提早布局，还有可能因错失机会而面临生存的危机。

"我们的评估是那个机构一旦推出后，其实会对×××地区的服务跟那个公资源的生态产生另外一波所谓的'洗牌作用'。因为如果是被×××②接到……那正好产生一个垂直整合，它会变成资源的一个吸收点……如果没有争取到，那我们就要评估要收掉多少的点。"（CH2）

"我们看到它开始谈'社区化'的东西，我去说服董事会这是将来的趋势，如果你现在不去卡位，'区域统包'让别人拿去做，将来我们自己的（机构）就活不下去了，因为你没有个案进来嘛！第二是，我看到个案未来的需求，外展会多于来机构内部接受服务的，所以我们有这样的考虑。"（CH1）

第五，为达到"组织学习"而投入竞争。台湾地区的妇女服务与政治民主化及性别平等的进程同步发展，具有较高的开创性与实验性，也存在相当的城乡差异。是故，提供妇女服务的非营利组织多认为及早进场不仅可以宣示服务版图、扩展或累积经验，更可以借此了解都会以外地区的市场生态与需求、学

---

① 注：县市名。
② 注：机构名称。

习不同的服务模式，修正该组织以都会为发声基地的政策倡导内容和方向。换句话说，身兼议题倡导任务的非营利组织将承接购买式服务看作是组织研究发展的一环，从直接生产服务及与个案接触的过程中，精准掌握服务对象的问题与需求，以获得倡议的子弹。

"我们在'中央'做很多制度面的开创……用台北的经验看天下是不对的，要去才知道县市要落实一个案子的困难。"（CW1）

"经验啊……必须不断地去研发跟发展的，可是如果说我没有踏出去的话，是根本没有办法移植到其他县市去做的。"（CW1）

尽管长期以来，民间服务供应者经常在各种场合表达对公部门购买条件的不满，也积极运用各种政治策略要求政府提高购买经费；然而本研究也观察到，民间承接者事实上也处于某种微妙的矛盾情结当中：他们一方面强力抱怨政府提供的购买条件太差，动辄祭出"不再承接"的撒手锏；吊诡的是，他们也不希望政府一下子把购买条件拉得太优厚。非营利的承接者深知只要有利可图，其他的竞争者肯定伺机而动，尤其是营利型的服务供应者，这显然不是这些现任非营利经营者所乐见。

我们自己内部最近的 study 发现说，NPO 最后的战场不是在我们 NPO 本身，而是在 PO 的力量。就是说，你真的委托条件不好的时候，正因为现在民众是考验你的善心跟良心嘛，所以你还可以去，如果有一天委托条件 OK 的时候，PO 就进来了。（CH2）

在这样的心理纠结下，现任的非营利承接者虽然还是会透过私下抱怨或公开挑战的方式不断反映"这样的经费不足以供应有质量的服务"，但真正目的似乎并非要迫使公部门大幅提高购买服务的条件，反而是希望借此降低合同管理者对服务质量与数量的要求。简言之，这样的平衡点可能是非营利的承接者既可持续享有"现任""独占"的态势，又可掌握主控权与议价权，选择性接受购买者监督的最有利状态。

民间的社会服务承接者虽然经常抱怨政府提供的经费不足，机构是在使命的驱使下勉强贴钱营运，但访谈中，不论是公部门的合同管理者或是民间较具规模与经验的服务生产者，普遍都认为组织在决定是否要前来投标或是否续约，基本上还是一种"理性算计"。

> 我们有一些内评的机制。包含资源、专业人力的配备，还有机构要投入的成本，还有那个使命。看我们机构愿不愿意投入额外的资源，毕竟现在负债还是很大的。（CW2）

若是服务供应者认定公部门提供的购买条件不足以支应成本或是缺乏战略利益，还是会选择观望、磋商或甚至拒绝进场投标。

> 机构也很精啦！好做，就一直做下去；不好做，就一直来要求提高费用。（G2）

由此观之，政府在规划购买服务项目时，除考虑提供适切的财务诱因，也应掌握非营利组织在专业成长、议题倡导、人力资源开发及组织发展等不同面向的战略规划及组织管理需求。从资源交换理论的角度来看，只有买卖双方都能在政府购买服务合作中各得其所，才能吸引更多的投标者，体现伙伴关系、共创双赢。而这也是晚近"关系式委外"（relational contracting）（Schwartz, 2005；Romzek & Johnston, 2005）及"协力合作式委外"（collaborative contracting）的精义所在（Amirkhanyan et al., 2012）。

（二）进场障碍

为活化市场、引进更多的服务供应者，公部门的规划者有必要掌握造成潜在承接对象不愿意前来投标或续约的因素，以利拟定有效的市场管理策略。本研究从实证资料归纳出制度、技术、规模、政治与行政门槛等五项进场障碍，兹分述如下。

1. 制度门槛

（1）购买合同期程

合同期程的长短事关民间供应者参与购买公共服务的交易成本与投资报酬率，经常成为这些组织决定是否参与投标的重要考虑因素之一。前述美国堪萨斯州的实证研究显示：较长的合同期程可望吸引较多的投标者，公部门不仅可以在激烈竞争下有效降低经费、要求更高的服务质量，还可因此提高承接者在合同存续期间，持续投入资源改善软硬件装备的意愿。然而，Blackstone et al.（2004：1038 - 1039）的研究却指出过长的合同年数，可能让现任承接者在长期缺乏竞争下独家垄断，并在合同的保护伞下滋生惰性而造成质量低落。此一论点颇受落选的投标者，或是有意要进入该服务领域的潜在承接者所支持。有鉴于此，纽约市政府即一改过去不断延约的购买服务模式，改以缩短合同期程作为促进竞争的手段之一。市政府规定单一购买合同的总年数以九年为上限，其间每三年要进行一次评估后再决定是否续约，目的在让其他的供应者持续对该项目保持高度的关注与兴趣。此举对目前的承接者而言无异是另一种监督机制，相当程度可避免懈怠，公部门可因此获利（Hansen, 2003）。不过，纽约市的郡政府行政人员在 Van Slyke（2003）所进行的访谈中则对购买合同期程太短则多所抱怨，他们为此得频繁办理重新招标，不仅行政作业不胜繁杂、排挤其他业务，也使得民间承接者经常受苦于财务、人事与服务的多重不确定性，无形中拉高了双方的交易成本。行政人员更难以接受的是，政府这么做的表面理由是促进服务市场的竞争以达到采购效益，但事实却证明无法完全达到换手的目的，可说是"政治指导专业"。由以上辩证的论述可看出，截至目前西方相关的实证研究结果，仍很难断言购买合同期程的长短与竞争的因果关系，因此在社会服务领域是否要运用"缩短合同期程以促成竞争"策略，以提高竞争性，恐怕还需要进一步的研究。

本研究访谈显示，现任承接主体的管理阶层相当在意合同期程的长短。他们认为期程太短会影响经营的稳定度，更会冲击到整个机构的人力资源管理。

> 安定感是很多人的基本需求啦！公办民营的机构在 interview 的时候，很多（来求职的）人会问"那如果没有续约，怎么办？"（CH2）

因此经常在各种会议场合要求公部门延长购买合同期限。目前台湾地区各地方政府在不同项目上所订的合同年限变异性相当高，期程从一年到三年不等，有的地方政府严格规定"一约三年，两约期满后重新公告招标"；多数于每次合约到期后依评价结果决定是否续约，或者在合同内言明保留后续扩充权，让承接者在经营一段时日后，得以因取得购买者的认可而直接继续营运。地方政府承办人同意这会形成 Hansen（2003）所指出的因购买合同的不断扩充与展延，而造成其他竞争者的进场障碍；但在此同时，也有人主张应适度保障目前的承接者，不特别为其他组织制造进场竞争机会，才算"公道"。

> 刚开始时大家都不看好，没有机构愿意来投标，×××[①]可以说是求来的，她们起步的时候做得很辛苦，现在就算有一点盈余，也不应该那么现实就让别人进来竞争，坐收渔利啊！（G10）

这样的态度反映出，在社会服务长期供应者不足的现实下，政府购买者与民间承接者之间似乎存在着某种"革命情感"，即购买者自知经费有限，因此对承接者的"义气相挺"心存歉疚与感谢，难免转而运用行政裁量权让现任的承接者拥有一些额外的保障，此种"人情义理"虽可理解，却也限制了其他服务供应者进场竞争的可能性。

研究显示，台北市自 1985 年第一件公办民营购买服务案以来，截至 2005 年底总计 19 所住宿机构与日间服务机构中，只有一家有换手经营的记录（刘淑琼，2008），亦即残疾人服务机构委托即便是依规定每六年办理重新公告招标，绝大多数的决标结果都是"一旦委托，终生委托"。换言之，就机构委托来说，即使采用纽约市政府订定购买合同年数上限的策略，表面上让其他服务供应者有机会进场一较高下，在"现任优势"的现实下仍很难取而代之。由此看来，真正启动竞争的枢纽恐怕不在于形式上订定具体明确的购买合同年数。

（2）技术门槛

Van Slyke（2003）的实证研究显示，美国许多郡层级的非营利组织在特定的服务领域，像是游民、性侵害加害人处遇或是药酒瘾勒戒等均已经营多年，累积丰富的知识、经验与专精人力，因此这类项目的得标者通常相当集中且固定，其他供应者很难介入竞争。加上近二十年美国社会福利立法蓬勃，法定服务项目大增，可是公部门的合同监督与管理的能量和能力却未相对应地扩充，两相作用之下更巩固了某些非营利组织利基独占（niche monopolies）的态势。换句话说，早期进场的组织生产具有高度专精化的服务，相当程度限缩市场竞

[①] 注：承接者名称。

争的可能性。在该研究的访谈中，非营利组织的主管不认为这种垄断有不妥之处，他们自认充分掌握社会需求，愿意承担服务弱势者的重担，之所以能长年获得该项服务的得标权是因为该组织最优秀、最有声望。再者，他们也认为作为社区中该项服务的单一供应者，不仅没有所谓的独占问题，反而创造出许多效益，如可集中资源提供高质量的专精化创意服务、可降低与公部门间的购买服务的交易成本、可确保非营利组织的生存无虞等等。

台湾地区的实证研究显示，在残疾人专业服务领域要取得机构型的购买服务（即公办民营）经营权，需具备一定的规模条件与专业成熟度，小型或是新的机构进场的门槛高，在竞争中脱颖而出的成功率甚低，因此会造成前述一旦取得经营权之后，即便有形式上的竞争机制，也极少出现换手经营的状况。在项目型的购买服务方面，技术门槛确实会影响前来投标的家数。检视有两个以上竞争者的标案，"临时暨短期照顾服务"（临托服务）与"居家服务"可说是典型进场技术门槛较低的项目，符合资格、可以来参与投标的供应者相对较多。再以"个案管理"项目为例，由于这是受助者进入服务体系的窗口，有助于大型连锁机构增加旗下各类机构的个案来源，而政府提出的购买服务条件也被认可，因此残疾人团体的承接意愿较高。然而同是个案管理服务，工作难易度也会影响承接意愿。早期疗育个案管理是由公部门统一派案，案源不虞匮乏，争取者众；相对而言，案源不稳定、专业难度较高的"身心障碍者个案管理服务"①（成人个管），其竞争程度就远不及早疗个管，而且有能力参与竞争者多为一定规模以上的组织。

"'成人个管'为什么没有竞争，因为太难做了呀！"（CH3）
"因为要处理问题需求多元性的个案，这在专业工作里面是很重要的skills，你能够掌握那一块，要能做个案的需求问题及研究分析，还要能做资源管理分配，才能达到个案服务的效率……所以你会发现去争取个案管理的这些团体，他其实是比较有规模的。"（H2）

妇女领域的购买服务所呈现出的竞争风貌截然不同于残疾人服务。数据显示台北市 2002~2004 年每个购买服务案平均的竞标者都在四家左右，尤其是

---

① 即"残疾人个案管理服务"。

"妇女服务中心"标案竞争十分激烈,还有好几个服务供应者重复投标不同的"妇女服务中心"。检视台北市 2001~2005 年举办过公开招标,且有两家以上参与竞标的五个公办民营机构案中,扣除全新的以外,四个公办民营机构中有三个①原经营者都有参与投标,但是都未能再次得标而拱手让人(刘淑琼,2008)。究其因妇女服务合同内容具有多元性、知识技术非明确性、个案短期性与流动性等特征,加上公部门提供较优厚的购买条件(在免费房舍之外,另提供项目补助经费),不仅降低服务供应者进场的专业技术门槛,也切合众多非营利组织硬件设施之需求,有条件吸引各种组织前来竞逐,使得其购买服务竞争从数字上看相当踊跃,换手状况也较残疾人服务来得频繁。

"妇女服务和身障不一样啦!她们像提个手提包就可以开始提供服务,我们还要有桌子、有椅子、有一些配备(指固定成本与专业知能)才行,妇女的竞争当然多啦!"(CH1)

"有些妇女团体可以拿到钱就去做,不问自己会不会做。领域涉足太多、太杂,结果就是做不好嘛!"(G2)

从以上分析可看出,服务本身的专精化与项目执行的难易程度会影响市场供应者的数量,从而影响进场竞争的组织数目,这是政府在这些领域购买服务时需接受的现实。由于这些项目所需的专精能力并非一蹴可及,购买者应先评估这种独占性的利弊,如果认为需要扩大供应者的选择性,则应改变市场管理策略,将教育训练、实验与尝试错误的成本计入,阶段性给予较优厚的购买条件,或有计划地培育发展对此服务有兴趣的组织,以增加市场供应者数量。

(3)规模门槛

小型机构一般来说,缺乏人才、经验、制度记忆、社会资本,乃至于软硬件配备等条件,不容易提出具有竞争力的投标企划书。就算小型机构可以克服这些竞争障碍,大型的、历史悠久的、饶富社会知名度或声望的非营利组织,还是会被购买者认定是"安全的选择",或是有能力额外贡献资源的"伙伴"。Kramer & Grossman(1987)在试图建立组织规模与购买合同型态间关系的研究

---

① 分别为永乐、内湖与大安妇女中心。

中也发现，大型组织通常可以得到较具"弹性"的合约（引自Peat & Costley, 2000），也就是说购买者在信任的基础上，愿意释出较大的协商空间。

为确实达成项目所设定的目的，美国某些州会设计若干鼓励公部门与民间机构，以及民间机构彼此间相互竞争的机制，但是Blackstone（2004）发现最后结果往往偏离政府购买服务的原旨。拥有丰富经验与会计专业的大型机构有能力提出缜密精准的成本分析并得到公部门的认可，从而获取较优厚的经费；相反地，小机构经验不足，缺乏计算成本的能力与余力，又担心标不到案子，经常采取低价抢标策略，以致即使顺利得标，他们从政府得到的经费也明显偏低。如此一来，小机构财务更加困难，质量难以提升，最后得不到续约，组织的生机也因此受挫，变成恶性循环。反观那些获得较多资源的大型机构，因为市场上缺乏对它构成压力的劲敌，似乎也没有必要在这个项目投入太多心力，加快出养的进程，其结果反而是让儿童留在寄养机构（或寄养家庭）更长的时间，无法达成购买者所设定的项目目标，绩效反而更差。

小型、草根或信仰型组织经常以最少的资源，为需求最多重而复杂的特殊案主群提供个人化的服务，可说是在地社会服务输送网络中不可或缺的要角，（Sinha, 2013）。Anderson（2004）检视美国一些草根组织或是宗教性小型非营利社会服务机构，在政府政策的鼓励与经费资助下，进入新的服务范畴时所经历到的管理困境。研究发现在行之有年的服务类别里，大型组织多半横跨不同社区提供多重据点服务，已经发展出成熟的科层结构、累积技术上的专精度，小型机构很难望其项背。争不过大型组织的小机构只能放下本身的核心能力，转进竞标不甚熟悉的新兴服务区块，针对以低收入者设计的"理财教育与资产累积"项目即是一例。由于此一新的服务项目还在初期的实验开发阶段，承接的小型组织因经验不足而在服务内容、服务方式与项目管理等方面误判情势，如高估案源导致招生不足，项目规划错误造成高中辍率，错估学员语言能力与意愿造成非预期的支出。除去专业服务的左支右绌，他们还必须应付购买者所要求的大量文书报表作业，造成极大的信息处理负担，行政成本也大为增加，最后使得小型机构陷于进退维谷的困局。晚近Lamothe（2014）的研究也观察到小型非营利组织本身缺乏管理能力，也没有多的资源聘请外部专家协助，使得他们即使拥有良好的服务能力，也无法适切地呈现在书面数据中，为自己在竞标中争取胜出的机会。

以上美国的实证研究，生动描绘出规模较小的非营利组织在购买服务的竞争战场中屈居劣势的实况。台湾地区社会服务的发展轨迹中，一直存在所谓"托拉斯化"或"大者恒大"的现象，而且这样的趋势似无逆转的迹象。多数的地方政府倾向优先邀请行政总部在台北的大型基金会参与投标，这些组织在取得首张"入场券"之后，逐步累积在该服务领域的经验值与声望，成为日后投标其他案子的有利资本。大型的基金会不断地横向增生，他们横跨各级政府、不同行政部门、从南到北各地方政府、各个不同人口群服务领域，承接各式的购买服务项目。这对非营利组织来说，可以迅速扩大版图、累积组织资本、有效训练人才；对地方政府而言，也可以得到拥有现成经验的合作伙伴，可说互蒙其利。然不容否认，这样的生态环境严重压缩了小机构的生存空间，他们在竞标中胜出的概率微乎其微。近年在台湾地区一个新的发展趋势是，部分中大型非营利组织因不满意地方政府提供的购买条件而决定约满后不再续约，或选择不去投标，而公部门又非得将服务委托出去不可时，在地的、小型的、新成立的团体，经常在公部门的再三保证与游说之下，或主动或被动进场承接。这些小型资浅团体组织量能与社会资本都相当有限，不若中大型组织具有前述战略规划或理性算计的基础，他们往往在热情且过度乐观，又急于与公部门建立关系的情况下做出承接的决定。这样的发展，对被服务的弱势者权益保障、对小型资浅团体的成长与发展生机、对人民纳税钱的使用效能，乃至于对整个公民社会的影响至巨，是另一个值得关注的课题（刘淑琼，2010）。

规模门槛的存在有时是历史发展使然，有时则是购买方人为的设定，从"民营化"的精神来看，或从保护个案福祉权益的立场出发，这未必是一种罪恶，甚至是必要。但公部门若是一味地迷信大型机构，设定各种不利小型机构进场的规定，或动辄"择大排小"，则极可能在未致力于开发更多服务供应者的状况下，只能持续受制于大型组织（刘淑琼，2001）。同样地，公部门若是在未尽培育与扶持之责下，将服务的重任便宜行事交给不尽成熟的小机构，也有损政府保护弱势的职守。归纳言之，公部门购买者的市场管理策略应是逐案检视购买服务项目所设定的规模门槛，是否有其绝对必要性，若可以选定一些较简易的项目，透过技术协助、外聘督导及提供教育训练等方式，有计划地扶植在地小型机构，协助其成长茁壮，不失为一多元化供应者市场的有效策略。

政府的标案不应该不当限定资格门槛,像是要交两千万;或是限定社团法人不得参加。一些比较有市场性的社会福利服务(如老人住宅),社福团体常常因为资金不足,只好望洋兴叹。除非去策略联盟,否则等于是排除了社福团体接的可能性。(CH1)

2. 政治门槛

民营化的原意是要将公共服务的输送从政治场域带向经济场域,以充分发挥效率与效能,然而在实务运作上,购买服务却始终难以摆脱"政治化"的批判,传统"竞争式购买服务"模型之理性与公平性也因此备受质疑。Lavery(1999)观察美国纽约市的购买服务发现,民选政治人物往往因为与某些特定供应者关系良好,而以政治上的权宜舍竞争性投标采直接购买。Johnston & Romzek(1999)在前述美国堪萨斯州"低收入老人医疗照顾个案管理"项目购买服务的问责研究中也发现,政府的改革口号与现实之间存在相当的落差,州政府并未遵循市场模型公开竞标,而是将该项目独占性地委托给强力游说老人福利的利益团体,可说是一个政治利害超越市场利益的决策。

Hansen(2003:2502)有关纽约市儿童福利购买服务的研究显示,某些对竞标结果不满意的供应者转而运用各种关系进行游说与施压,让儿童局的行政人员备受压力,最后只好被迫调整合约。这些迁就政治现实、破坏制度的做法,更加凸显了在购买服务中各投标者之间的不公平性,以及竞标游戏规则的脆弱性。Barber(2002)针对南澳社会服务体系重构政策①下,第一个以购买服务方式采购"儿童家外安置"项目为例所做的实证研究也指出,由于业务主管部长与特定机构间颇有私交,竟改变原先决策将各区都委托给该机构提供服务,此举让另一同时得标的机构颇为愤怒,指控部长破坏彼此的信任。尽管大多数的公务员都是依法行政,但由以上实证研究所举出的案例可看出,他们经常会在

---

① 南澳于1972年颁定的"家庭暨社区服务法案"促成非政府部门透过政府提供经费补助,参与替代性照顾服务(alternative care services)的供应。但该补助制度弊端丛生,强者掠取资源并主导政策走向,以致政府丧失应有的规划与要求责信之作为。再者,政府多依惯例核定补助额度,造成不当的经费配置与无谓浪费。第三,缺乏改善服务绩效与实验新构想的诱因等等。1995年国会通过"竞争政策改革法",政府被定位为一个公共服务的购买者,全面性致力于委外,社会服务体系重构从补助制度走向竞标制度,透过市场化促进非政府供应者之间的竞争,以期极大化税收的使用效率;而向来习于接受政府年度经费补助提供寄养服务的非政府部门,也被迫转而彼此竞争(Barber, 2002:171)。

强大的政治压力下被迫失去国家文官应有的中立性与公平性。有鉴于这些政治介入的事实都会削减服务供应者进入投标场域的信心与意愿，Lavery（1999）因此主张政府要真正做到清廉独立，要求合同管理者诚实地独立于各种内外在既得利益之上，才能做到"明智的购买服务"（smart contracting）（引自刘淑琼，2005b）。

台湾地区处处充斥政治凿痕，又是个人际关系绵密交织的小社会，政府购买服务作为公部门与民间互动的重要接口，确实很难避免政治与人情因素的干扰。本研究在两场有关残疾人服务民营化的座谈会中所做的简易意见调查显示，有高达98%的填答者不同意"目前'社会服务契约委托'的竞争是公平的"。虽然研究未更进一步追问原因，但从本研究深度访谈中不同层级公务员的直言，以及竞标中的失利者，或是未投入某标案竞标的民间非营利组织，谈到"非专业与能力因素"介入投标与决标过程，毫不掩饰地强力抨击即可看出端倪。归纳民间投标者及政府部门的意见可从主管与评选委员等两个面向，来分析政治因素对竞标结果的影响。

（1）内定？陪榜？各显神通

在深度访谈中，受访者认为目前购买服务虽然在表面上一再强调"公开、公平、公正"，也发展出看似严谨的法规程序，但在实务运作上，不论是来自公部门或是民间部门、得标与未得标的受访者，大多不否认在评选会之前，能否得标多已了然于胸。得标者指出在标案上网公告之前，若承办人没有前来主动邀约，或是明示暗示，他们通常不会贸然前去投标，甚至不知道有这个标案。

> 都说上网公告啊！可是，谁会没事上去看啊！（CW2）

即使知道有此标案，公部门特意设计的极短等标期①，时间也不够让他们写出足以和拥有"内线消息"的供应者相抗衡的企划书。

> "等标期"那么短，快闪一下就截标，当然只有事前 set 好②的团体才

---

① "等标期"就是从公部门上网公告到截止投标日期为止的期间。
② 即事前说好，彼此有默契。

知道啰！（CH4）

未得标的非营利组织受访者，谈到这个议题，大多带着不平的情绪，高度质疑民意代表介入关说，或公部门早就心有所属，双方已谈妥合作条件，上网公告和公开招标都只是形式。甚至有的公部门为营造"竞争"假象，在已经"内定"某团体的情况下，还鼓励另一团体来参与投标，这些都让供应者对政府购买服务制度所标榜的"公正、公平、公开"失去信任。

"后面会有民代关说。"（G4）

"在×××县来说，我觉得在地团体都有很多政治上的色彩和利益上的分赃。在地团体常常会去跟局长咬耳朵'你应该多照顾在地的团体'。"（CH1）

"社会局有'既定立场'，要给谁，不给谁，心中自有定见……。像×××①，社会局早就不想给我们，说什么托拉斯化，还老远特别把×××②拉过来接。"（CH3）

"我们那时早就知道她们的董事会跟主任，已经一路打点到'中央'去了！所以其实我们不太有机会！"（CH2）

"听说部长就是要给×××③。"（G2）

"县市政府其实也很诈啊！它来找我们，可是也找他们啊！"（CW1）

"那为了装作有'竞争'，就钓我们来标啊！后来才发现，根本早就跟×××④说好，我们只是来当花瓶的呀！"（CW3）

尽管目前台湾地区购买服务都已相当制度化，由依法组成的"评选委员会"来决定得标者，但毕竟这个委员会的成员是由公部门来决定，各级行政人员的偏好与意向，反映在委员的选取和组合上，可说相当程度左右投标者的命运。民选的县市政府首长或是官派的社会局（处）长未必对每一个购买服务案

---

① 注：公设民营机构名称。
② 注：非营利组织名称。
③ 注：非营利组织名称。
④ 注：非营利组织名称。

都有既定立场，但是在台湾地区地方政治的现实底下，挑选购买服务对象多少会在服务专业度之外，考虑双方的利益交换。社福团体的丰沛人脉与公益形象具有吸引选票的加分效果，是政治人物重点拉拢的对象，因此，在金额与规模较大的购买服务案中，总会听闻到政治高层涉入主导的说法。

他并不是真的透过竞争来达到购买最好的服务耶！还是有政治因素的考虑啊！其实在外县市喔，这些选举文化比较严重的县市，你专不专业根本不重要，你跟我县长关系好不好比较重要。（CH2）

在本研究的实证访谈中非营利组织表现出有趣的"双重标准"，凡是本身未得标者多抱怨公部门在该案中早已内定。

搞了半天是去"陪榜"，我们同工感到很受挫，真的很不服气。（CW2）

已得标者则极力否认对决策高层进行任何游说，认为自己是靠战略运用得当与坚强实力得标。

"我每次都听到说评审偏我们的声音，或是什么的，我也很不服气，因为我们在这里面也是有理想的，花了很多精力，甚至努力去配合，我们抱持着明明是赔钱的状况但是还是要进去。"（CW1）

在他们看来对方的指控是一种"心理治疗式的主观诠释"（CW1）。

由于对公部门竞标的公正性缺乏足够的信任，而准备投标企划书又是一件极耗费行政成本的工作，因此非营利组织在知道公部门释出购买服务案时，通常会先多方打听是否有其他团体对此项目感兴趣、旁敲侧击公部门是不是已有属意的对象，再决定该组织要不要出手参与投标。这样的"前置作业"充分反映他们相信"内定"之说，且影响了参与投标，甚至与公部门伙伴合作提供其他公共服务的意愿。

我们也很担心它有没有内定的问题。如果有，那其实我们就不要花那么多精力了。（CW2）

就心理情感层面言，民间非营利的社会服务供应者多以服务社会弱势的专业工作者自居，他们在社工养成教育阶段就已内化"专业及弱势者的需求才是首要考虑"之理念，因此较无法接受"政治介入购买服务"的情事，对此种现象表现出强烈的厌恶与反感，多少影响到参与投标的意愿。

"我觉得很多事情要有分际啦！你这个有什么好争的呢？搞社会服务到最后要这样争，那真的是笑话！"（CH2）
"都是选票考虑、利益考虑啦！我觉得这是我们社会福利的可悲，县市政府被当地的团体挟持，地方团体就摆在那边烂。"（CH1）

（2）评选委员找谁就知道要让谁得标？

目前政府购买社会服务的制度设计中，赋予外部评选委员相当吃重的角色，从审查招标文件、评选优胜者到年度评鉴或是续约评鉴，处处都得仰赖所谓的"学者专家"，因此委员的适当性与胜任度，就成为潜在投标者对整体购买服务制度的关键信任指标。观察购买社会服务的实务操作过程，可发现其中充满各种玄机。首先，表面上是由机关首长来核定评选委员的名单，但事实上这个名单是由业务主管单位来提建议，绝大多数的首长会在属下所提的名单当中勾选并决定邀请顺序，只有少数首长会自行加入熟悉的学者名单。承办人在提委员名单时是否以专长为导向、长官勾选的依据为何、相熟的委员对此标案是否内行、承办人是否依长官所裁示的顺序邀请委员、原本选定具有专业的委员未能与会时的替换机制为何，以上这每一个环节都牵动着把关的严谨度与竞争的公平性，但对民间非营利组织来说却是一个黑箱，无从置喙、缺少管控，也不易核实确认。

再者，社服界的"小圈圈"生态也构成政治门槛。对某一特定服务兼具理论基底与实务掌握的学者本来就屈指可数，要依规定找到足够人数、符合政府采购法规定的外部委员，并安排出共同时间来开评选会议，对承办人来说是一个高难度的任务。联系的结果常是"懂的不能来，来的不一定懂"（G5），或者是"老师对方案不熟悉,对机构属性不了解"(CW1),因此,最后选定并出席的评选委员阵容,恐怕与制度设计的理想相去甚远。另一项社服界小圈圈生态的特征是行内彼此熟识度高,若再加上缺乏客观评比的标准,确实很容易让未得标者不服气。投标者会将某些委员"划归为某一机构的人",当这些人出现在评选委员会时,他们会据以推断购买者已摆明偏好。

"内定,包含邀请的评选委员,可能是比较亲哪一个团体的。我们进去会场一看,就知道大势不妙啦!因为一定不会偏我们啊!"(CW2)

"根本没有所谓的'竞争',其实都已经内定,公部门都已经决定要给谁,然后会找'适当的'评选委员,或者是在府内、府外委员的比例上调配因应。"(G4)

受访者进一步区分"正面的熟和负面的熟"(CH2),例如有些委员曾与某非营利组织有过不好的互动经验,或与领导人有过节,有些因带学生实习或做研究而对该机构有负面评价,也都会影响得标的机会。

"所以也许他对今天这一家是负面的熟的时候,他就先把你刷掉,虽然他不一定支持另一家。"(CH2)

"像YYY①她原本就跟XXX②不对头,她说一看到XXX代表ZZZ③来present,就是不会给她!(CW2)

第三,委员对标案缺乏独立与独到见解,形同行政人员主导竞标结果。评选委员样态与心态很多元,有的委员不是该特定服务项目的专家,有的即使熟悉该服务领域却未于会前拨空细阅服务企划书,有的则自我定位为"客卿"不得罪人。因此,部分委员在会前向承办人打探意向,或直接在评选委员会中以"将来是你们要做合同管理的,你们的意见很重要"为由要业务单位表态,最

---

① 注:委员姓名。
② 注:机构负责人姓名。
③ 注:机构名称。

后评选委员"参考"行政人员的意见做成"安全"的决定。实务上，有些地方政府的业务承办人会直接或间接地在会前让相熟的委员了解这个标案的"状况"，像是"原承接单位做得不好、沟通困难、配合度低，请多给一些压力""想换一家比较肯做的""请给新机构机会"等，"请委员多帮忙"。

> 承办人有时会跟先跟委员说每个投标者的状况，多少会引导委员的判断。（G5）

部分政府单位依规定要求业务单位备妥书面的"工作小组意见"供评选委员参考，多数则是在会议开始前先做口头报告说明该标案的原委与每一家投标者的初评结果，这原本有助于与会者在短时间内掌握标案状况。

> 承办人应该是最了解状况的，我当主席时都会要他们表达意见，因为其他人，像是评选委员都是当天才jump in。（G6）

但也有受访者认为这等于在暗示业务单位的偏好，有违公部门应有的公正持平。

> 我就气得要死。为什么？因为当场很多委员、专家学者他可能也是会看今天政府摆出来的立场是什么，去支持他啦，并不是真的很客观……（CH2）

以上这些参与投标者的负面经验与不信任，都让我们一再看到在购买服务中地方政府各级行政人员"官僚自主性"的体现（王笃强等，2010）。

3. 行政门槛

Lavery（1999）建议地方政府要做到八个C才能达到明智的购买服务（引自刘淑琼，2005b），"破除官僚作风"就是其中很重要的一项。她的实证研究指出纽约市与芝加哥市的购买服务流程旷日废时，决策又充满政治考虑，充斥着黑箱作业与内定传言，使得第一线的公务员不敢、也不愿依专业做决定。而更让服务承接者无法接受的是公部门的延迟付款，以及繁复的文书报表与冗长的行政程序，处处表现出与民间运作模式相去甚远的官僚作风。这些问题不仅使得购买服务的交易成本攀高，也让民间的服务供应者却步，结果是政府的购买合同乏人问津，或真正优质的服务供应者不愿意来投标，自然影响到有意义的竞争性。因此她主张政府应学习企业精神，贯彻公部门购买合同管理的独立性，取消过多的烦琐规定与报表要求，流畅化购买服务流程，才可吸引更多的投标者前来供购买者选择出最优者。

Blackstone 等（2004）研究美国堪萨斯州购买寄养家庭服务项目的案例指出，州政府为给予承接者合理的经费，逐年调高寄养项目的预算，视个别儿童的特殊需求微调费用，以提高其承接项目，尤其是服务案情复杂、需求多元个案的意愿，以避免服务承接者筛选个案（creaming）。再者，州政府也将付款制度缩短成按月拨付，免除承接者因无法掌控的因素而导致财务周转困难，或造成资金流量不足的团体无法进场承接。

Van Slyke（2003）直指购买服务"竞争的程度"与地方政府的"管理量能"（management capacity）成正比。在他的实证访谈中，纽约州的郡立机构公务员抱怨他们也很希望引进更多的非营利组织参加竞争，并从中找到提供高质量服务的专精机构，以有效降低案量（如寄养童及早获得永久安置）。然而，受制于管理量能严重不足，无法引进多元竞标者。受访者指出公部门本身缺乏足够的人力、资源与时间，难以发展出一套可促进实质竞争的机制，以及可确实监督承接者并要求责信的制度。再者，公部门也没有余裕提供较优厚的购买经费，好让更多服务供应者进场竞争，更何况为了促成竞争而增列资源支持私人市场，不仅不符公义，也抵触了购买服务所期待的节省成本目的。公部门受访者也指出，供应者不足的现实限缩了他们的选择空间，因此实务上多半是直接向某个非营利组织购买服务，极少真正依规定操作征求服务计划书程序（Request for Proposals，RFP）。Van Slyke 因而再次强调投入适足的资源是购买服务实现"竞争性市场"的必要条件，而且，所谓的"资源"并不只是狭义地指购买合同中公部门提供给民间承接者的各种人力与物力资源，还应该包括同步提高公部门的管理量能，增加用在管理合同的经费与员额的配置，让公部门有足够的人才与筹码来扮演称职的管理者。

台湾的购买社会服务实况与前文论述相当接近。由于政府购买服务政策的主要目的就在减少公务人力并降低支出（刘淑琼，2011），因此在理念上与行政上均未预留管理购买合同所需的人力与知能装备，每一个采购服务的承办人几乎都得在未接受一定采购训练的情况下，身兼多项购买服务项目的规划、执行与合同管理工作。除了购买服务知识不足与磋商技巧不够圆熟外，事实上，民间服务供应者最在意的是承办人的专业素养、热忱与行政效率。

（1）延迟付款、转嫁财务风险

从北部到南部各县市，从残疾人服务到妇女服务，受访的民间服务承接者对于地方政府拖欠应付款项的抱怨可说最为直接，也表达最大的不满。

"我们整整垫了一年的钱。"（CH6）

"我们全部都在垫钱，我请问你，我们需要做到这么不堪吗？"（CH1）

购买方没有按照合约规定在合理的期限内支付款项，服务承接者只得先行代垫，等同于政府把利息负担转嫁给民间非营利组织，这不仅让得标者必须背负庞大的财务压力，也使得规模较小、流动资金不足的组织根本无法进场竞争。

"延迟拨款，最多曾经积欠 11 个月，没有付利息，连一声抱歉也没有。"（CH3）

"超大财团基金会才有可能进来……有资源可以投入做创意、有周转金。"（G3）

"我们拨款的效率很差，小机构周转不来，就不敢来投了。"（G1）

公部门未依限付款有部分原因是公部门人少事多，以致有所拖延；然而，也有不少是卡在管钱的财政主计单位。为达到财务责信，财主单位有责任查核单据的合规性，但是如果核销的规则不明确、缺乏一致性、反复退件导致付款延迟，这对民间承接者来说，就成为很大的负担（刘淑琼、彭淑华，2008）。台湾也曾发生过极少部分地方政府因本身财务状况不佳，财主单位竟扣住原本应该用来支付民间承接者的经费转为他用，积欠费用且未支付利息，欠款时间从数月到一年半不等，单笔金额自数十万元到上百万元台币不等，有些甚至被拖欠上千万元。此一不合理现象经民间非营利组织集体抗争控诉恶行，这些县市受到"监察院"纠正后才有所改善。面对购买服务延迟拨款且不付利息的积弊，社政承办人夹在中间也十分为难。

> 有啊，我们抗议过了啊！然后那业务人员都给你苦苦哀求啊，这不关他（的事），是财（政）主（计部门）的事啊！（CW1）

民间非营利组织虽然能够理解，也考虑维持正面的合作关系，因此明知受到不合理的对待，也只能"忍气吞声"。

> 因为我们还要拿他标案啊……（CW2）

（2）任意终止

在各地方政府通用的制式合同中多会规定购买方在必要时可中止合同，但基于互相信赖原则，通常只有在极不得已的情况下，如房舍老旧改建、捷运施工及政府组织与职能调整时，才会在与承接者充分沟通之后中断合约。但不论公部门自认多不得已，或多尽力沟通，现任的承接者仍迭有抱怨。实证访谈中不同的受访者几乎都有被地方政府在理由不充分的情况下，单方面决定中止合约的不愉快经验。

> "他可以随时给你 cut，就是随时 over 掉，那说换人就换人。"（CW2）
> "公文躺了三个月后找了个科员打电话给我们，说要收回来自己做。我就问她说：'你的意思是，你用口头告诉我，我们 game over 了，是不是？'她就说：'对，很抱歉，这是局长的意思。'"（CH1）

民营化强调政府的角色从"操桨"转变为"导航"，也就是较过去公办公营更着重"规划者"的角色，在进入购买服务程序之前必须"慎思慎始"，以降低承接者的不确定性与服务的不稳定性。像这样公部门在购买合同存续期间突如其来地政策急转弯，对民间非营利组织造成极大的震荡和伤害，不仅是工作人员心理上的挫败感，更严重的是，非营利组织在短时间内要花费心力处理一连串的善后事宜，像是服务个案的移转、个案记录和档案的整理、财务与财产清点结算、工作人员的资遣安排等等。影响所及，民间非营利组织对政府的信任感下降，对日后再投入该地方政府的服务采购案也多所迟疑。

"无预警就收回啊！那位科员就说：'主任你不要为难我。这是我们局长的意思。'"（CH1）

"为什么？你要给我一个理由啊！今天评鉴不及格，我鼻子摸摸没有话说，我一切按照你的程序来，你没有对我评鉴就片面对我解约。"（CH1）

"解释权都在政府，根本是个不平等的契约关系嘛！"（CH4）

"我们决定自己买房产，自己做。我们发现要有自己的调节水库，才能留住优秀、有经验的专业人员，否则，像这样政府的政策摇摆不定，首长主导，一旦改朝换代就不能永续。"（CH5）

上述公部门行政作业的疏失所造成的承接者实质损失，其他服务供应者看在眼里、引以为鉴，多少会阻碍他们进场参与竞标的意愿。然而，访谈中也得到行政上"事在人为"的正面例证，即公务员展现专业与诚意感动供应者，即使购买条件不尽理想，仍决定参与投标。非营利组织的管理者指出，基于本身的愿景和使命，只要地方政府的承办人、督导或科长有专业理念、忠勤任事，他们非常愿意在明知购买经费不足的情况下共体时艰，积极投入购买服务的伙伴合作当中。

"当时评估×××市是'好政府'，她们的督导、科长都很棒，专程来台北三顾茅庐力邀我们去投标，所以我就去说服我们董事会，二话不说就下去了。"（CH1）

"副座就亲自带着他的科长，找相关学者，还有我们针对这样的构想开会。……这样至少容易邀到一些好的团体来竞标。"（CH1）

"事在人为"也同样地表现在公部门对在地小型非营利组织的培育和增能之上。政府购买者在访谈中表示，他们所在的县市邀请不到大型知名非营利组织前来设点提供服务，但只要有理念还是可以致力于培养在地小型、联谊性的非营利组织，逐步引导他们承接能力所及的购买服务项目，经过几年的努力，非营利组织越见成熟，政府部门也有了得力伙伴。

> 承办人会主动去找协会来较小的乡镇，慢慢培养。(G3)

除此之外，也有县市会积极为县内各大小公益组织营造协同合作的机会，由大型组织出面承接，再邀请小型机构协力，过程中透过共享督导系统、信息及机构管理知能，协助小型组织成长茁壮，也可实质达到扩大供给量的效益。

> 承办人可以设法让大团体与在地的小协会协力合作、相互学习，帮助小团体成长，这样几年下来可以相竞争的就多了。(G7)

由此可见，社会服务场域中供应者不足的现象，是可因政府采购人员的专业和理念带动服务供应者进场的意愿，也可以透过他们有计划的投入资源与悉心扶植而获致改善。

五 结语与建议

民营化的基本理念是透过市场力量提升效能并取代政府官僚，因此公部门有责任营造购买服务的无障碍环境，让更多服务供应者愿意、也有机会进入市场，购买者和服务使用者也因此拥有选择的空间。从本文的实证分析，归纳影响民间非营利组织成为政府购买服务伙伴的因素，有制度、政治与行政等三大面向的门槛。换言之，尽管社会服务场域中服务供应不足有其"不能"的先天限制，但还是存有若干可做、可做而未做的"不为"问题。若购买服务的政府部门能对症下药，采取适切的市场管理策略，仍有活化供应者市场的可能。

根据前文实证研究所获得的信息，本文将从制度、政治与行政等三方面对提出建议。在制度面，公部门购买者应以"引进多元供应者"，作为落实民营化政策的短期战略，具体作为如下：首先，公部门针对服务尚未发展成熟、供应者有限的领域，应阶段性地提供较为优厚的购买条件，用心体察处于不同生命周期的组织之不同需求，适时提供技术协助或社会认可，以提高诱因、吸引更多服务生产者进场，待该服务项目累积一定的质量后，政府再拉高门槛并从中择优汰劣。其次，政府应谨守"宽资严管"原则，也就是一方面提供适足的购买服务经费，提供民间非营利组织成长与发展的养分，繁荣现代社会，也厚植专业服务的质量；另方面则设计有意义的评价机制，以"少管、会管、敢管"的原则，抓紧服务质量与成效，再针对绩效评价的结果协助承接者强化组织管理、改善服务效能，如此将可有效地联结竞争和责信，将社会服务民营化导向正轨。

在政治面，台湾地区各地方政府的购买社会服务虽已有十年到三十年不等的历史，然不可否认在社群内成员高度熟识，以及密集的各式选举动员下，民选政治人物不可避免地会将政治场域里的运作思维和逻辑带入决策，以购买服务作为交换政治支持的筹码，造成政治利益凌驾专业与管理价值。在与民间的非营利组织伙伴合作过程中，各层级的政府官员都应以专业作为最高指导原则，尽量降低政治干扰，确保评选的公平性、监督管理的精准性与独立性，否则将造成第一线公务员士气低落、服务承接者劣币逐良币之负面效应。除上述道德期许之外，为避免不合格的服务承接者因政治考虑而进场且未受到应有的监督，则应通过内部揭弊者（whistle-bower）、个案向外申诉，以及专业社群本身的自律机制，以确保弱势个案的权益。

购买服务的政策论述与出台的法规、办法都具有一定的宣示意义，然理念与条文要在执行面真正落实贯彻，还是需要购买主体在行政面多投资管理量能的建构。一个缺乏效率与效能的政府，即使将生产服务的职能交由民间去做，还是一个不称职的管理者，不仅无法做一个"精明的购买者"，买到质量俱佳的服务，更可能扭曲了现代社会的健康文化。从本文所归纳的各种非营利组织进场障碍可看出，只有透过配置适足的人力与提供所需的能力建构课程，让采购公务人员装备足够的公共管理量能与能力，即使短时间无法提供更好的购买条件，仍可以吸引有理想、有使命的非营利组织参与。在此同时，公部门购买者也要广征非营利组织的意见。购买服务是政府邀请民间来共同承担福利服务供应的责任，双方是伙伴关系，不是"老板—伙计"关系，公部门有必要更诚恳地倾听民间的观点，以"顾客导向"的态度，针对本文所指陈的诸如信息公开性、等标期的合理性、评选作业的公平性与公正性、经费的适足性、行政作业的效率性、承办人员的专业素养与规划能力、付款的准时性、项目的稳定性等议题，倾听服务供应者的需求与期待，共同找出可行的解决方法。如此方能避免"上有政策、下有对策"的投机行为，为政府购买服务制度注入活水，所标举的理想与目标也才能真正落实。

附录　焦点团体代号说明表

代号	访谈对象
CH1	大型残疾人团体（机构）主管级
CH2	大型残疾人团体（机构）主管级
CH3	大型残疾人团体（机构）主管级
CH4	南部残疾人团体（机构）主管级
CH5	南部残疾人团体（机构）主管级
CH6	中部残疾人团体（机构）主管级
CH7	中部残疾人团体（机构）主管级
CW1	大型妇女团体（机构）督导
CW2	大型妇女团体（机构）主管级
CW3	南部在地妇女团体（机构）主管级
G1	中部地方政府社会局购买服务承办人
G2	北部地区政府社会局主管级
G3	中部地方政府社会局购买服务承办人
G4	北部地区政府主管级
G5	中部地方政府社会局购买服务中级主管
G6	北部地区政府主管级
G7	中部地方政府社会局购买服务承办人
G8	南部地方政府社会局主管级
G9	南部地方政府社会局主管级
G10	北部地区政府社会局购买服务承办人

参考文献

刘淑琼（1998）：《社会福利"公设民营"制度之回溯与前瞻：以台北市政府为例》，《台大社会学刊》，26，第 211~279 页。

——（2005a）：《绩效、质量与消费者权益保障：论购买服务的责信课题》，《社会政策与社会工作学刊》，9（2），第 31~93 页。

——（2005b）：《精明的委外：论社会服务契约委托之战略规划》，《社区发展季刊》，108，第120~135页。

——（2008）：《竞争？选择？论台湾社会服务契约委托之市场理性》，《东吴社会工作学报》，18，第67~104页。

——（2011）：《理想与现实：论台湾社会服务契约委托的变迁及课题》，《社区发展季刊》，133，第462~478页。

刘淑琼、彭淑华（2008）：《社会福利引进民间资源及竞争机制之研究》，行政院研考会委托研究报告。

王笃强等（2010）：《台湾社会福利民营化的未预期后果：地方政府相关人员"官僚自主性"的初步阐释》，《社会政策与社会工作学刊》，14（2），第91~146页。

Anderson, S. G. (2004), "Developing Contracted Social Service Initiatives in Small Nonprofit Agencies: Understanding Management Dilemmas in Uncertain Environments", *Families in Society*, 85 (4), pp. 454 – 462.

Amirkhanyan, A. A. et al. (2012), "Closer than Arms Length: 'Understanding the Factors Associated with Collaborative Contracting'", *The American Review of Public Administration*, 42 (3), pp. 341 – 366.

Barber, J. G. (2002), "Competitive Tendering and Out-of-Home Care for Children: The South Australian Experience", *Children and Youth Services Review*, 24 (3), pp. 159 – 174.

Blackstone, E. A. et al. (2004), "Privatizing Adoption and Foster Care: Applying Auction and Market Solution", *Children & Youth Services*, 26, pp. 1033 – 1049.

Cohen, S. (2001), "A Strategic Framework for Devolving Responsibility and Functions from Government to the Private Sector", *Public Administration Review*, 61, pp. 432 – 440.

DeHoog, R. H. (1990), "Competition, Negotiation or Cooperation: Three Models for Service Contracting", *Administration & Society*, 22 (3), pp. 317 – 340.

Fernandez, S. (2007), "What Works Best When Contracting for Services? An Analysis of Contracting Performance at The Local Level in the US", *Public Administration*, 85, pp. 1119 – 1141.

Fernandez, S. (2009), "Understanding Contracting Performance: An Empirical Analysis", *Administration & Society*, 41, pp. 67 – 100.

Glennerster, H. (1992), *Paying for Welfare: The 1990s*, Published: Harvester Wheatsheaf, NY.

Hansen, J. J. (2003), "Limits of Competition: Accountability in Government Contracting", *The Yale Law Journal*, 112 (8), pp. 2465 – 2507.

Hefetz, A., & Warner, M. E. (2011), "Contracting or Public Delivery? The Importance of Service, Market and Management Characteristics", *Journal of Public Administration Research and Theory*, Advance online publication.

Higgins, P. et al. (2005), "The Role of Competition in Best Value: How far does it differ from CCT?", *Local Government Studies*, 31 (2), pp. 219 – 235.

Johnston, J. M., & Romzek, B. S. (1999), "Contracting and Accountability in State

Medicaid Reform: Rhetoric, Theories, and Reality", *Public Administration Review*, 59 (5), pp. 383 – 396.

Johnston, J. M., & Romzek, B. S. (2010), "Contracting: Promise, performance, perils, possibilities", in R. F. Durant (Ed.), *The Oxford Handbook of American Bureaucracy*, New York, NY: Oxford University Press, pp. 396 – 420.

Keisler, J. M., & Buehring, W. A. (2005), "How Many Vendors Does it Take to Screw Down a Price? A primer on competition", *Journal of Public Management*, 5, pp. 291 – 317.

Kettl, D. (1993), *Sharing Power: Public Governance and Private Market*, Washington, DC: Brookings.

Lamothe M. & Lamothe S. (2010), "Competing for What? Linking Competition to Performance in Social Service Contracting", *American Review of Public Administration*, 40, pp. 326 – 350.

Lamothe, S. (2014), "How Competitive Is 'Competitive' Procurement in the Social Services?", *The American Review of Public Administration*. Receive from: http://arp.sagepub.com/content/early/2014/02/27/0275074013520563.

Lavery, K. (1999), *Smart Contracting for Local Government Services: Processes and Experience*. London: Praeger.

Martin, L. L. (2002), "Performance-Based Contracting for Human Services: Lessons for Public Procurement?", *Journal of Public Procurement*, 2 (1), pp. 55 – 71.

Martin, L. L. (2005), "Performance-Based Contracting for Human Services: Does it work?", *Administration in Social Work*, 29 (1), pp. 63 – 77.

Milward, H. B., & Provan, K. G. (2000), "Governing the Hollow State", *Journal of Public Administration Research and Theory*, 10, pp. 359 – 379.

Palmer, N. & Mills, A. (2005), "Contracts in the Real World: Case Studies from South Africa", *Social Service & Medicine*, 60, pp. 2505 – 2514.

Peat B., & Costley, D. L. (2000), "Privatization of Social Services: Correlates of Contract Performance", *Administration in Social Work*, 24 (1), pp. 21 – 38.

Romzek, B. S. & Johnston, J. M. (2005), "State Social Services Contracting: Exploring the Determinants of Effective Contract Accountability", *Public Administration Review*, 65 (4), pp. 436 – 349.

Savas, E. S. (2002), "Competition and Choice in New York City Social Services", *Public Administration Review*, 62 (1), pp. 82 – 91.

Sawicky, M. B. (1998), "Can Union Make It in the market? Contractors and Competition in Social Service Provision", *New Zealand Journal of Industrial Relations*, 23 (2), pp. 105 – 118.

Schwartz, R. (2005), "The Contracting Quandary: Managing Local Authority-VNPO Relations", *Local Government Studies*, 31 (1), pp. 69 – 83.

Sclar, E. D. (2000), *You Don't Always Get What You Pay For: The Economics of Privatization*, Ithaca, NY: Cornell University Press.

Sinha, J. W. (2013), "Examining Pros and Cons of Collaboration with Small to Midsized, Grassroots, and Strongly Faith-Based Partners", *Journal of Leadership Studies*, 7 (1), pp. 61 – 69.

Smyth, J. D. (1998), "Competition as a Means of Procuring Public Services: Lessons for the UK from the US Experience", *Journal of Management in Medicine*, 12 (4/5), pp. 215 – 243.

United States General Accounting Office. (1997), *Social Service Privatization: Expansion Poses Challenges in Ensuring Accountability for Program Results*. Washington, D. C.: United States General Accounting Office.

Van Slyke, D. M. (2003), "The Mythology of Privatization in Contracting for Social Services", *Public Administration Review*, 63 (3), pp. 296 – 316.

Inaction and Inability: Threshold Barriers and Market Management Strategies for Government Purchase of Social Services

Liu Shuqiong

[**Abstract**] Competition is a core notion to privatization. However, social services are in short supply for a long time. In this context how to leverage the market management strategy to improve the supplier quality and form substantial competition in the field so that the clients find the best partners and the service providers are galvanized into their best performance through the competition mechanism has been a subject of interest to both academics and practical workers on government purchase of services. Based on a literature review as well as relevant empirical study in Taiwan, , this article points out that there are numerous challenges keeping the non-profit service providers from bidding their way to become partners of the service-purchasing government, which boil down to three types of threshold barriers respectively about the institution, politics and administration. This article holds that though "inability" factors are partially responsible for the short supply of social services and lack of market competition, there are many "inaction" problems; if such problems are redressed properly, we can liven up the supplier market. This research proposes that the double-track strategy of easy entrance and strict control should be adopted, namely, we should provide favorable conditions to attract suppliers to come for the bidding phase by phase, greatly enhance the management capability of the public organs, remove man-made barriers in the purchasing process and enforce strict requirement upon performance. As thus, a sound competition and accountability mechanism can truly take effect and the private suppliers of social services will stride in the right direction.

[**Keywords**] Competition, Governance Purchase of Services, Threshold Barriers, Privatization, Market Management

(责任编辑：陈洪涛)

社会组织公共性的生长困境及其超越

唐文玉[*]

【摘要】 社会组织公共性生长，是当代中国新型多元公共性构建的重要内容，对于推进国家治理体系和治理能力现代化具有非常重要的意义。然而，从整体上而言，当前中国社会组织公共性还存在着"组织外形化""弱正外部性"和"偏向性生长"等明显不足，这是由于社会组织公共性生长面临着旧公共性的路径依赖、差序格局的文化制约和制度环境的现实缺陷等诸多制约因素。要走出社会组织公共性的生长困境，需要注重从理念和体制的层面摆脱以往高度行政集权的桎梏，培育和发展个人与共同体之间的公共道德要素，并从管理和支持两个维度建构有利于社会组织公共性生长的良好制度环境。

【关键词】 社会组织　公共性　结构转型　差序格局　制度环境

改革开放以来，中国日渐走入了一个多元化的时代。多元化时代公共需求的满足和公共秩序的建构，要求不断突破以往由国家或者说政府（state）单一主体承载公共性的一元公共性格局，而不断发展出由多元主体共同建构公共性的新型多元公共性格局。社会组织公共性生长，是当代中国新型多元公共性构建的重要内容，对于推进国家治理体系和治理能力现代化具有非常重要的意义。

---

[*] 唐文玉，上海行政学院社会学教研部副教授，法学博士。基金项目：国家社会科学基金青年项目"社会组织公共性生长中的政府角色研究"（编号：13CSH051）。

从整体上而言，当前中国社会组织公共性还存在着明显的不足，社会组织公共性生长面临诸多制约因素。如何走出社会组织公共性的生长困境，充分激发社会组织开拓公共性的力量，是当前中国亟须研究的重要课题。

一 社会组织公共性不足的三种表现

在本文的叙述中，社会组织公共性，关注的是社会组织开拓公共性的功能问题，可以通俗地界定为社会组织成员以组织化的形式思考、讨论、决定和实行"为大家好"的事情的过程并由此而带来的"为大家好"的结果。在此所述的"大家"，没有明确的界限，只是相对于"私人"而言的笼统概念，可以仅仅是指涉组织成员，也可以扩展到社区、城市、国家乃至于整个人类社会。改革开放以来，中国社会组织得到了迅速的发展，并日益发挥了开拓公共性的功能，但从整体而言，当前中国社会组织公共性还存在着明显的不足，主要表现在以下三个方面：

（一）"组织外形化"与社会组织公共性迷失

"组织外形化"是田凯（2004）在对中国慈善组织与政府关系的研究中所提出来的一个新的概念，描述的是组织形式与组织实际运作方式明显不一致的现象，亦即组织的"名"与"实"之间的相互背离。"一个组织从名称、章程等公开宣称的形式上毫无疑问应该归为 A 类，但其实际运作方式却与 B 类组织相同或近似，那么我们就可以认为该组织存在着组织外形化现象。"（田凯，2004）在组织外形化发生的情况下，组织的"名"仅仅只是具有形式上的意义，是组织达成某种目标的合法性外衣，而这种目标是组织不便于或不能够通过与它的"实"相一致的"名"所达致的。就当前中国的社会组织而言，组织外形化是一个比较突出的现象，也就是说还存在着比较普遍的"名"与"实"相背离的现象。这样一种现象使得名义上以社会组织作为主体而开拓的公共性事实上迷失在了其他主体开拓的公共性之中，失去了主体性上的实质意义。具体而言，当前中国社会组织的外形化表现在两个方面：

一是社会组织徒有其名，而实质上是作为变形的政府组织而存在。当前中国相当部分的社会组织，其实是政府为了以社会组织的名义更广泛而具有合法性地获取以政府的名义不便于或不能够获取的资源，为了更好地实现政府对社会的治理而形式转换或主动建构的产物。这些社会组织以"社会组织"为名，而实质上是变形的政府组织，以一种类似于政府组织的逻辑而运作，充当的是政府的职能部门、附属组织或者延伸组织的角色。这样一种现象，表明社会组织相对于政府组织而言的主体性的缺失，社会组织的"社会性"被"政府性"所超越，形式上以社会组织为主体而开拓的公共性实质上则相当于政府组织开拓的公共性，不能真正突显公共性开拓的社会主体色彩，亦不能彰显社会组织相对于政府组织而言在公共性开拓上的优越性，比如积极寻求资源以谋求组织的发展、对社会需求的快速而有效地回应等等，社会组织公共性迷失在了政府组织公共性之中。

典型案例：R组织是在S市C区民政部门正式登记注册的民办非企业单位，业务主管单位为J街道，注册资金10万元（由J街道提供）。秘书长亦即组织负责人为J街道退休科级干部，其聘用工资由J街道支付，其他成员则由J街道党员服务中心工作人员兼任，办公场所也设置在党员服务中心，事实上平时就秘书长一人负责处理组织相关事务。R组织以"枢纽型社会组织"为自身角色定位，其功能包括两个方面：一是管理辖区内的社会组织，包括以J街道为业务主管单位的社会组织以及未正式登记注册的群众活动团队和志愿者工作室。J街道把作为辖区内社会组织业务主管单位的职责和任务交给R组织来承担，这些职责和任务包括年检和预警；同时，J街道也把对辖区内群众活动团队和志愿者工作室的管理事务交给R组织来承担，包括备案和起草管理文件，管理文件由J街道发文。二是扶持辖区内群众活动团队和志愿者工作室发展。J街道通过成立R组织，从而能够以社会组织的名义接受企业捐赠以及获取C区政府购买服务的资金，并用这些资金来扶持辖区内的群众活动团队和志愿者工作室发展，以推进社区的良性治理。可见，R组织虽然名义上是民办非企业单位，但实质上具有明显的"政府性"色彩，充当的是J街道政府的职能部门或者附属组织的角色。同时，R组织也缺乏积极寻求资源以谋求组织发展的动力。比如，在政府购买服务的资金争取上，R组织只申请标的在20万元以下的政府购买服务的资金，因为依据C区政府的规定，申请标的在20万元以上的政府购买服务的资金，需要走比较严格、复杂而规范的招投标程序，R组织因而不愿意争取。对此，R组织秘书长这样说道："申请来的钱不是我们自己的，我们还是要给他们（群众活动团队和志愿者工作室）花的，我们不需要招投标。"

二是社会组织徒具其形，而实质上是作为变相的市场组织而存在。社会组织不同于市场组织的最重要特征，在于社会组织受到"非分配约束"，① 亦即不以营利为目的。然而，当前中国很多社会组织以"获利"为支配性的动机，披着社会组织的合法性外衣大肆追逐基于民众自愿捐助以及政府的政策优惠所带来的物质利益，背弃非营利性的基本原则，成为变相的市场组织。这样一种现象，表明社会组织区别于市场组织的主体性缺失，社会组织的"社会性"被"市场性"所超越，形式上以社会组织为主体而开拓的公共性实质上则相当于市场组织开拓的公共性，公共性成为追逐物质利益的副产品，社会组织公共性迷失在了市场组织公共性之中。这样一种现象，具体表现在三个方面：第一，成立动机不纯。有些社会组织成立的初始动机就是为了获利，缺乏基本的公共性理念。有对民办非企业单位的调查显示，89.91%的被调查对象认为应该允许合理回报，而近50%的调查对象认为"盈利禁止分红"和"不得从事营利性活动"的规定是不合理的（国务院发展研究中心社会发展部课题组，2011：13）。第二，资金运作失范。近年来，一些社会组织出现的侵吞善款、挪用资金、账目不清、弄虚作假等"丑闻"被媒体频频报道，揭示了当前中国社会组织的资金运作失范是一种比较突出的现象。第三，隐性利益输送。隐性利益输送，指的是向具有隐性利益关系的组织或者个人输送资金或资源。比如，笔者在调研过程中了解到，有基金会为了满足《基金会管理条例》对于公益事业支出的要求出钱资助另外一个具有隐形利益关系的基金会，甚至有基金会出钱资助亲朋好友出国留学。

（二）"弱正外部性"与社会组织公共性羸弱

尽管外部性首先是作为一个经济学的概念而应用的，但在经济学之外也得到了认可并被广泛使用，从而成为了一个超越经济学的一般意义上的概念。"外部性问题具有这样的特征：人们能够参与一些影响整个社会其他成员福利的活

---

① 所谓"非分配约束"，指的就是社会组织不能把所获得的净收入在理事、管理人员、组织成员等之间进行分配。具体参见（Hansmann，1980）。

动。只要人们的行为不受限制，可以不顾及其行为对他人产生的影响，那么很明显，整个结果从所有受到影响的人们的角度来看可能是不完备的。"（布坎南，2004：89）如果人们的行为能够给他人带来利益而无须受益者付出相应的成本，那么这样的外部性属于正外部性；相反，如果人们的行为给他人造成损失却没有为此而承担相应的责任，那么这样的外部性就属于负外部性。从外部性的视角来考察公共性，公共性其实是一种正外部性，而社会组织公共性事实上就是社会组织的行为对于增进社会福利的正外部性。从当前中国的现实情况来看，社会组织的正外部性生产功能从整体上而言还比较羸弱，这是当前中国社会组织公共性不足的主要表现。具体而言，当前中国社会组织的"弱正外部性"，主要表现在两个方面：

一是当前中国很多社会组织存在着比较明显的"业余主义"现象。这种"业余主义"现象，一方面表现为社会组织缺乏具有社会服务专业技能的职业人员和志愿者的参与，从而呈现出比较弱的专业服务能力；另一方面表现为社会组织缺乏具有与外部民众进行携手互动的新型职业人员的参与，从而呈现出比较弱的社会资源动员和整合能力。萨拉蒙（Salamon, 1981）认为，"业余主义"是志愿失败一个大的方面。所以，一些东亚学者强调，社会组织需要成为新职业组织（new professional organization），这样才能更容易与"新的公共性"结合起来（佐佐木毅、金泰昌，2009：35-46）。笔者在调研过程中发现，当前很多社会组织事实上成为退休人员、老年人员、失业人员、低素质技能人员聚集的场所。

> 案例1：L组织是一个专门从事社会矛盾调解且具有信访代理功能的民办非企业单位，目前总共有5名工作人员，其中1人具有事业编制，其他4人均为退休人员，从年龄结构来看，年龄最大的77岁，最小的55岁。L组织曾经聘用了一名知名大学的具有专业素养的大学生，但由于待遇问题而辞职。"我们用不起青年，用不了大学生，留不住人。……要发展，我们不能长期用退休的，但现在只能用退休的。"L组织创始人这样谈道。
>
> 案例2：H组织是一个专门从事社区居家养护的民办非企业单位，目前组织正式员工9名，而提供服务的是招募过来的232名志愿者。这些志愿者名为志愿者，事实上是按小时计算报酬的，尽管报酬比市场少一点，

但他们愿意做。而之所以愿意做，其实并非是志愿精神或者公益精神在激励他们做，而是他们都是社区中 50 岁以上的失业人群，在市场上找不到合适的工作。对此，H 组织负责人说："我不是招募到一群志愿者，而是解决了一大批人的就业问题。"

案例 3：K 组织是一个专门从事养老服务的民办非企业单位，现有 23 名护理员，1 名医生和 2 名护士。护理员大多都是外地农村过来的，年龄一般在 45～55 岁，医生和护士都是退休人员。对此，K 组织负责人说："我们进来的人员素质不高，门槛低，收入低，进来的都是农民工，都是种田的人，文化水平低，上层次比较难，心理护理没办法做，叫他们做好很难，参加行业协会的培训，对他们也没有什么用，拿个证书回来，我们自己也平时开会教育，寓教于乐。人都留不住，素质决定后面的路能走多远。"

二是当前中国很多社会组织存在着闭塞和自我满足的特征。前文已述，社会组织公共性可以通俗地界定为社会组织成员以组织化的形式思考、讨论、决定和实行"为大家好"的事情的过程并由此而带来的"为大家好"的结果。在此所述的"大家"没有明确的界限，但就公共性的程度而言，在其他条件同等的前提下，社会组织所涉及的"大家"范围越广，社会组织公共性就越强。而从当前中国的现实情况来看，大量的社会组织属于伙伴型组织或者说朋友俱乐部，尤其是"快速发展的社区层面的社会组织，大多停留于'自娱自乐'层次，或仅提供'俱乐部产品'"（李友梅等，2012）。也就是说，当前中国很多社会组织所涉及的"大家"范围比较狭隘，具有明显的"弱正外部性"的特点。

（三）"偏向性生长"与社会组织公共性失衡

日本学者今田高俊（2009：60－62）在对公共性的研究中指出，公共性可以分为言论系谱的公共性和实践系谱的公共性两种类型：从阿伦特经过哈贝马斯到梅鲁西的有关公共性的讨论，是公共舆论和讨论等言论系谱的公共性；而由支援活动开拓出来的公共性，则是实践系谱的公共性。他通过对志愿者集团和 NPO 的考察，认为实践系谱的公共性和言论系谱的公共性都很重要，应该在这两方面保持平衡。基于今田高俊的观点，社会组织公共性其实包括言论系谱的公共性和实践系谱的公共性两种基本类型。从言论系谱的公共性来看,社会组织公共性体现为社会组织的公共言论生产功能,这种公共言论生产可以是为某些社会群体的利益代言或者说反映利益诉求,也可以是就某些公共议题发表自己的意见、看法和建议;从实践系谱的公共性来看,社会组织公共性体现为社会组织的公共服务提供功能,这种公共服务提供包括一切可以直接增进社会福利①的实践行为。由此而言,社会组织公共性具体体现在社会组织的公共言论生产功能和公共服务提供功能两个方面,社会组织公共性生长需要从这两个方面来予以考量。当然,这并不意味着所有的社会组织都需要具备这两个功能或者都需要在这两个功能上实现协调性地发展,不同的社会组织由于宗旨、使命和目标的不同,会在这两个功能的发展上存在着差异,但从一个国家或地区的整体层面而言,社会组织公共性生长应该注重这两个功能的动态协调性发展。

然而,从当前中国的现实情况来看,社会组织公共性生长呈现出了比较明显的非协调性的"偏向性生长"格局,亦即社会组织的公共服务提供功能相对而言得到了比较好的发展,而社会组织的公共言论生产功能则裹足不前或者说发展明显滞后。对此,康晓光(2011:54)指出,当前中国的社会组织,"更多的是发挥提供公共服务的功能,更多的是为政府'分忧解愁',帮助政府解决社会问题,满足社会需求"。R. Wexler 等研究者(2006)通过对 40 家中国社会组织的调研,发现其中只有 10 家社会组织在介绍组织工作和组织目标时,主动提到了"倡导",他们把这些社会组织称作为"自称进行倡导的组织"(SDA)(如表 1 所示)。而即便是这些"自称进行倡导的组织"(SDA),他们所提到的"倡导",很多指的是一种"行动倡导",亦即通过自己的工作所产生的价值来让政府和民众接受他们的理念,就像有社会组织所说的,"我们不搞宣传,我们所做的就是倡导"。显然,"行动倡导"并非是一种公共言论生产,而只不过是工作实践所产生的社会影响,具有"去政治性"的特点。②

---

① 这种社会福利包括物质层面的或有形的社会福利,亦包括精神层面的或无形的社会福利,比如文化娱乐、社会信任、互惠规范、合作网络等等。
② 这样一种调研发现,与笔者的调研发现存在一致性。笔者通过对恩派(NPI)公益组织发展中心的调研,揭示了民办社会组织"去政治的自主性"的生存策略现象。具体参见(唐文玉、马西恒,2011:58-65)。

表1 采访中主动提到倡导、提倡或 advocacy 的组织分布情况①

国家级 官办非政府组织 （总数=5）	地方级 官办非政府组织 （总数=5）	工商业和专业协会 （总数=10）	草根非政府组织 （总数=20）
1	1	0	8

需要指出的是，社会组织的公共言论生产功能，尽管会对政府的权力运作形成一种公共舆论的场，但这并不意味着社会组织的公共言论生产功能是作为政府的对立面而存在的。只要社会组织的公共言论生产没有超越法律和道德的边界，其对于政府的权力运作事实上具有矫正和完善的功能，会在多个方面支持政府权力的正常运转，提升民众对政府的认同度和支持度，并促进社会的良性治理。相反，如果社会组织具有公共言论生产的社会需求和内在动力，但缺少制度化的进行公共言论生产的权利、机会和载体，那么社会组织有序连接政府与民众之间的中介和桥梁的作用就不能得到充分有效的发挥，这不仅不利于推进国家治理的现代化，同时还可能会导致社会组织通过非制度化的方式进行公共言论生产甚至直接走向政府的对立面，从而影响到政治秩序和社会秩序的良性建构。所以，社会组织公共性的"偏向性生长"，亦是当前中国社会组织公共性不足的主要表现。

二 社会组织公共性不足的成因剖析

依上所述，"组织外形化""弱正外部性"和"偏向性生长"是当前中国社会组织公共性不足的三种主要表现。事实上，这三个方面是很难以完全地分割开来的，它们相互地交缠在一起，共同描述着当前中国社会组织公共性不足的现实状况。那么，究竟是什么原因导致当前中国社会组织公共性的不足？对此，本文试图从历史、文化和制度三个层面来予以深度剖析。

（一）旧公共性的路径依赖

"旧公共性"显然是相对于"新公共性"而言的，在此指的是晚清以来直至中华人民共和国逐渐形成的具有一元化特征的国家主义公共性。这种国家主

---

① 资料来源：Wexler, R. 等：《非政府组织倡导在中国的现状》，《中国发展简报》，http://www.chinadevelopmentbrief.org.cn/userfiles/ngo，2006年9月。

义公共性把"公"集中到了国家或者说政府（state）之中，国家等同于"公"，实现了对公共性的垄断，扮演了一种全能主义的为民谋幸福的角色。改革开放以来，尤其是20世纪90年代以来，中国公共性形态发生了深刻的结构转型，以往由国家垄断公共性的一元化格局不断解体，公共性的建构主体逐渐地由"垄断"走向了"扩散"，社会组织成为相对于政府而言的公共性建构的新主角。这样一种扩散了的公共性，就是中国语境下的"新公共性"，笔者称之为多元主义公共性。由于多元主义公共性是基于国家自上而下的改革开放而直接脱胎于国家主义公共性，并且当前还只是初具雏形，因而存在着对以往国家主义公共性的显性路径依赖。这样一种路径依赖构成了当前中国社会组织公共性不足的重要原因。

首先，当前中国相当部分的社会组织，是直接从政府组织中分化出来的，深刻地受到政府组织母体的影响。一方面，政府组织与从其中分化出来的社会组织存在着某种程度上的委托—代理关系，政府组织为了达成其最初目标，会直接干预社会组织的运行，以使社会组织在利益和目标上尽可能与政府一致，从而导致社会组织的外形化（田凯，2004）；另一方面，从政府组织中分化出来的社会组织，尽管拥有了社会组织的形式，但由于存在着路径依赖，依然习惯于政府组织的运作逻辑，再加上其在人员和资源上对政府组织的显性依附，因而倾向于以政府的职能部门、附属组织或者延伸组织的身份而存在。

其次，政府依然倾向于占有或控制公共空间。一方面，由于当前中国从国家主义公共性向多元主义公共性转型尚处于初始阶段，面对政府强而社会弱的现实情况，政府担心社会组织缺乏承担社会公共事务的能力，因而倾向于取代社会组织而由政府来直接承担社会公共事务，从而影响到社会组织公共性生长。对此，托克维尔（1995：135）指出："政府当局越是取代社团的地位，私人就越是不想联合，而越要依靠政府当局的援助。这个原因和结果将不断循环下去。"另一方面，在政府认可或委托社会组织发挥作用的公共空间中，由于受到以往国家主义传统中支配、服从和秩序的价值高于自由、同意和参与的价值的深刻影响，政府依然习惯于自上而下地控制公共空间，忽视、轻视甚至压制社会组织公共言论生产的功能，从而导致社会组织公共性的"偏向性生长"。

最后，民众依然习惯于政府来处理社会公共事务。长期以来，政府全能主义地承担着社会公共事务，使得民众对政府处理社会公共事务产生了过度依赖的心理。就像托克维尔对于那个时代一些欧洲国家的居民所描述的那样,"居民认为自己是外来的移民,毫不关心当地的命运。他们对国内发生的一些重大变化均未参与,甚至并不确切了解变化是怎样发生的,只是感到发生了变化,或偶然听到了他人讲述某某事件而已。更有甚者,他们对自己村庄的遭遇、街道的治安、教堂教士的处境,都无动于衷。他们认为,这一切事情与他们毫无干系,应由被他们称作政府的强大的第三者管理"(托克维尔,1995:117)。这种依赖心理在国家主义公共性发生转型之后依然存在着惯性,从而使得社会组织参与社会公共事务缺少民众的认可和支持,同时也使得很多社会组织对于社会公共事务的参与缺少职业主义的精神或者停留于一种自我满足的状态。

(二) 差序格局的文化制约

公共性与一个国家或者民族的习俗、思想、生活方式等文化层面的因素是密切联系在一起的。费孝通(1998:24-36)曾经深刻地指出了中国社会"私"的毛病,认为"私"在中国是比"愚"和"病"更普遍得多的毛病,而之所以会存在着如此严重的"私"的毛病,是因为在中国社会中人与人之间的关系偏向于"差序格局"而非"团体格局",受到了差序格局伦理关系文化的深刻影响。所谓差序格局,依据费孝通的界定,指的是以"己"为中心由近及远而推开的私人关系网络。在这种私人关系网络中,由于"己"或者说"私"始终位于中心的位置,而"公"只不过是"私"的关系向外拓展的产物,所以基于差序格局而建构出来的公共性非常脆弱。故费孝通(1998:29)说:"一个人为了自己可以牺牲家,为了家可以牺牲党,为了党可以牺牲国,为了国可以牺牲天下"。同时,在差序格局中,不同的人相对于"自我"而言在关系上是存在着亲疏厚薄之分的,普遍的标准在此并不发生作用,缺乏不分差序的兼爱,一个人究竟是否会对他人好、又会好到什么样的程度,需要看对方是谁、对方和自己是什么样的关系,所以基于差序格局而建构出来的公共性也具有明显的狭隘性特征。

可见,差序格局不可能成为公共性生长的沃土,其作为文化层面的主要制约因素,导致中国社会抽象的、非个人的和纯粹目的性的社团、公司等真正"共同体"的匮乏以及组织的共同行动经常被卷入到纯粹的个人关系特别是各种亲戚关系中而被其所限定(李友梅,2012)。差序格局的伦理关系文化即便是在市场化的今天,依然在中国社会中顽固地存在着,并从深层的文化层面制约了社会组织公共性的生长。一方面，差序格局的伦理关系文化由于其中心始终是"自我"，因而归根结底是一种"自我主义"的文化。正是基于此，英国学者王斯福（2009）把差序格局理解成为"社会自我主义"（social egoism）。传统中国的道德体系，也正是针对这种"自我主义"而强调了"克己"的德性，"自天子以至于庶人，壹是皆以修身为本"，[①] 目的在于通过"克己"来发展公共性。然而，近代以来伴随着中国革命现代性和市场现代性的推进，传统的以"克己"为出发点的私人道德体系逐渐淡化，而差序格局的伦理关系文化却依然顽固地存在着甚至被现代性发展所进一步强化，从而对社会组织公共性生长产生了文化层面的深层制约。这种文化制约作为主要的因素，导致当前中国很多社会组织缺乏特定的公益价值追求，而是以"自我"为中心，带有明显的服务"自我"的工具主义色彩而非服务"共同体"的公益主义色彩。另一方面，差序格局的伦理关系文化是一种具有伸缩性的私人关系文化，存在着关系的亲疏厚薄之分，缺乏个人与共同体之间的公共道德观念。这种公共道德观念的缺乏作为主要的因素，导致当前中国很多社会组织的内部治理和外部行为经常被家人关系、亲属关系、朋友关系、熟人关系、小圈子关系等私人关系所限制，影响到社会组织对于公共性的开拓。

（三）制度环境的现实塑造

本文在此所述的制度指的是由政府确立或认可的正式或非正式的规则、程序和规范。社会组织始终是生存于政府所确立的制度环境之中的，其行为可以说无时无刻不在接受着制度环境的塑造，这样一种塑造表现为相关制度会对社会组织行为提供激励、促进、约束或规范的机制，由此而限定了社会组织角色和功能的基本框架。当前中国社会组织开拓公共性的行为，同样接受着现实制度环境的塑造，甚至可以说当前中国社会组织公共性的不足在一定程度上就是社会组织所生存于其中的制度环境的缺陷在社会组织开拓公共性行为上的一种映射。

具体而言，当前中国社会组织公共性生长的制度环境缺陷，可以从两个方面来予以概括：一方面，从管理的维度来看，当前中国社会组织大体上还是生存于一种"控制型管理"的制度环境中，尽管这种制度环境目前已经开始发生

---

① 此句出自《礼记·大学》。

改变。控制型管理，顾名思义，以控制或者说支配社会组织、防止其挑战政府权威为主要目的。这种管理模式其实是在国家主义公共性向多元主义公共性转型的过程中，面对社会组织的兴起而对社会组织进行管理的一种初级阶段的管理模式，它在制度体系的设计上把重点放在防止社会组织对政府权威的挑战上，而对社会组织开拓公共性的行为缺少细致而有效的规范，同时存在着比较多的对社会组织随意性过大的行政性介入和干预的行为。康晓光（2011：54）描述了这种"控制型管理"模式的两个核心机制，亦即"控制"和"功能替代"："控制"是为了直接防止社会组织挑战政府权威；而"功能替代"则是一种更为精巧的控制手段，它通过发育出"可控的"社会组织体系，并利用它们满足社会的需求，进而从功能上替代那些"自治的"社会组织，避免社会领域中出现独立于政府的社会组织，从而达到"通过替代实现控制"的目的。显然，"控制型管理"不利于社会组织公共性的良性生长，是当前中国社会组织公共性不足的重要原因。

另一方面，从支持的维度来看，当前中国社会组织大体上还是生存于一种"工具性支持"的制度环境中，尽管这种制度环境目前也已经开始发生改变。所谓"工具性支持"，就是政府对社会组织的支持怀有一种工具主义的动机，不注重培育和发展社会组织相对于政府而言的"主体性"。具体而言，这种"工具性支持"体现在两个层面：一是社会组织不被政府视为在公共治理中相对于政府而言的自由而平等的合作主体，而是被政府视为"分忧解愁"或者"拾遗补阙"的工具性角色；二是政府有选择性地支持那些能够承接政府公共服务职能、帮助政府提供公共服务的社会组织的发展，而忽视甚至限制那些具有相对自主性活动领域的、尤其是那些自发生成的具有较强公共言论生产功能的社会组织发展。"工具性支持"和"控制型管理"是相伴而随的，它限制了社会组织的主体性生长和公共性生产，尤其是对于那些超出政府工具主义支持范畴的社会组织，更是会由于资源的供给不足而难以展现开拓公共性的活力。因为在当前中国的现实语境中，政府有能力允许或限制社会组织获取并非来自于政府的社会资源（Hsu，2010），那些得不到政府支持的社会组织，也难以从社会中获取生存和发展的资源。因此，这种"工具性支持"模式，事实上阻滞了多元"治理"格局的真正达成。

三 走出社会组织公共性的生长困境

走出社会组织公共性的生长困境，是一项十分复杂的系统工程且不可能一蹴而就。本文仅从基础性的路径选择层面来作一个简要的讨论。

（一）构建更为分权的治理体制

国家主义公共性，事实上是一种高度行政集权的公共性，这样一种高度行政集权表现在两个方面：一是在国家权力体系内部，行政权力高度向中央政府集中，纵向权力强大，而横向权力则被纵向权力所严重切割和抑制，表现为一种高度中央集权的权力形态。二是在国家与社会的权力关系上，政府等同于"公"，而社会则意味着"私"的领域，政府与社会之间存在着一种"公"与"私"的相互对应关系，社会全面依附于政府而呈现出一种软弱无权的状态。高度行政集权有利于分散的资源得到合理而集中的使用，这在特定的历史时期是有必要的，但是其最大的弊端在于过于强调中央政府的责任和能力，而压抑了地方和社会的积极性和能动性，不利于达成一种多元主体共同参与的富有持续活力和创新性的治理格局。对此，托克维尔（1995：110）指出："行政集权只能使它治下的人民萎靡不振，因为它在不断消磨人民的公民精神。不错，在一定的时代和一定的地区，行政集权可能把国家的一切可以使用的力量集结起来，但将损害这些力量的再生。"托克维尔的观点或许有些言过其实，但也难以否认地指出了行政集权的主要弊端。

为此，要促进社会组织公共性的生长，需要推进中国公共性形态从国家主义公共性向多元主义公共性的结构转型，而这就需要从理念和体制的层面摆脱以往高度行政集权的桎梏，构建更为分权的治理体制。事实上，当前中国中央政府也正在强调简政放权、发挥中央和地方两个积极性以及解放和增强社会活力，以推进国家治理体系和治理能力的现代化。具体而言，构建更为分权的治理体制，一方面，在国家权力体系内部，需要注重纵向权力的收缩和调适以及横向权力的扩张和增强，亦即在"条""块"权力的配置上，需要注重"块"的权力的统筹配置，以激发地方和基层政府的积极性和主动性。因为"一个中央政府，不管它如何精明强干，也不能明察秋毫，不能依靠自己去了解一个大国生活的一切细节。它办不到这一点，因为这样的工作超过了人力之所及。当它要独立创造那么多发条并使它们发动的时候,其结果不是很不完美,就是徒劳无益地消耗自己的精力"(托克维尔,1995:114)。另一方面,在国家与社会的权力关系上,需要注重国家权力的收缩和调适以及社会权力的扩张和增强,亦即需要注重向社会组织让渡公共空间,提升社会的自我运转、自我教育、自我服务和自我管理的能力以及社会对国家权力的矫正和完善功能,彰显社会组织相对于政府而言的主体性地位,让公民的集体力量创造出更大的社会福利。

(二)培育和发展公共道德要素

如前所述,差序格局不可能成为公共性生长的沃土,要走出社会组织公共性的生长困境,需要克服差序格局的深层文化制约。那么,究竟如何才能克服差序格局的深层文化制约?对此,传统中国的道德体系,针对以"己"为中心的差序格局私人关系文化对于公共性开拓的制约,突出了"克己"的德性,强调通过克己修身来发展公共性。以"克己"为出发点的传统中国道德体系,对于当代中国的公共性建设依然具有重要意义,因而需要注重通过弘扬传统而使之成为个人的重要道德要求。但是,需要指出的是,以"克己"为出发点的传统中国道德体系,只不过是差序格局中的私人道德,其并没有超越亲疏厚薄的差序特性,缺乏个人与共同体(团体)之间的公共道德要素。而要突破差序格局对于公共性开拓的文化制约,最重要的还在于培育和发展个人与共同体之间的公共道德要素,因为"超己"的观念必须在"团体格局"中才能得以发生(费孝通,1998:31-36)。

那么,怎样才能培育和发展个人与共同体之间的公共道德要素?费孝通对此没有给出明确的答案,而只是看到了宗教的作用,认为西方"团体格局"中的公共道德体系,是离不开他们的宗教观念的。托克维尔同样也看到了宗教对于个人与共同体之间公共道德的引导作用,但托克维尔除了强调宗教的作用之外,还突出强调了法律的作用。"法律不能重新点燃已经熄灭的信仰,但能使人们关心自己国家的命运。法律能够唤醒和指导人们心中模糊存在的爱国本能,而在把这种本能与思想、激情和日常习惯结合起来时,它就会成为一种自觉的和持久的感情。"(托克维尔,1995:119)显然,在当代中国要改造以"己"为中心的差序格局的私人关系文化,培育和发展个人与共同体之间的公共道德文化要素,不能寄托于宗教对于民情的引导,也不能单纯地依靠道德的说教,最为有效的方式是突出法律对于人们共同体观念的唤醒和强化作用。这是因为现代法律其实是底线的公共道德或者说是必须强制性要求遵循的公共道德，其规范的是个人与共同体之间的基本权利义务关系。如果法律权威都不能真正确立，法律都不能得到普遍而严格地遵循，更高层面的公共道德也就无从谈起或者极为脆弱。在现代法律的规范下，以国家为最大的共同体，共同体中的每一分子在法律面前是平等的，都是平等受尊重和对待的一分子，都需要相互地尊重权利而不论关系的亲疏厚薄。就政府与民众的关系而言，政府可以要求民众的服务，但与此同时也需要保障民众的权利，不能随意侵害民众权利，需要在以公道和爱护为基本设计原则的法律体系框架内行使公共权力；反过来，民众亦需要服从政府权力的依法行使，维护政府的合法权威。一言以蔽之，当代中国需要确立法治的精神，需要充分发挥法律对于引导个人与共同体之间的公共道德要素的功能，以持续而坚定地激发国民的爱国热情和公共精神，从而为社会组织公共性生长创造良好的文化土壤。

（三）建构良好的组织制度环境

从具体的制度层面来看，走出社会组织公共性的生长困境，需要建构有利于社会组织公共性生长的良好制度环境。就当前中国的现实情况而言，这样一种良好制度环境的建构，需要包括两个方面的内容：一方面，需要从"控制型管理"走向"发展型管理"。发展型管理，顾名思义，管理的目的在于促进社会组织更好地发展而不是消极地控制或支配社会组织，它强调规制社会组织的不良行为，钳制社会组织公共性的异化或流失，从管理的维度促进社会组织公共性的良性生长。就管理的方式而言，"发展型管理"是一种法治化的管理。它要求政府对社会组织的管理走上"依法管理"的轨道，消除对社会组织随意性过大的行政性介入和干预的行为；同时要求社会组织运作在法律的边界之内，尤其是要求社会组织遵循非营利性的基本原则，阻滞影响社会组织公共性生长的不良动机的参与，防止社会组织成为变相的营利组织和公共秩序的破坏者。就管理的主体而言，"发展型管理"是一种立体化的管理。它一方面针对单一政府部门力量的单薄，而强调民政部门、税务部门、司法部门等多个政府部门对社会组织的共同管理；另一方面针对单一政府主体力量的有限，而强调发展行业自律、社会监督以及社会组织理事会为主体的多种社会力量来与政府力量一起构筑对社会组织的立体化管理体系，以实现对社会组织的有效管理。

另一方面，需要从"工具性支持"走向"主体性支持"。主体性支持，要求政府对社会组织的支持摆脱工具主义的动机和理念，把社会组织视为与政府自由而平等的合作主体，全面发展与社会组织在公共服务提供和公共政策制定上的合作关系，从支持的维度促进社会组织公共性的良性生长。具体而言，一方面，政府对社会组织的支持，除了需要通过购买服务、资助补贴、项目奖励、人才扶持等方式促进政府资源高效性地向社会组织转移之外，还需要注重通过税收优惠、放宽社会募捐资格、发展支持型社会组织、营造良好的社会捐赠和志愿参与的社会环境等方面促进社会资源直接流向社会组织，以充分激发社会组织的主体性活力。另一方面，政府对社会组织的支持，不能局限于支持社会组织公共服务提供功能的发展，同时也需要注重拓展社会组织公共言论生产的功能，这对于构筑政府与民众之间双向平衡沟通的"双轨政治"[①] 格局，提升国家治理的现代化水平具有非常重要的价值和意义。在这方面，需要逐步放宽对那些具有较强公共言论生产功能的社会组织的制度约束，比如放宽对民间性社会团体的制度约束，赋予其更好的生存环境和制度空间；与此同时，需要注重建构和完善政府与社会组织之间沟通协商、对话交流的制度化和常规化的平台，把社会组织的公共言论生产功能纳入制度化和有序化的轨道，实现社会活力与公共秩序的并行发展。

参考文献

费孝通（1998）：《乡土中国　生育制度》，北京：北京大学出版社。
——（2006）：《中国绅士》，北京：中国社会科学出版社。
国务院发展研究中心社会发展研究部课题组（2011）：《社会组织建设：现实、挑战与前景》，北京：中国发展出版社。
康晓光（2011）：《依附式发展的第三部门——第三部门的环境分析》，康晓光、冯利主编，《中国第三部门观察报告》，北京：社会科学文献出版社。
李友梅等（2012）：《当代中国社会建设的公共性困境及其超越》，《中国社会科学》，（4），第 125～139 页。

[①] "双轨政治"是费孝通（2006：46）提出的概念，费孝通认为"政治体系是不可能在一根从上向下的单轨上发展起来的。在任何政治体系下，人民的意见都不可能被完全忽视。这意味着必须有某种方式的从下向上的平行轨道。一个完善的体系必须保证这样的'双轨'。"

唐文玉、马西恒（2011）：《去政治的自主性：民办社会组织的生存策略——以恩派（NPI）公益组织发展中心为例》，《浙江社会科学》，(10)，第58～65页。

田凯（2004）：《组织外形化：非协调约束下的组织运作——一个研究中国慈善组织与政府关系的理论框架》，《社会学研究》，(4)，第64～75页。

〔日〕今田高俊（2009）：《从社会学观点看公私问题——支援与公共性》，〔日〕佐佐木毅、〔韩〕金泰昌主编《社会科学中的公私问题》，刘荣、钱昕怡译，北京：人民出版社。

〔法〕托克维尔（1995）：《论美国的民主（下卷）》，董果良译，北京：商务印书馆。

——（1995）：《论美国的民主（上卷）》，董果良译，北京：商务印书馆。

〔英〕王斯福（2009）：《社会自我主义与个体主义——一位西方的汉学人类学家阅读费孝通"中西对立"观念的惊讶与问题》，龚浩群、杨青青译，《开放时代》，(3)，第67～82页。

〔美〕詹姆斯·M. 布坎南、〔美〕罗杰·D. 康格尔顿（2004）：《原则政治，而非利益政治：通向非歧视性民主》，张定淮、何志平译，北京：社会科学文献出版社。

〔日〕佐佐木毅、〔韩〕金泰昌（2009）：《中间团体开创的公共性》，王伟译，北京：人民出版社。

Hansmann, H. B. (1980), "The Role of Nonprofit Enterprise", (Vol. 89) (No. 5) *The Yale Law Journal*, pp. 835–901.

Hsu, C. (2010), "Beyond Civil Society: An Organizational Perspective on State-NGO Relations in the People's Republic of China", (Vol. 6) (No. 3) *Journal of Civil Society*, pp. 259–277.

Salamon, L. M. (1981), "Rethinking Public Management: Third-Party Government and the Changing Forms of Government Action", (Vol. 29) (No. 3) *Public Policy*, pp. 255–275.

The Predicament of Social Organizations Publicity Growth and the Way to Break It

Tang Wenyu

[**Abstract**] The publicity growth of social organizations constitutes an important component in the building of pluralistic publicity in contemporary China, which holds a lot of significance to promoting the national governance system and modernizing the governance capability. However, in general, the publicity of current Chinese social organizations shows evident drawbacks as reflected in decoupling of form and operation, weak positive externalities and biased development, which are due to diverse constraints faced by their publicity growth, like overreliance on the old publicity, cultural restriction of the hierarchical order and realistic deficiencies of the institutional environment. To help social organizations get out of such predicament, we should smash the shackles caused by high concentration of administrative power at the conceptual and institutional levels, foster and develop public moralities between individuals and communities, and build a sound institutional environment conducive to their publicity growth from the two dimensions of supervision and support.

[**Keywords**] Social Organizations, Publicity, Structural Transformation, Hierarchical Order, Institutional Environment

(责任编辑：郑琦)

政治权力干预、企业结社目的与行业协会的自主性

——跨层级案例的比较

黄靖洋[*]

【摘要】 本文通过比较数个省级、市级、县级行业协会发展的案例，重新检视影响行业协会自主行动的因素。本文的分析更重视观察各层级行业协会在制度变迁过程中获得政治空间和社会能力的时间顺序。研究发现，政治权力干预的强度及企业结社的动机共同塑造了行业组织的自主性生成的不同机制。在省市层级，行业协会的自主性取决于政府对其的信任度，用"独立性"交换"自主性"的观察是符合现实的；但到了更下的层级，基层政府会允许行业协会自主发展的空间，而当中以维护行业利益为结社目标的协会更具有社会自治能力。

【关键词】 政治权力　结社动机　行业协会　自主性　时序

---

[*] 黄靖洋，华南理工大学公共政策研究院助理研究员。基金项目：教育部哲学社会科学研究重大课题攻关项目"决策咨询制度与中国特色新型智库建设"（项目编号14JZD023）；国家社科基金重大项目"扩大公民有序政治参与：战略、路径与对策研究"（项目编号12&ZD040）。本文不同版本曾先后宣读于2014年北京大学政治经济学年会与2015年"第十二届组织社会学工作坊"，作者感谢与会学者的评论与建议。

一 引言

近年来，对行业协会（商会）与政府关系的研究已跳出早期将商人和企业主结社视为独立的公民社会力量的理路。这种基于西方现代化理论预设而提出的研究路径往往因为对中国资产阶级的发育与社会自组织的发展抱有过于乐观的判断和描述而饱受各种经验与实证数据研究的批评（Chen & Dickson，2010；李成编，2013；蔡欣怡，2013；黄冬娅，2014；黄靖洋，2014；张华，2015）。有评论者敏锐地指出，很多早期的研究混淆了社会组织独立性与自主性的关系，将独立性等同于自主性导致在研究中只见树木不见森林。[①]

对社会力量成长持积极态度的研究者们，虽然承认中国社会组织的独立性有限，却并没有放弃在转型国家中发现社会自主性的努力。他们转而尝试挖掘与揭示在权威国家的治理体制中，社会组织可以争取与拓展的自主性空间（参见王诗宗、郁建兴，2011；王诗宗、宋程成，2013；宋程成等，2013；王诗宗等，2014；黄晓春、嵇欣，2014）。在这些众多的研究当中，不少的个案研究围绕着企业和企业主结社及游说行动展开。

综合来看，关于中国行业组织自主性的研究，大部分的解释集中在以下三个方面。第一，关注地方政府与行业协会的利益契合度。这类的研究往往把中国地方政府视为理性的行动者，出于地方经济发展和其他"政绩"的需要，地方政府及其部门会灵活运用市场或社会力量服务自身利益，市场和社会组织也能够灵活地游走在不同部门之间，寻觅可借助的力量实现诉求，发挥其政治影响，因而行业协会的自主性来自于与政府的利益交换（如江华等，2011；黄靖洋，2014）。第二，关注行业协会领导人的才能。由于中国社会组织的运作带有

[①] 中国社团组织国家与社会边界的模糊性使得在研究中必须对独立（independence）和自主（autonomy）做出区分。组织的独立性更接近于外向的与外部组织环境相联系的概念，指组织在生存、发展的基本条件方面，尤其是合法性资源方面；组织自主性更接近于内向的与内部组织运作相关的概念，意指组织可以按照自己的目标来行事，具备自我管理能力，能自行设定目标与决定运作方式（王诗宗、宋程成，2013：53-54）。中国的登记社团往往糅合"结构性的依赖"和"功能性独立"于一体，尽管在制度和组织资源上难以独立于政府，但在运作与功能发挥上却具备相当的自主性（Lu，2009）。研究者进一步指出，社会组织自主性概念可包括政治结构和行动策略两个层次，在概念操作上可以细分为活动领域、活动地域和运作过程三个维度（黄晓春、嵇欣，2014：101-103）。

强烈的能人色彩，组织领导人是否具备资源拓展能力并争取到政府和社会的双重信任，是实现协会自主性的重要基础（张沁洁、王建平，2010；邓宁华，2011；罗家德等，2013）。第三，关注行业组织总体的纵向社会资本（与科层）和横向社会资本（与社会成员）对行业组织自主运作模式的影响（如吴军民，2005；汪锦军、张长东，2014）。这些研究尽管从不同角度对行业协会的自主发展做出了符合事实的观察，但却静态地将政府视为铁板一块，没有充分考虑不同层级中不同政府部门的偏好、人员、资源的差异对行业协会发展自主性的影响。事实上，中国社会组织面对的制度环境具有高度复杂性和不确定性，而政府对社会组织的治理方式也是高度灵活的，因此对组织自主性的研究，必须深入政府部门的条块和党政逻辑中找寻答案，才能揭示在丰富的制度环境影响下组织的差异化策略（黄靖洋，2014；黄晓春，嵇欣，2014）。

本文在笔者两年来对各类行业协会调查的基础上，尝试在这个方向做出一些努力。不同于以往研究试图建立有关社会组织的中宏观层面上的描述性或分析性概念，本研究更关注作为中介变量的制度及其变迁如何塑造不同行政层级的行业协会特征。文章强调两个在同类研究中被忽视的影响因素，一是政治权力干预的强度对行业协会扩展政治空间的影响，不同层级的制度安排通常会导致不同的干预强度；二是行业协会成立的动机，及其成立时机在制度变迁中所处的时序位置，对后续社会能力发展的影响。

二 解释自主性：理论基础与研究设计

是什么因素影响了企业主的行为选择，影响了行业性组织相对于政府或官僚制度的自主性？有评论者认为，包括统合主义、庇护主义和多元主义在内的理论模型都无法完全适用去理解复杂的中国政商关系（Government-business relation）。因为作为整体的中国在某些阶段与领域会体现出发展、竞争、自主和高效的特征，又可能在另一些场合展现其掠夺、统一、庇护和低效的特点，在时空的变换中，中国的政商关系会呈现出矛盾与冲突的混合状态。这和执政者既要维持其统治权威，又要通过分权以释放地方和市场部门活力的内部政治体制相互关联，又受中国处于后发展状态要实现追赶的外部国际环境的影响（Zhu，2015）。

中国政治经济的复杂性提醒研究者，应该将"整体的中国"拆分至次国家（Sub-state）层面进行分析才能加深对中国现实的理解，所以在中国研究中，从20世纪90年代末始引发了对地方政府研究的风潮，并发展出不同的概念工具去概括地方政商关系与地方政府的行为模式（张汉，2014），但往往因为个案研究的局限性使得对中国政治经济的动态理解陷入"盲人摸象"的陷阱中。①

制度主义的方法不太热衷追求概念建构上的贡献，而更重视挖掘制度约束下不同层次的行动者的行为机制，从中找到事物发展的因果链条。在制度主义的研究看来，中国具体的政商关系受横向的地方政府间竞争与纵向的国家政策执行两方面影响，政府—企业间的网络是由市场经济理性和传统文化规范共同塑造的，而地方政商关系的互动过程又再生产了地方的商业治理制度（Krug & Hendrischke, 2008）。因循着制度主义的理路，以国家和社会相互嵌入的视角，本文主要关注三个变量对行业协会自主性生成的影响，并采用次国家层面比较（subnational comparison）的方法去解释不同层级行业协会的自主性差异。

（一）政治权力干预之维度

国家的制度结构决定了企业主及其结社团体接近和影响政策的渠道和空间，权力的碎片化使得企业主获得施展其影响的机会（黄冬娅，2013）。不同行政层级和不同行政部门对行业协会的政治权力干预强度不同，影响了行业组织的行动选择。与此同时，与行业协会行动相关的权力干预影响包括两个方面，其一是政府对企业主组成协会所属产业的经济活动的干预，其二是政府对行业协会作为社团组织本身的社会活动的监控，企业及行业组织的不同层级在与这两种不同形式的权力干预互动中发展出不同的争取自主性的路径。

如前文所提及，关于地方政府类型的研究存在诸多的纷争，不过研究者在中国地方政府的行为目标与模式上仍然有着相当的共识：地方政府以经济发展为主要施政目标和政治合法性来源，并倾向于确立地方政府在经济发展中的主体地位，抓住经济发展的主导权。在这个意义上，我们可以将中国地方政府称

---

① 托尼·赛奇（Tony Saich）认为，无论是"企业型"（Entrepreneurial）、"发展型"（Developmental）、"掠夺型"（Predatory）、"合作型"（Corporatism），都是中国地方的一个侧面，这些概念间不是完全竞争，甚至可能同时出现，这是因为国家中的"地方"（State of the state）乃是不同行政区域的多种不同类型，地方政府的形态随环境的变化而不断改变，因此，对地方的研究应该采取更广泛而不确定的解释（Open-ended explanations）而非确定性的（clear cut）解释路径（赛奇，2009：396 – 415）。

为发展型政府（郁建兴、高翔，2012）。

不过，即便是发展型政府，政府的行动仍有不同的注意力分配方式。现有研究往往倾向于将地方政府及官员视为在GDP发展竞赛中谋取胜利而获取晋升资格的行动者（周黎安，2009）。事实上，地方经济发展并非地方官员的唯一关注焦点，地方政治社会稳定也构成地方政府和官员行动的理由，他们必须在经济绩效和社会政治稳定间寻求平衡（Shue，2004）。

本文认为，处在不同层级和发展阶段的地方政府，可能有其不同行动目标的侧重性。在不同层级，企业和行业将会面对的是一个不同类型的政府，在不同层级政府官员的注意力当中，经济发展与政治稳定两端的天平位置不尽相同，与此同时，不同层级企业主对这两者的理解也存在差异，这已经为对中国县乡两级政府官员和企业主展开的调查数据所证实。①

由于有上级下达和地方间竞争的压力，县级政府的经济发展要求更加强烈。地方政治精英在政治流动的激励下可能更加看重属地行业企业对经济绩效和财政收入的贡献，在多样化的政绩驱动下会倾向于更加依靠地方的行业发展而去构建和行业群体间的亲和关系，结成基于利益交换的政商联盟。但与此同时，为了获取更多的财政收入和更好的经济绩效，基层的地方官员某种程度上具备了奥尔森所言的"强盗"特征（奥尔森，2005），"固寇"——一般是地方行政部门，会在经济发展中与行业企业争利，向企业转嫁行政成本，而"流寇"——一般是在异地调任、下放锻炼等干部精英控制制度下前来的地方领导，也会带来不稳定的政策波动，两种"强盗"行为会共同促使行业产生对抗性诉求，为了能在与地方政府的谈判中增加筹码保护行业利益，行业一方面会完成政府的绩效要求，另一方面会继续发展组织的能力而应对不期而来的政府对行业的伤害（黄靖洋，2014）。由于自上而下对社会组织监控力量的渗透不足和基层本级政府相关行政力量的薄弱，行业协会的活动难以受到政治权力的充分宰制，在此条件下，行业协会能够获得较为充分的政治空间实现自治来发展其自主性。

---

① 狄忠浦（Bruce J. Dickson）对河北、山东、浙江、湖南四省的县乡两级官员和企业主的抽样调查数据表明，县级官员比村镇官员更重视经济发展，而村镇官员则比县级官员更能感受到政治稳定的威胁。这个调查并没有覆盖到省市级层面，但从侧面表明，官员注意力焦点及对稳定和发展两者认识的差异在层级间是存在的（狄忠浦，2015）。

相比起来，更上级别政府可能更加重视市场的秩序，尽管经济绩效仍是重要的行动目标，不过由于其经济发展并不如县级政府一样只依赖数个行业，他们不需要像县级官员那样直接介入经济建设，权力对行业经济活动的直接干预较弱，而是依靠向下级政府"发包"，通过下达经济发展指标来实现（周黎安，2009）。对于省市官员而言，政治稳定是这个层级的官员除经济发展外要考虑的任务，规避所管理行业可能出现的政治风险是该层级主政官员和行政部门考虑的重点。因此，这一层级的官员对行政管理与市场规制有更大的要求，更重视区域统筹和行业间统筹，所以对比县级，这一级别的行业群体的政绩功能在省市级官员的施政中处于较弱的位置，使得他们缺乏县级行业群体所拥有的议价空间，只有通过强化与官员间的政治关联来建立政商联盟以发展政治信任去获得行业组织行动的相对自主性（邓宁华，2011；宋程成等，2013）。

（二）企业结社动机之维度

在关于行业协会生成模式和与之相应的合法性问题①讨论上，为学界广为接受的分类方法为三分法——将行业协会分为自上而下型、上下结合型、自下而上型（贾西津等，2004；王名、孙春苗，2009；孙春苗，2010）。研究进一步认为，在这三种类型的行业协会中，自上而下型的行业协会往往更具行政合法性与政治合法性，更能得到官僚机构的认可，但社会合法性较弱（余晖，2002）；而自下而上型的行业协会则反之，它们更能得到企业会员们的支持，却缺乏一定的行政与政治认可（余晖，2002；贾西津，2004）。诚然，这种依照行业协会发展进程与轨迹的分类法能非常粗线条地勾勒和总结出各类行业协会的生成逻辑，但却在区分不同协会的自治能力与协会成员认同程度上存在局限性。在行业协会的真实运行经验中，那些更具民间色彩、"自下而上"成立的行业协会未必表现出更强的自主治理能力，更可能会出现志愿失灵的现象。而某些"自上而下"成立的行业协会，尽管官办色彩浓厚，却有可能会在调节行业矛盾和冲突、稳定市场秩序、提出行业标准与政策倡议中表现得更好（孙春苗，2010）。因此，通过使用"自上而下""上下结合""自下而上"三种类型来断

---

① 高丙中（2000）指出，中国很多社团之所以能在与法律不一致的情况下"正常地"生存和发展，主要在于当前中国社团的产生与运作的合法性指向是不同的。在"社会合法性""行政合法性"和"政治合法性""法律合法性"中，虽然有的社团只要获得当中的一个就能为政府与社会所默认接受，但从长远看，社团的发展逻辑与轨迹必须是收获这四个合法性。

定协会更能取得何种合法性有过于简单之嫌，更难以判断协会是在何种水平上开展工作的。

若以制度分析为视角，研究者会发现国家的垄断逻辑会不断吸纳行业协会制造社会组织的制度性依附，同时在这个过程中，作为一种经济性互利型社会组织，市场的逻辑也不会轻易退场，最终的发展是行业组织通过牺牲一定的独立性，服从政府"代理人"的政治安排，在争取政府信任的前提下获得自主性（王诗宗、宋程成，2013：61－62）。很多国家级和省级的行业协会都是以这种姿态参与进政策过程中，并在一定程度上影响与行业发展相关的政策制定和实施（陈玲，2010；江华等，2011）。

权力干预制约了行业协会的运作空间，而行业协会草创阶段的组织目标选择某种程度上决定了后续发展的方向（Warden，1992）。在相对缺少政治权力干预的基层场域，行业协会能够获得的社会自主性空间较大。但是存在发展空间并不必然带来较强的自主发展能力。在以不同目标为导向的企业结社行为中，行业协会在成员认同度、提出行业诉求的频率、影响政府决策和自治能力上都表现出不同面貌。本文将会通过实地调查研究结社目的对行业组织自主性构成的潜在影响。

（三）时间和时序之维度

有研究者强调，事件在次序中何时发生，影响到它如何发生，社会科学要重视关心制度变迁中的时间变量（郝诗楠、唐世平，2014）。按照历史制度主义的思路，必须关心行动者采取行动时与制度变迁进程相交的时机和时刻，并探究事件的过程和次序对自我强化和路径依赖的影响（皮尔逊，2014：64—93）。尽管中国在现代化的过程中曾存在过行会自治的传统，但新中国成立后行业协会兴起的重大决定因素之一是中国在改革开放后实施经济体制改革和行政机构改革，将政府职能向市场部门和社会部门逐步分权。行业协会是制度变迁的产物，不同层级的社会行动者和国家行动者，由于处于不同发展的时空阶段，赋予了行业协会不同的制度功能，因此需要关注时间和时序变量对行业协会自主性的影响。

（四）研究设计与案例选择

本文通过比较同一省份纵向省、市、县三个层级行业协会发展的案例来探寻行业协会在地方政府不同制度背景影响下发展自主性的因果机制。研究案例取材于2012~2013年间作者分别对A省5家省级"自上而下型"，A省B市3家"上下结合型"和A省Q县6家"自下而上型"行业协会的实地调查。实地调查通过非参与式观察法和访谈进行，访谈依据调查的条件分别采取了结构性访谈、半结构性访谈和焦点团体访谈三种形式。研究者还亲身参与了部分协会的内部会议、会员大会、活动和各种座谈会。访谈对象包括三方面的人员：首先是党政干部。这里面有民政机关负责社会组织管理的负责人、行业协会业务指导单位的干部、其他行政机构中相关知情人士。其次是行业协会从业者。这些行业协会有从历次机构改革中分离出来的，有拥有重大产值核心行业的，有市场内生由几十个小行业组成的，有没经历过机构改革、去行政化改革新近成立的。协会的领导者有退休干部、有集体所有制的企业家、有政协或人大代表身份的企业家等。最后是企业人士。这些企业主都是经行业协会领导人介绍的行业协会活动的积极分子。

本文采取动态案例的比较方法去解释不同层级行业协会自主性的差异，其中发达沿海省份A省的省级和其省会城市B的行业协会作为研究控制组出现，由于这些行业协会对政治权力的依赖性和接近性因行政制度改革而产生，代表了现有研究中具备"统合主义"理想类型和会对过往制度产生"路径依赖"的组别。而作为实验组的A省Q县，相对来说，属于极端案例类型。Q县成立于1992年。作为一个新建立起来的行政区划单位，Q县在行政机构的设置上有三个特点：其一，Q县曾一度是贫困县，地方官员谋求经济发展动力大；其二，Q县在机构编制开始之初就没有那些在1978年后两次经济管理体制改革中被革除或精简掉的经济部门，并且是以这个条件为起点中途进入后续机构改革和行政改革的过程中；其三，Q县民政部门属下长期缺少人手对辖区内的社会团体进行管理，更缺乏专门对社会团体进行登记和统计的特定部门。从理论抽象的角度看，Q县非常适合揭示权力干预、结社目的和时间时序三个变量对行业协会自主性的影响。

三 行政体制改革与强政治权力干预下的省市级行业协会

在市场改革之前，国家通过分层级、分部门对企业进行直接管理。这意味着，处于这个时期的企业，既为所属地方层级的"块块"关系掣肘，也被所属部门管理的"条条"关系限制。而始于 1979 年的经济体制改革，其首要目标是将企业的自主性从部门的"条条"限制中解放出来，即所谓"企业放下去，行业拿起来"。可由于此种改革方式从属于"政党—国家"体制系统内部调适，因此，尽管这种调整逾三十年经历了多个阶段，[①] 但由旧有的专业经济管理部门改组过来的行业协会，离改革的目标依然存在差距。

现有很大部分省市级的行业协会，都是通过行政手段自上而下组建的，它们要负担起部门干部安置、部门利益承接的功能。与此同时，部门改革后空置出来的规划、调节、监管职能并没有实现与行业协会的对接，行业内部自律机制的缺位导致了短暂释放出的市场空间被无序竞争、恶性垄断及制假贩假等行业乱象所占据。面对这些新问题，省市政府采取的手段是急忙收回行业协会的自主管理权，将对行业协会管理重新划归到原有的或新组建（合并精简）的政府机构中。比如，一位 A 省某科技信息类行业协会从业多年的专家就回忆道：

> 我们这个协会刚开始的时候全部都是由企业自己搞，管理部门仅仅是以通讯员而不是领导部门的形式进入到协会中的。所有的运作，包括会长、副会长、秘书长等等都是由企业自己弄。由企业牵头，一开始的几年比较乱。当时做秘书长的企业单位（现在已经被踢出去不让它入会了），挂着协会的名义开展览会，而协会赚的钱进了它的腰包。这么做其他企业也很恼火，这样子过了几年，厅里面看着不行，就让处里派以前的科长下去当秘书长。企业也服气了，你想招展，首先得投标，然后再以企业和协会合作的形式办，自此以后，协会才开始能代表行业。

如此一来，新的业务单位管理制实际上使得企业与行业要重新陷入与复杂的"条条"关系的周旋中。值得留意的是，对行业协会提出的"挂靠"主管部门的要求只是社团"双重管理制"中其中一支限制行业协会的力量而已，我们

[①] 对行业协会的发展阶段，学界主要有"三阶段论"与"四阶段论"两种分法。三阶段论以 1982~1992、1993~1997、1998 以后为划分（贾西津等，2004：89—90），而四阶段论主要以国务院四次机构改革的起始时间为为界（1982、1988、1993、1998）（龚禄根，2006：138—140）。本文采用"四阶段"分法，主要是由于有证据表明，政府的机构精简人员的数额与社团发展呈正比关系（王名等，2001：83-89）。

还要考虑另外一支力量——民政部门的登记、考核、评级权力对行业协会的影响。A省某机械类行业协会领导人如此向作者抱怨道：

> 我们协会由机械厅分出来，算是比较老牌的一支，年年评级都是5A……现在不是说要搞社会组织改革，杜绝领导干部兼职，不让离退休干部任职么？他们管理局自己却要成立一个社会组织总会，就让现在还有一年多快退休的××处处长作会长，我去参加它的成立大会，发现与会的大部分都是5A评级的协会……开会就立刻要我们交会费，你说能不交吗？他们说以后这个协会的功能就是负责社团的考核和评级。我现在也在写东西（上报），你说这算什么改革？

无独有偶，另一位A省化工类协会的会长也提及此事，并一再跟笔者强调现在协会的"婆婆太多"——"业务指导部门要听，民间管理局的要听，太多部门都会跑来……今天税务刚刚来查……最近又要搞党组织建设"。

那些在社会主义国家转型有充分建树的大师提醒我们，研究政党—国家的转轨（transition）或转型（transformation），很重要的一点是关注政党—国家前体制特征对改革的后续影响，理清楚官僚制度的自我再生产所产生的体制适应性和强制路径是如何影响进一步改革的（乔纳蒂，2002：88-202；乔纳蒂，2008：66-84；科尔奈，2011：171-187）。实际上，历经数次分权和放权改革后，现实中的行业协会在行动中依然免不了和庞大的政党—国家金字塔式的科层系统产生各种联系，这里所涉及的官僚机构并不仅限于其业务指导单位，它们都在很大程度上制约了协会的行动、影响其利益的实现，并在不同程度上造成行业协会对政府部门的组织资源依赖，[①] 以及对旧有计划经济体制与行政管理体制的路径依赖（孙春苗，2010：91-94）。这种现象广泛存在于国家级（马秋莎，2007：135-137）与省级（贾西津等，2004：197—207）的行业协会中。面对这种情况，行业协会要想获得自主性，必须先努力争取政府的信任：

[①] 这些资源包括经费、人事、办公场所、治理能力、领导人等。

不可能完全摆脱政府的影响，要让他们敢于放手给我们干，必须先把他们交给我们的事干好，无论是公家的还是领导私人的，只有这样，政府觉得你没有问题，有时候才会睁一只眼闭一只眼，对你少一点干预。

如果仅根据国家和省市级行业协会的案例研究，我们可能会倾向于统合主义的论调：一方面，行业协会的产生很大程度受国家机构与部门管理改革的影响，这就造成一些行业协会仅仅成为政府部门转移旧有组织资源与组织制度的对象（马秋莎，2007）；另一方面，虽然行业协会发展是政府主动让渡市场与社会空间的结果（贺立平，2007），但是在现行的社团管理制度下，行业协会的指导与挂靠单位垄断了大量的行政审批权，这些权力很大程度上代替了很多协会的自主治理功能，为行业协会在这些新空间的自主性行动造成障碍。两者共同导致了行业协会对原制度的路径依赖。接下来作者将主要从基层政治制度运作与制度机构沿革入手，阐述与更高行政层级的行业协会相比，县级的行业协会在特定政治与社会环境中觅得自主行动空间的差异。

四 层级比较：弱政治权力干预下的 A 省 Q 县行业协会

（一）弱社会监控能力下行业协会的自主性生成

Q 县政府长期都没有专门的行政部门负责社团登记管理工作。事实上，这种现象并非 Q 县所特有，而是当前国家对社会的监控能力难以渗透到地级、县级层面的真实表现。一位 A 省社会组织管理局的局长如此形容了现在基层社团管理人员和编制紧缺的现状：

现在人不够就应付着，对付着。我们这样的架构，省里面还好点。但是地市、县区还空着，没人的。还有48个县区没人。没有局，没有股，没岗没人，或者有岗没人。就是一个人做几件事。基本谈不上管理。只有低底质量登记，只登不管。

Q 县作为行政县成立较晚，这就使得其在机构编制上具有两个"不完整"。在横向历史发展上，相较于其他县区在改革前的机构设置上存在"不完整"；

在纵向垂直管理上，在对应上级社会组织管理机构上存在"不完整"。①

前一个"不完整"，使得Q县行业协会在发展上能从"路径依赖"中解放出来。Q县行业协会的成立目的中没有解决部门改革后人员和架构分流的问题。协会的成立都经历了首先获得社会成员的认可，再不断地依据外部环境调整策略以适应行政与政治合法性的要求的过程。在Q县，业务主管单位对行业协会的"管理"几乎只是名义上的，仅仅是为了在形式上服从现行制度的合法化安排。②

后一个"不完整"，使得Q县行业协会在发展的过程中相对远离了行政力量的介入与管控，能够按照行业的意愿发展业务和会员，并依据行业内部情况在相对较长的时间段内逐渐形成行业矛盾的自我调节机制与协会内部自治机制。比如，Q县的房地产行业协会在实践过程中，就逐步建立了会长任期制与监事会审议制用以制约会长过大的权力和保证财务问题的透明公开。当2009年Q县房地产行业遇到销售危机时，部分房地产商压价售房差点引发整个行业卷入低价竞争的风波中，这时候行业协会启动内部集体谈判，使得Q县房地产售价稳定下来。

以企业结社的方式规范市场、治理行业，无论对政府部门还是市场部门来说都是新兴事物，因此，在实际运作过程中出现欺行霸市、垄断、协会私人化的现象不足为奇。不同的是，在基层，政府的行政干预和监管力量的缺失反而使得行业协会在时间和空间上能较充分地累积经验进而做出自我调整，但在更上一级层面，政府对社团的管控能力不仅非常强且由于"怕出问题"，往往协会一出现治理危机就急于取消它们的资格。行业协会既"不知道如何做才能符

---

① 在省级社会组织管理上，有登记一处，负责社团的登记；登记二处，负责资金会、民办非企业单位的等级；执法综合管理处和社会组织党委办公室，3个牌子合共33个编制，但在县级，要找到对应以上机构的责任人是非常困难的。

② 正如迪马吉奥和鲍威尔（2010：6）所言，在中国很多场域中的组织，会使自己仪式性地遵从外部要求，去保障自己的核心活动。举例来说，那些在A省出台行业协会管理条例以前成立的Q县行业协会，不断地通过更改名讳以适应制度变迁下新的行政与政治合法性要求，比如它们不少本来的名字是"Q县××商会"，首先挂靠在县工商联之下，而后又在"商会"二字前增添了"行业"两字变成"Q县××行业商会"，以服从制度上业务主管单位对协会的管理要求，直到新的行政条例出台，才更名为"行业协会"。在2012年A省开展"去行政化"改革之前，政府官员也会在行业协会担任领导职务，但不过是协会为了更好地在仪式上服从既有的合法性要求而采取的措施。

合社团管理部门的要求",也缺乏时间和空间摸索出实现内部有效自治的发展路径。同样是房地产类协会的从业者,B市房地产中介协会的会长对B市的社团管理就颇有微词:

> (局里的)登记处管生孩子,执法处管杀人,却没人管养孩子,那个(执法处的)××,他成天忙,我问他忙啥?他就说忙着去当恶人,他两年不到就干掉五六十个了,我说不能光杀,我们这些人得要指导指导,我们到底该怎么做呢?哪里做得不好,我们怎么做好得告诉我们啊,不能光是杀孩子,就不养孩子,他说我得杀完了再养。

与此相反,Q县的行业协会在不依赖社团管理者指导意见的条件下,在社会管理统合力量进入到他们的场域之前,就依靠自身的多年实践形成了自己相对成熟的自治架构和行动模式。积极投身于行业协会的企业主成为社团管理的"能手"。而直到2012年,Q县才有正式的政府社会组织管理股,但此时相较于"社团—社会"的自我治理能力,"政府—社会"的外部治理能力因缺乏经验的累积却俨然变成"新手"。面对这个局面,政府也不好太多地介入行业协会的运作——"几个(行业协会)都发展得都不错……我们(社会组织管理股)也不会干预,也不知道怎么做,让它们自由发展比较好"。

(二)基层官僚政治目标与行业协会的活动空间

Q县的社会组织管理股于近年才成立从一侧面反映了Q县政府对社会组织领域的发展并不重视。甚至乎,政府对属地社会组织的发展现状是缺乏了解的。实际上,如果不是2012年为了完成上级"行业协会去行政化"的任务,Q县民政机关也不会对辖区内的行业协会情况进行摸底调查(这些调查仅仅包括工作人员、指导单位、会长、协会办公地址等最基本的信息)。而在一次私底下与Q县某县委书记的闲聊中,当他得知笔者是来调查行业协会与社会组织情况时,他说道:"你和这里的人聊什么发挥社会组织的功用,他们根本是不可能懂的,我们这个地方还没怎么(经济)发展,社会组织没到它有用武之地的时候。"

在当前干部目标管理制度下,根据对不同目标的激励与惩戒安排,官员往往很理性地按照轻重缓急分配自己的工作任务与工作重心。在Q县"县级单位及镇级党政领导干部评价指标体系"的文件中，经济发展就占了考评权重的35%，而在权重43%的社会发展的板块里，计生和信访分别占了考评指标的15%和12%，在这模块中也无任何有关社团管理的目标内容。因而，在现行目标考评制度的塑造下，官员们在工作中自然更倾向于"抓住经济发展的主动权"而不是"社团发展的主导权"。

基层官僚对行业协会的忽视为行业协会扩宽行动空间赢得了机会。与其说Q县政府官员对社会组织"不重视"，不如更准确地是说，他们并无强烈意愿对行业协会进行"领导"。例如，即使在行业协会依然需要有行政力量为其合法性发展保驾护航的时候，Q县交通运输协会的会长只是一名交通局里级别很低的站场站长，这位站长对协会的具体运作也知之甚少，"不清楚，我不是企业的人，协会的事都是他们处理"。

Q县政府官员在认识上并不视社会组织的发展壮大对执政是种威胁，无论是属地的党政领导，还是官僚部门，都更重视属地与本部门相关领域的经济发展问题，地方GDP发展、税收甚至各种预算外的收入等方面都极大依赖于各产业的发展与供给，政商关系更接近于相互为利益的联盟。这在某种程度上为Q县的行业协会在维护行业权利、表达行业诉求时能从容地动用各种社会资源与政府博弈提供了政治空间，也为行业协会抵御部门权力的干预提供了更多的可能性（黄靖洋，2014）。

（三）制度变革对两种自主性发展路径的影响

上文根据调查材料概括出两种行业社团发展自主性的路径，在省市层级，行业协会更强调发展政治信任来获得组织的自主性，而在县的层面，组织自主性的获得来自协会主动拓宽社会参与治理的空间。通过观察以上两种发展路径对A省于2011年开始的在全省推动的行业协会"去行政化"改革的应对，能够进一步解释组织自主性的深刻差异。

在省市层级，制度变革过程遭遇了政府与社会抵抗的双重阻力。政府"不想放"和社会"不愿改"并存。一些在旧管理制度下具备一定社会功能、承担部分政府职能的行业协会在去行政化后将面临资源与合法性缺乏的两难困境。某些行业协会本来主要是为政府提供定向服务，当行政力量撤离时，运作资源难以自给，缺少了政治身份上的支持，行业协会无法根据组织目标开展有效的活动，更难以像以前依托政治信任拓宽政治关系网来制造政策影响力以吸引企业参与协会活动；某些行业协会在与外省进行业务交流与经济合作洽谈时，由于其他省份并未如 A 省开始大刀阔斧地进行社团管理体制改革，按照它们的行事逻辑行业协会的活动要得到"上级机关"的合法化证明，但在 A 省行业协会管理新的制度环境下，部分业务指导部门已不再进行协会活动的行政审批，"指导单位不愿意像过去那样为协会盖公章，它们说不符合规定"，遭遇制度困境的行业协会自己也开始拒绝变革，甚至希望"发函件要求政府重新将它们管起来"。

Q 县行业协会的行动与业务范围没有超过省域，因此他们没有省、市级协会跨省行动的组织合法性的限制性困扰，不会遭遇制度之难题；其次，Q 县行业协会的自主行动能力虽然有强有弱，但总体而言协会都是由企业主自发自愿结成，它们更希望自己是一个更具行业企业代表性的组织，政府部门人员进驻协会很大程度是为了满足行业协会管理制度改革之前对协会的合法化的要求，行政介入协会的力量实际很薄弱，协会在行业协会短暂的发展过程中也尚未形成太多官员私人化的"裙带收益"，形式上维持"行政化"或"半官僚化"的行业协会并不给官员带来更多的利益，反倒会恶化部门与企业行业的关系。所以，行政乐于从组织撤退，而这个过程也并未对协会实际运作产生太大影响。

五　行业的结社动机与协会自主发展的后续能力

上文的研究揭示了，对比靠上的行政层次，县级的行业协会一般都有从"取得社会合法性——获得行业成员的认可"，再到"获得行政与政治合法性——服从制度管理"与"获得政府部门的同意"这样的发展逻辑。但要探索不同协会具有不同自主性的因由，除组织特性、外部经济社会环境、政治空间和领导者等因素外，必须细究企业主的结社动机。即是说，以何种目的成立协会可能会影响到协会本身发展的演进逻辑与能力建设。以此为分类，笔者将 Q 县行业协会区分为以维护权益为导向、以信息共享为导向和以象征资本为导向三种。

（一）以反映行业诉求为导向的行业协会

初始成立目的为反映行业诉求的协会要求组织在一开始的时候就具有相对

较强的内部动员能力与治理能力，一般这类协会成员的参与感都比较强，[①] 相应地在后续发展中，这些协会对行业利益的反应都比较灵敏，能够形成有关协会成员共同利益的公共意见，内部治理的制度与架构也能起到实际作用，而不仅是一种仪式上的摆设。以 Q 县房地产协会为例，其成立目的有明确的行业利益诉求。企业主们希望通过成立组织对市气象部门施压，以降低其部门子公司高于市场价格的防雷设施检测费用（由于只有该公司得到政府的授权承认与检测许可，实际上该公司就垄断了辖区内所有设备的检测权）。经过协会成员多年的努力，他们的目标得以达成，而房地产协会也在以后的发展中成为一个以"维护行业权益"为主要宗旨的协会。并在近几年，陆续对准供电、电视、税收、消防等几个部门进行相应的行业游说。因此，对比那些更强调自己是"政府与企业间的纽带"的协会，房地产协会的领导者和会员们更强调自己是"民间协会"，主要"为企业反映诉求和谋取福利"。

（二）以信息共享为导向的协会

它与主动倡导维护行业利益为出发的协会的差异在于，这类协会的成立目的并不是挑战或改变相关部门的既有政策或行为，而是根据政策大环境下政府的行动方针，使政策信息经由协会共享到每个成员，也使反馈信息及时进入政府。协会通过参与和配合政府的发展规划以获得自身的利益与发展。Q 县的旅游协会就是典型一例。Q 县于"十一五"规划起始就提出"旅游强县"的目标，而 Q 县的旅游业从业者看到政策扶持之下行业更进一步向前的契机，Q 县政府也有意通过整合旅游业的资源与力量实现产业提升与经济发展，Q 县旅游协会在此背景下应运而生。Q 县旅游协会的主要业务是联合业内企业，与政府合作进行 Q 县旅游品牌的宣传、布展与展示，吸引外地旅行团进入与从业者投资。与以行业游说为宗旨的组织不同，共享型协会的行业利益实现并不通过与政府部门进行"讨价还价"获得，而是依靠政府的政策倾斜与行动支持来实现，它们更强调向协会成员"融贯"与"灌输"政府最新关于行业发展的政策信息，与不同从业企业市场信息的"交流"与"分享"。由于 Q 县旅游业的发展规划的主要决定权与开放权在政府手中，企业主更倾向于尽力在既有政策中掘取政策红利，而较少向政府部门提出自身的要求与诉求。

[①] 用协会自己的话说，"如果你说我们是帮政府干事的，大家的积极性就可能差点，但你说我们成立的目的是向政府反映诉求的、要债的，大家当然都会参与进来"。

(三) 以获取象征资本①为导向的行业协会

这类行业协会的成立并非由于外部的刺激促使行业内部产生某种集体性的利益诉求，而仅仅是因为"现在有这样的制度可以让行业组织协会，先组织起来看看，以后真要起作用也有组织"，或者是企业主希望通过协会的名衔和活动装点自己的"脸面"。② 这类协会虽然有组织架构和内部治理制度，但一般都是不起作用的"空架子"，协会开展的活动很少，会员的参与度很低，对协会的发展方向很迷茫，无法生产协会成员的共同意见。当笔者对这些协会的活动形式进行调查时，发现这类协会只是"开了几次茶话会和碰头会"，企业主们对行业的发展还没有太多实质的建议与要求。

六 讨论与结论：跨行政层级比较中的行业协会自主性

可见，无论是哪个层级企业主的结社行为，都很难通过多元主义—奥尔森式集体行动理论（Olsen，1965）或是经典的统合主义理论（Schmitter & Lehmbruch，1979）得到充分的解释。研究者观察到Q县的行业协会，按照分类类型都属于"自下而上"组织的协会，其成立目的都是基于行业成员的需要，但不同组织成员希望获得的公共产品类型不同。只有那些自下而上且初始行业成员以反映诉求为结社目的的经济社团更形似于利益集团，成员行动更接近于奥尔森式的集体行动逻辑。这种行业协会由于一开始的目的在于维护行业利益，要求组织在初创阶段就要具备一定的动员能力。若沿着这条道路发展，它们就会在议价与游说的行动中逐步自我强化自主治理能力以争得更大的政治空间。但其他类型的行业协会，在结社之初并不侧重建立协会的"利益表达"制，使得在后续的组织发展中，成员没有太强的动力去开发自主治理能力。

---

① 象征资本是布迪厄（Pierre Bourdieu）提出的概念。意指那些可以在实践变换成经济收益或物质资本的虚拟资本积累形式，包括面子、关系、名声、信用等。
② 有行业协会从业者直接点出企业主的结社动机，"有了利以后就需要名，名也可能进一步带来利，协会能办成什么事可能是其次，关键名片上多几个头衔，别人看你的眼光也不一样"。实际上，大部分行业协会都非常强调象征资本的作用，"政府找我们要赞助，我们得发动企业，那可以给到企业什么呢？就是给机会让企业和领导合照，现在不都讲像经济嘛。"在很多行业协会的从业者看来，协会是否能使企业主接触到官员也是一个提高会员认可度和参与感的方式，因为这意味着"这个协会有很多渠道，能办成事"。

省市层级"自上而下"或"上下结合"组织的行业协会，其成立目的是出于控制市场秩序和提高行业影响力。但由于行政主导和嵌入的力量非常强，协会与政府间并非是平等的博弈关系，经济社团与政府间也没有成建制的协议，组织的自主性和对政府政策的影响更多来自于政治关联和政治代理，因此，组织对行业的利益只是"有限代表"，也不完全符合统合主义的运作逻辑。

本文以制度主义为视角，发展出一套框架解释不同层级政府对行业组织自主性发展形态的影响机制（见图1）。对于较高的层级或经济已经得到相当发展的地方政府而言，良好的经济发展基础使其并不需要再将所辖地区视为"地方公司"来进行经营，而会更关注众多行业协会对地方政府带来的管理上的挑战。因此，为了获得政府对组织自主活动的允许与支持，这个层级的行业协会倾向于服从政府的制度控制，通过使政府和官员信任其行动来发展组织的自主性。在本文探讨的欠发达的县级地区，更好的经济绩效仍然是基层政府的首要追求，因此，政府会适当放任行业协会的自主发展。在这个条件下，企业与行业的结社动机就成为组织发展后续社会能力重要的影响因素。那些在结社初期力图把自己发展成政策"游说"团体的行业协会比其他组织能培养出更稳定的社会自治能力。

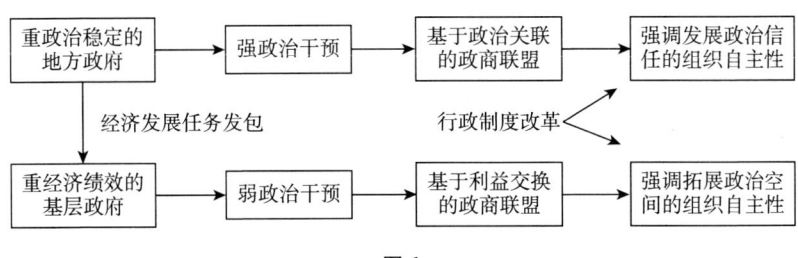

重政治稳定的地方政府 → 强政治干预 → 基于政治关联的政商联盟 → 强调发展政治信任的组织自主性

经济发展任务发包　　行政制度改革

重经济绩效的基层政府 → 弱政治干预 → 基于利益交换的政商联盟 → 强调拓展政治空间的组织自主性

图1

从不同层级行业协会所处的制度变迁时空位置上看：在省市层级，行业协会作为一个为实现行政制度改革安排的制度装置而存在。因而，如本文第三和第四（三）部分所论述的，这个层级的行业协会在制度变迁中不断地再生成对原制度的依赖。可对一个县级后发展政府来说，制度变革后的制度安排恰恰是其新一轮制度变迁的起点。如本文第四部分所呈现的，行业协会在基层失去了原本推动行政制度变革的制度装置的功能，却为企业所利用来谋取行业自身的利益。在时机上，企业群体率先占据了这个政治空间，而基层政府与上级政府相比，缺乏权力与激励去干预社会，使得其进入协会治理的场域太迟。行业协会通过不断拓展政治空间获得行业自主性，而使得本来已经羸弱的基层政治权力更难获得行业协会治理中的竞争优势，部分行业协会遂成为难以被党政力量充分支配的协商力量。尽管文章的发现是否能推而广之还有待检验，但本文的意义更可能在于主张一种分析社团组织多样性的研究思路，提醒研究者更多关注社会组织发展的层级差异和地区性差异的问题。

参考文献

陈玲（2011）：《制度、精英与共识：寻求中国政策过程的解释框架》，北京：清华大学出版社。

邓宁华（2011）：《"寄居蟹的艺术"：体制内社会组织的环境适应策略——对天津市两个省级组织的个案研究》，《公共管理学报》。

狄忠浦（2015）：《政治改革前景的考察——捕捉中国实证研究中的政治与经济变量》，载寇艾伦、高敏、李侃如、墨宁编，《当代中国政治研究：新材料、新方法和实地调查的新途径》，北京：中国社会科学出版社。

高丙中（2005）：《社会团体的合法性问题》，《中国社会科学》，（4）。

龚禄根主编（2006）：《中国社会中介组织发展研究》，北京：中国经济出版社。

郝诗楠、唐世平（2014）：《社会科学研究中的时间：时序和时机》，《经济社会体制比较》，（2）。

黄冬娅（2013）：《企业家如何影响地方政策过程——基于中国中心的案例分析和类型建构》，《社会学研究》，（5）。

——（2014）：《私营企业主与政治发展：基于市场转型中的私营企业主的阶级想象与反思》，《社会》，（4）。

黄靖洋（2014）：《"间歇式亲和"：基层政府与行业组织关系研究——基于Q县田野调查的分析》，《社会建设》，（2）。

贺立平（2007）：《让渡空间与拓展空间——政府职能转变中的半官方社团研究》，北京：中国社会科学出版社。

黄晓春、嵇欣（2014）：《非协同治理与策略性应对——社会组织自主性研究的一个理论框架》，《社会学研究》，（6）。

江华等（2011）：《利益契合：转型期中国国家与社会关系的一个分析框架——以行业组织政策参与为案例》，《社会学研究》，（3）。

贾西津等（2004）：《转型时期的行业协会——角色、功能与管理体制》，北京：社会科学文献出版社。

罗家德等（2013）：《自组织运作过程中的能人现象》，《中国社会科学》，（10）。

马秋莎（2007）：《比较视角下中国合作主义的发展：以经济社团为例》，《清华大学学报（哲学社会科学版）》，（2）。

宋程成等（2013）：《跨部门协同中非营利组织自主性的形成机制——来自政治关联的解释》，《公关管理学报》，（4）。

孙春苗（2010）：《论行业协会：中国行业协会失灵研究》，北京：中国社会出版社。

托尼·赛奇（2009）：《盲人摸象：中国地方政府分析》，载杨雪冬、赖海榕编，《地方的复兴：地方治理改革30年》，北京：社会科学文献出版社。

王名、孙春苗（2009）：《行业协会论纲》，《中国非营利评论》，（1）。

王名等（2001）：《中国社团改革》，北京：社会科学文献出版社。

王诗宗、宋程成（2013）：《独立抑或自主：中国社会组织特征问题重思》，《中国社会科学》，（5）。

王诗宗等（2014）：《中国社会组织多重特征的机制性分析》，《中国社会科学》，（12）。

王诗宗、郁建兴（2011）：《治理的中国适用性：一种新的分析路径》，载余逊达、徐斯勤主编，《民主、民主化与治理绩效》，杭州：浙江大学出版社。

汪锦军、张长东（2014）：《纵向横向网络中的社会组织与政府互动机制——基于行业协会行为策略的多案例比较研究》，《公共行政评论》，（5）。

吴军民（2005）：《行业协会的组织运作：一种社会资本分析视角》，《管理世界》，（10）。

余晖（2002）：《行业协会及其在中国发展——理论与案例》，北京：经济管理出版社。

郁建兴、高翔（2012）：《地方发展型政府的行为逻辑与制度基础》，《中国社会科学》，（5）。

周黎安（2008）：《转型中的地方政府：官员激励与治理》，上海：上海人民出版社。

张汉（2014）：《"地方发展型政府"抑或"地方企业家型政府"？——对中国地方政企关系与地方政府行为模式的研究述评》，《公共行政评论》，（3）。

张华（2015）：《连接纽带抑或依附工具：转型时期中国行业协会研究文献评述》，《社会》，（3）。

张沁洁、王建平（2010）：《行业协会的组织自主性研究：以广东省级行业协会为例》，《社会》，（5）。

〔美〕保罗·皮尔逊（2014）：《时间中的政治：历史、制度与社会分析》，南京：江苏人民出版社。

〔美〕蔡欣怡（2013）：《绕过民主：当代中国私营企业主的身份与策略》，杭州：浙江人民出版社。

〔美〕李成编（2013）：《中产中国：超越经济转型的新兴中国中产阶级》，上海：上海译文出版社。

〔匈〕玛利亚·乔纳蒂（2002）：《转型：透视匈牙利政党国家体制》，长春：吉林人民出版社。

〔匈〕玛利亚·乔纳蒂（2008）：《自我耗竭式演进：政党—国家体制的模型与验证》，北京：中央编译出版社。

〔匈〕雅诺什·科尔奈（2011）：《后社会主义转轨的思索》，长春：吉林人民出版社。

〔美〕沃尔特·W. 鲍威尔、保罗·J. 迪马吉奥主编（2008）：《组织分析的新制度主义》中文版序言，上海：上海人民出版社。

Krug, B. & Hendrischke, H. (2008), "Framing China: Transformation and Institutional Change through Co-revolution", *Management and Organization Review* 4 (1).

Chen, J. & Dickson, B. J. (2010), *Allies of the State: China's Private Entrepreneurs and Democratic Change*, Harvard University Press.

Lu, Y. Y. (2009), *Non-Governmental Organizations in China: The Rise of Dependent Autonomy*, London and New York: Rouledge.

Olsen & Mancur (1965), *The Logic of Collective Action: Public Goods and the Theory of Groups*, Cambridge (Mass): Harvard University Press.

Schmiter et al. Eds (1974), *Trends toward Corporatist Intermediation*, London, Beverly Hills: Sage.

Vivienne & Shue (2004), "Legitimacy Crisis in China?", in Peter Hays Gries & Stanley Rosen (eds), *State and Society in 21st Century China*, London and New York: Rouledge.

Waarden, et al. (1992), "Emergence and Development of Business Interest Associations: An Example from the Netherland", *Organization Studies*, 13: 521.

Zhu, T. T. (2015), "International Context and and China's Government-Business Relations", *Economic and Political Studies*, Vol. 3, No. 2.

Political Power Intervention, Motivation of Enterprise Association and Autonomy of Trade Associations

—A Comparative Study of Cross-level Cases

Huang Jingyang

[**Abstract**] This article reexamines the factors that influence the autonomy of trade associations through a comparative study of the development of the trade associations at the provincial, municipal and county levels. This research focuses the analysis more on the timing of acquisition of political space and social capability by the trade associations at all levels and the importance of such timing in institutional change. The research finds that the political power intervention and the motivation of enterprise association jointly shape different mechanisms governing the autonomy of trade organizations. At the provincial and municipal levels, the autonomy of trade associations depends on the government's trust in them; the observation that independence is exchanged with autonomy is true to fact; but at the lower levels, the grassroots government allows space for autonomous development of the trade associations, among which the associations set up to defend the trade's interest are more capable of social autonomy.

[**Keywords**] Political Power, Association Motivation, Trade Association, Autonomy, Temporal Sequence

(责任编辑: 郑琦)

非营利组织参与社区建设比较案例研究

——以北京绿十字和匹兹堡 BGC 为例

张远凤　张君琰　许　刚[*]

【摘要】 在快速工业化和城市化过程中,我国的乡村凋敝问题日益严重,新农村建设成为基本国策,在"政府主导、农民主体、社会参与"原则指导下越来越多的社会组织参与到新农村建设之中。20 世纪 60 年代以来,美国在后工业化时代的产业转型过程中,出现了严重的城市社区衰败问题。非营利性的社区发展公司在这些社区的重振中发挥了关键性作用,并形成了社区建设的公私伙伴关系模式。本文从中美两国各选取一个在社区建设方面具有代表性的非营利组织——北京绿十字和匹兹堡的布隆菲尔德-加菲尔德公司,从这两个组织的创立背景、与社区及合作伙伴的关系、治理结构、资金来源、运作方式及问责机制等角度,对中国政府主导下社会参与模式和美国的公私伙伴关系模式进行比较研究。最后总结分析两国非营利组织参与社区建设的异同之处,并探讨美国经验对我国非营利组织参与社区建设的借鉴意义。

【关键词】 社区治理　新农村建设　社区发展公司　非营利组织

---

[*] 张远凤,中南财经政法大学公共管理学院教授,湖北省城乡社区社会治理协同创新中心研究员;张君琰,中南财经政法大学公共管理学院研究生;许刚,中南财经政法大学公共管理学院研究生。本文得到国家社会科学基金资助（项目编号：14BZZ069）。

公私伙伴关系　北京绿十字　Bloomfield-Garfield Corporation

一　导论

随着工业化和城市化的快速发展，我国的乡村凋敝问题日益严重。2005年以来，新农村建设成为我国的基本国策。在"政府主导、农民主体、社会参与"原则指导下，越来越多的非营利组织（在我国又称社会组织）参与到新农村建设之中。在探索新农村建设路径的过程中，我国非常重视研究借鉴其他国家的经验，尤其是日本与韩国的经验（曲文俏、陈磊，2006；金英姬，2006；张婉，2008；谭海燕，2014），但对美国经验研究却很稀少。这可能是因为美国制度和文化与我国的差异太大，较早完成了工业化，没有经历过与我国可比意义上的农村建设问题，难以进行比较借鉴。然而，如果换一个思路，单从社区建设的角度来看，美国经验仍然可以给我们一些有益的启示。

20世纪60年代以来，美国进入后工业化时期，经济和社会转型带来了严重的城市社区衰败问题。在政府和市场主导模式失灵之后，社区主导模式逐渐兴起。自1965年约翰逊总统提出"伟大社会"和"向贫困宣战"的口号以来，全美各地在社区自治的传统基础上进行制度创新，建立了大量非营利性的社区发展公司（Community Development Corporations，CDCs），通过与政府和其他部门的广泛合作，有效缓解了社区衰败的问题。

本文是探索性比较案例研究。两个案例都是成功案例。中国案例选的是北京绿十字（Beijing Green Cross），这是笔者长期关注的一个致力于环保和乡村建设的社会组织，在农村社区建设方面卓有成就，是乡村建设领域具有较强专业能力的社会组织代表。美国案例选的是匹兹堡的布隆菲尔德－加菲尔德公司（Bloomfield-Garfield Corporation，以下简称匹兹堡BGC或BGC），是美国社区发展公司中的典型代表。笔者于2014年在美国访学期间对其进行了调查研究。有趣的是，这两个组织的英文简称都是BGC。本文首先介绍了中美两国非营利组织参与社区建设的背景，然后分析两个组织的基本情况，接着对两个组织代表的两种不同参与模式——北京绿十字代表的"政府主导下的社会参与模式"和匹兹堡BGC代表的"社区主导的公私伙伴关系"进行了分析，最后是结论和讨论。尽管很难说窥一斑而见全豹，但通过对这两个典型案例的比较研究，结合其产生的背景和原因，分析它们所代表的两种模式的异同之处，还是可以揭示出一些基本规律，找到美国经验对促进我国非营利组织参与社区建设的借鉴意义。

本文主要采取文献研究和调研访谈的方法。文献除了学术文章之外，还包括两个非营利组织的内部资料及其官方网站上的信息。北京绿十字的资料还包括其创始人和负责人孙君的工作日记及其近年来出版的一系列著作，如"新农村建设丛书"——《五山模式》和《农道》。笔者实地调研了北京绿十字及其工作的襄樊市堰河村和信阳市郝堂，匹兹堡 BGC 及其服务的布隆菲尔德社区、加菲尔德社区和友谊街社区；访谈了北京绿十字负责人孙君、堰河村与郝堂村的部分村干部和村民，五山镇和平桥区的部分政府官员，匹兹堡 BGC 的 CEO 理查德·斯沃茨（Richard Swartz）以及匹兹堡市前副市长托马斯·考克斯（Thomas Cox）先生。如无特别说明，文中未加注释的数据来自北京绿十字和匹兹堡 BGC 的内部文件和访谈内容。

二 案例背景

美国具有社区自治的历史传统，社区发展公司是 20 世纪 60 年代以来在这一传统基础上进行的制度创新。发展至今，社区发展公司的治理结构和组织管理已相当成熟，配套支持体系也相当完善，在提供社区服务、参与公共政策、培育社会资本等方面显示了独特的价值（程又中、徐丹，2014）。

改革开放以来，我国社会组织迅速发展，在教育、健康、社会服务以及农村发展等各个领域发挥着越来越重要的作用。面对农村社区在工业化过程中所处的困境，越来越多的社会组织参与到新农村建设之中。但与美国的社区发展公司相比，我国社会组织的力量和作用还十分有限。

（一）中国社会组织参与农村社区建设的背景

改革开放以来，我国农村人口以每年约 1% 的速度向城市转移，很多村庄人口减少、田地抛荒，逐渐趋于衰败。同时，由于城乡二元发展格局的影响，无论是从收入、基础设施还是公共服务等方面来看，城乡之间都存在巨大差距。2005 年，党的十六届五中全会确立了"建设社会主义新农村"的战略，政府加大了对新农村建设的投入，农村社区建设进入一个快速发展的新时期。

新农村建设涉及包括政府（包括中央政府、地方政府和基层政府）、社会力量、农村精英及普通农户等结构复杂的利益群体，客观上这些群体必须共同参与才能完成这项重要的国家战略（温铁军，2010：60）。社会力量主要有四类，一是高校及科研院所的研究人员，二是志愿者，包括大学生志愿者和其他志愿者，三是企业或资本下乡，第四类就是社会组织，如晏阳初乡村建设学院、梁漱溟乡村建设中心（温铁军，2010：261）。本文中的北京绿十字就属于第四类社会力量。作为乡村的外来力量，各种社会力量所起的作用及其作用方式都是不同的。研究人员往往缺乏实践操作能力，志愿者由于时间和精力所限，它们所起的作用一般局限于培训服务或短期项目。资本下乡不是本文讨论的范围。社会组织是社会力量中最具有专业性和公益性的主体，它们最有可能在新农村建设中发挥更大作用。但是社会组织参与社区建设的法律和制度环境尚不成熟，参与方式也还在探索过程之中（许远旺、卢璐，2011）。不过，现有非营利组织参与社区建设的成功案例表明，它们有助于建立良好的村庄公共空间，促进村庄全面协调发展（任怀玉，2011）。

"政府主导、农民主体、社会参与"是当前指导我国新农村建设的基本原则，政府处于强势主导地位，农民主体成为新农村建设的重点和难点，而社会参与成为一个新的亮点。当代中国农村由70多万个行政村组成，在废除人民公社体制之后，"乡政村治"成为国家治理乡村的方式。乡镇成为国家设立在乡村的基层政权，依法对乡村实施行政管理，乡镇以下实行村民自治（徐勇，2006）。实际上，新农村建设政策实施过程中，地方政府尤其是县市和乡镇干部扮演组织者和领导者角色（Schubert et al.，2012），村两委是具体实施者，社会组织居于辅助地位（滕玉成、牟维伟，2010）。

在上述乡村治理格局下，我国新农村建设在城市化理念主导下快速推进。政府将城市建设的思维延伸到农村，采取了"大拆大建"的做法，上百万自然村落被拆毁，取而代之以各种城市化的新型农村社区。由于缺乏对农民权利的尊重和保护，以及对生态环境和传统文化的破坏，这种模式招致了激烈批评。连一位外国记者都充满惋惜地说，中国的快速城镇化意味着村庄这个中国历史文化和传统的根脉将会很快消失不见（Johnson，2014）。

2003年以来，北京绿十字，一个以乡村建设为使命的社会组织，在实践中摸索总结出一套称之为"农道"的方法，坚持"把农村建设得更像农村"的理念，在湖北、河南、四川、山东等地参与多个乡村建设项目，通过与地方政府和村民合作，实现了村庄生产、生活和生态环境的协调发展。

(二) 美国社区发展公司重振城市社区的背景

在美国，社区传统上属于居民自治的范畴（郑晓东，2008），在市、县、郡以下就是社区。社区不是美国地方政府的下属部门，无论是联邦政府还是地方政府都没有权力直接干涉社区事务。非营利组织一直是社区治理的重要主体（谢芳，2009；张远凤、赵丽江，2011）。20世纪60年代以来遍地开花的社区发展公司就是这种自治传统的延续和创新。

20世纪60年代美国步入"富裕社会"，同时也开始进入后工业化时期，重工业和制造业逐渐衰落，金融、医疗和教育等服务业兴起。在产业转型大潮中，大量传统产业工人失业，沦为城市贫民，种族矛盾也有所激化。与此同时，中高收入居民迁往郊区，穷人和黑人流入中心城市，致使一些传统的工业城市税源枯竭，财政困难，社区逐渐凋敝（Harington，1962：1），很多社区失业率升高、人口减少、房屋空置、物业贬值、犯罪率上升（夏建中，2010）。在这种情况下，约翰逊总统于1965年提出了建设"伟大社会"和"向贫困宣战"的口号，随后国会通过了一系列立法并设立了相关机构，帮助贫困社区重振经济和恢复活力。

非营利性的社区发展公司就是在这样的背景下建立起来的（谢芳，2009：43）。起初，这些组织80%的经费都来源于联邦政府的拨款。很多企业和基金会也为它们提供了资金和技术援助。比如，1979年福特基金会和其他六家公司一起成立了地方创新支持公司（Local Initiatives Support Corporation，LISC），迄今为止LISC仍然是美国最大的社区支持机构。到了20世纪80年代，里根政府倡导民营化，削减了对地方的资助，使得大多数社区发展公司不得不寻找新的资金来源，包括州和地方政府以及私人基金会的拨款或合同，企业和个人的捐助资金，以及利用资本市场进行融资等等（谢芳，2009：47）。全美现有4600个社区发展公司（马秀莲，2014）。

社区发展公司确立了非营利组织在美国社会政策和复兴贫困社区中的主导性角色（commanding role）（Lubove，1996：95）：开发住宅为社区居民提供保障房，减缓社区人口下降速度；开发商用不动产将资本留在社区以促进就业；提供面向青少年的服务、家庭服务及治安服务等多种社会服务以减少青少年犯罪，保障社区安全。总之，CDCs 的服务极大地提升了整个美国的社会福利水平。同时，理事会至少三分之一成员由社区居民组成，保障了社区自治。

匹兹堡的社区发展公司就是在这样的时代背景下产生的，体现了这个城市的历史传统和创新精神。

匹兹堡是美国东北部开发较早的老工业城市。19 世纪末，匹兹堡地区由于丰富的煤、气、油和水资源，催生了采矿、钢铁、机械、食品和化学工业等产业，吸引了成千上万移民来到这里。1950 年代匹兹堡鼎盛时期人口达到 60 多万。然而，这些产业都是高污染行业，到 20 世纪 40 年代，这座城市的空气污染已经严重到中午都要开路灯。在这种情况下，40~60 年代政府和企业合作实施了第一次匹兹堡振兴计划，主要内容包括产业转型、污染治理和基础设施建设。但是社区和普通居民没有机会参与其中，其中一些项目甚至加剧了社区的衰败。20 世纪 70 年代末，经济转型带来社会危机进一步显现，仅仅钢铁业就有 10 万工人失业。转型一直持续到 90 年代，1990 年制造业失去了 15700 个工作岗位（Lubove，1996：255）。为了寻找新的机会，很多人被迫离开匹兹堡市。到 2012 年，匹兹堡市人口减少到 32 万人。

社区状况的持续恶化，最终引起了学界和政府的关注。1973 年，匹兹堡大学社会学系对多个社区包括加菲尔德社区进行了调查，对地方政府进行政策倡导。在联邦和地方政府共同支持社区发展的大背景下，20 世纪 70 年代匹兹堡成立了 30 多个社区发展公司，资金来源于联邦和州政府拨款、匹兹堡市城市再开发局（Urban Redevelopment Authority，URA）发行的债券以及开发项目本身的收入。匹兹堡地区是现代慈善事业和基金会制度的发源地之一，因此，许多企业和基金会也对这些社区发展公司给予了资金和技术上的大力支持。

布隆菲尔德 - 加菲尔德公司就是这些社区发展公司中具有代表性的一个。正如 BGC 的负责人 Richard Swartz 所说，社区发展公司是一个杂交型组织（Hybrid Organization），它一方面摆脱了政府的家长制父爱主义，另一方面又与包括政府在内的外部机构建立了基于社区利益的伙伴关系（Lubove，1996：97）。

三　北京绿十字和匹兹堡 BGC 简介

北京绿十字（Beijing Green Cross）是一个致力于环保和乡村建设的民间非

营利组织，由画家孙君于 2003 年 12 月创办，2004 年 6 月在北京延庆县民政局登记注册，参与了全国各地多个农村社区的建设。匹兹堡 BGC 成立于 1976 年，由当地一位牧师创办，服务于匹兹堡市布隆菲尔德社区。北京绿十字和匹兹堡 BGC 的基本情况参见表 1。

表 1 北京绿十字与匹兹堡 BGC 的基本情况

比较维度	北京绿十字	匹兹堡 BGC
创立时间	2003 年	1976 年
创立背景	工业化和城市化导致的农村社区衰败	产业转型和郊区化导致的城市社区衰败
使命和宗旨	生态、生活、生产相结合，把农村建设得更像农村	促进社区成员参与，改善居民的经济和社会状况
董事会构成	规模：7 来源：来自社区外部，包括 CEO	规模：15 来源：来自社区内部，不包括 CEO
行政负责人	现任负责人：孙君 任职时间：11 年 产生方式：创始人 报酬：不稳定，无具体信息	现任 CEO：Richard Swartz 任职时间：30 年 产生方式：董事会任命 报酬：约 5 万～6 万美元，市场定价
员工与志愿者	全职员工数：7 志愿者：无统计	全职员工数：8 志愿者：75

资料来源：笔者根据北京绿十字、匹兹堡 BGC 网站信息，以及对两家机构 CEO 的访谈信息整理编制。

北京绿十字的创立是非营利组织制度在我国的传播和发展所推动的。1999 年孙君在为北京地球村绘制环保宣传画时，被其环保事业和非营利运作模式所吸引，参与了其在延庆县碓臼石村的环保项目。这个项目由地方政府和北京地球村主导推动，完成得很好。但是，在项目结束之后，随着政府和社会组织的离开，村庄又回到了原来的状态。这个经历使孙君下决心要在以后的项目中以农民为主体，实现村庄可持续发展。为此，他创办了北京绿十字，并把目光投向更为广阔的乡村建设领域。孙君认为，未来中国三分之二的村庄将会实现城市化，但三分之一的村庄会保留下来。这些保留下来的村庄必须要加以改造或重建以适应居民生产生活方式的转变。不应该按照城市化的理念来重建这些村庄，而应该把农村建设得更像农村，实现生态、生活、生产相结合的发展模式，促进经济、社会、生态和文化和谐发展。北京绿十字的具体服务包括：村庄规划设计、村民住房规划设计、村庄清洁、绿色农业等等，同时为地方干部和农民提供相关培训，并帮助村两委组织农民参与村庄建设（孙君，2008；2009；2011）。

北京绿十字的办公室在北京，孙君本人大部分时间在各个项目点工作。董事会成员都是孙君的合作伙伴或朋友，分散于全国各地，一年难得开一次董事会，孙君与董事会成员之间更多是理念上的认同和精神上的支持。在北京绿十字创业之初，孙君及员工都没有稳定报酬，自2007年以后才有相对稳定的工资和社保等福利。北京绿十字的志愿者包括规划设计人员、乡建专家和大学生等等，但具体数量没有统计。

2003年以来，北京绿十字首先成功完成了襄阳市五山镇堰河村的建设项目，其后又参与了汶川地震和雅安地震灾后村庄重建工作，以及湖北枝江、郧县、应山以及山东方城和河南信阳等地的新农村建设工作，取得了卓越成绩。北京绿十字获得"2006年丰田公益奖""2007年福特公益奖"，负责人孙君获得"2007年感动襄阳十大人物""2009年绿色中国十大人物""2013年中国年度时尚人物"和"2014年中国设计年度人物"等多个荣誉称号和奖项。

匹兹堡BGC是典型的社区发展公司，服务于布隆菲尔德社区的三个邻里，即布隆菲尔德（Bloomfield Neighborhood）、加菲尔德（Garfield Neighborhood）和友谊邻里（Friendship Neighborhood）（Toker，1986）。随着匹兹堡地区的工业衰落，布隆菲尔德社区人口持续减少。19世纪末，意大利移民聚居于布隆菲尔德形成社区，被称为小意大利（Little Italy）。布隆菲尔德1980年人口约1万，2010年下降到8400人。友谊邻里在19世纪末由德国移民建立，居民不到2000人。加菲尔德的居民主要是黑人，1970年人口总数为11000人，2012年只剩下5000多人。整个社区非洲裔居民的比例从1980年的35.7%上升到2012年的83.2%。2012年社区贫困人口比例高达42.7%，是匹兹堡市贫困人口比例平均数的一倍。

如果不是BGC这样的非营利组织长期扎根社区、服务社区，这几个社区的情况可能还要更糟糕。施瓦茨（Richard Swartz）从1982年以来一直担任BGC的CEO，其董事会成员主要是社区居民，施瓦茨与董事会关系十分密切。志愿者包括社区居民以及匹兹堡地区的高校师生和其他市民。BGC成立之初主要是与社区的高犯罪率作斗争。自20世纪80年代末以来，发展社区经济成为BGC的工作重心，其主要任务是：维修或翻建社区里空置的房屋，然后以低于市场的价格卖给居民；帮助社区居民创业；在政府协助下招商引资等等。随着社区人口减少出现了很多空置住宅，被从事吸毒、盗窃等活动的犯罪分子利用，成为治安隐患。因此，翻新或重建空置住宅，吸引居民和商业入驻就成为BGC的首要任务。此外，匹兹堡BGC还提供青少年服务、职业培训和卫生保健等服务。经过近40年的努力，社区人口下降趋势逐渐趋缓，治安和就业状况也明显好转，并且吸引了一家大型连锁零售商和一家儿童医院入驻社区，未来前景颇为乐观。

四 案例比较分析

从两个案例各自所处的政治经济社会背景及其组织运作方式来看，北京绿十字是在"政府主导、农民主体、社会参与"这一新农村建设基本指导原则下参与乡村建设的，体现了现阶段中国特色的政府主导社会参与模式。匹兹堡BGC是在美国社区自治传统基础上的制度创新，利用匹兹堡地区非营利部门十分发达的优势，借助联邦和地方政府以及基金会和企业的支持建立的社区发展公司，是美国社区治理中公私伙伴关系模式的典型代表。所谓公私伙伴关系就是指公共部门（政府）与私人部门（企业或非营利组织）之间建立合作关系，来解决公共问题或者提供公共服务。在公私伙伴关系的框架下，公共部门与私人部门是建立在法律和契约基础上的平等伙伴关系（Salamon，2002）。北京绿十字与匹兹堡BGC在社区治理的角色上有一些相似之处，同时又存在很大差别。

北京绿十字与匹兹堡BGC二者规模相当，存在不少相似之处：它们都是在政府大力支持下建立起来的；它们的组织性质相同，都是非营利组织，以服务社区为宗旨，不以营利为目的；它们的工作任务相同，都服务于在经济发展过程中处于不利地位的衰落社区，其任务都是要实现社区复兴；它们面临的困难相似，这些社区本身缺乏资源，需要从外部获得资金和技术支持；它们采取的工作方式相似，都需要与社区相关的多个主体合作，尤其是与政府和居民合作，同时还要建立社会网络动员社会资源。它们都扮演了黏合剂的角色，整合不同渠道的资源并且协调各个主体的行动为社区建设服务。

北京绿十字和匹兹堡BGC尽管存在某些相似之处，但由于政治和社会制度的差异，它们在社区治理中扮演的角色却又不尽相同，具体表现在它们与社区、政府及其他合作伙伴的关系具有不同特点,两个组织在自身的治理机制、资金来源以及透明度与问责等方面都存在明显区别,具体参见表2。

表2 公私伙伴关系模式与社会参与模式的比较分析

比较维度		政府主导下的社会参与模式 (以北京绿十字为例)	公私伙伴关系模式 (以匹兹堡BGC为例)
非营利组织与合作伙伴的关系	与社区的关系	位置:社区的外部合作伙伴 角色:参与者 工作方式:咨询、协调、培训 合作伙伴:村两委、村民	位置:内生于社区,服务于社区 角色:组织者和实施者 工作方式:决策、实施、政策倡导 合作伙伴:居民、其他非营利组织
	与政府的关系	关系性质:辅助地位 合作伙伴:乡镇、县(区)、市政府 任务:合作提供服务,非正式的政策影响	关系性质:平等合作伙伴 合作伙伴:市、县、州、联邦政府及立法机构 任务:合作提供服务,公共政策倡导
	其他合作伙伴	其他非营利机构、规划设计机构、企业、志愿者	相邻社区的非营利组织、社区外部的非营利组织、企业、志愿者
治理机制		董事会成员来自外部,缺乏社区基础 董事会虚设,CEO全权负责 董事会每年开一次年会	董事会成员来自社区,社区基础深厚 董事会负法律责任,与CEO分工合作 董事会每月2次会议,及时沟通
资金来源		政府合同;企业捐赠;基金会拨款	政府合同;基金会拨款;捐赠款;其他方式筹款;经营性收入
问责与透明度		外部审计 民政局年检 政府购买服务合同,非正式的绩效评估 网站披露信息	外部审计 国内税务署(IRS)免税资格审查 正式的绩效合同与问责机制 网站披露信息,行业信息平台披露信息

资料来源:笔者根据北京绿十字、匹兹堡BGC网站信息,以及对两家机构CEO的访谈信息整理编制。

首先,从二者与社区的关系或者外部治理结构来看,北京绿十字是社区的外部合作伙伴,依托社区合作伙伴主要是村两委开展工作。我国新农村建设工作的基本格局是:中央政府制定指导性政策并安排财政资金支持新农村建设,省市依据具体情况制定实施方案,县新农村建设领导小组做出决策、分配资源,乡镇政府指导村两委具体实施各项工作。北京绿十字作为项目合同方以咨询顾问的身份为村庄进行规划设计并协助实施,促进村民与地方政府之间的沟通以及地方政府各部门之间的协调,整合新农村建设资源,维护合作关系。

匹兹堡BGC则是社区内部建立起来的非营利组织,美国市、县、郡以下就是社区，社区内部没有村两委一类的行政性组织，只有BGC这类提供单一或多种服务的非营利组织，BGC是社区建设的组织者和领导者，其董事会拥有就其服务领域内的社区事务做出决策的完整权力，CEO负责组织实施和日常工作。

其次，从非营利组织与政府的关系来看，北京绿十字在与地方政府的关系中居于辅助性地位。北京绿十字获得参与新农村建设的合法性来源于政府的认可，其各项活动必须得到政府的批准和支持。除了政府依据合同支付给北京绿十字的咨询费之外，北京绿十字本身并没有向政府争取新农村建设资金的主体资格。县政府的各个职能部门都掌握一定的新农村建设资金使用权，北京绿十字只是协助乡镇政府和村两委向县政府各个职能部门争取项目和资金。

匹兹堡BGC在与地方政府的关系中居于平等地位，其从事社区建设的合法性来自于法律规定和社区居民的支持，而不是政府的认可。它可以向各级政府和社会争取社区建设资金和技术支持。不过，BGC同样必须与地方政府和立法机构保持良好关系，以获得他们的支持。因为所有社区建设资金都必须列入政府预算，而预算必须获得议会的批准。非营利组织的领导人与官员的关系是十分微妙的。即便在服务社区的过程中积累了很好的口碑和声望，如果不是有相当的胜算，社区组织的领导人不会轻易决定参加竞选。因为，参加竞选就意味着对这些官员的挑战，万一挑战失败，将来很难继续获得他们的支持。

从非营利组织与其他合作伙伴的关系来看，绿十字与香港的乐施会、上海公益事业发展基金会、自然之友、SEE基金会、国际中国环境基金会等环保类的非营利组织以及国内外一些大学都建立了合作关系。但是，这些外部合作伙伴与社区距离遥远，利害关系淡薄，缺乏持续关注某个社区的动力，很难与合作伙伴就某个村庄的建设形成持续稳定的合作关系。

BGC的合作伙伴大多是本社区的利益相关者。匹兹堡BGC是另外几个社区非营利组织的会员，比如东自由街发展有限公司（East Liberty Development Inc，ELDI）、友谊街发展协会（Friendship Development Associates Inc，FDA）等等。这几个非营利组织的服务区域有的与匹兹堡BGC服务的三个社区交叉重叠，有的与之相邻。BGC长期与这些机构就本社区的规划、美化、就业、公共安全、青少年事务、家庭和教育等进行合作。匹兹堡本地的大学、企业和基金会长期为包括BGC在内的社区发展公司提供资金和技术支持。不仅如此，福特基金会等全国性机构也长期为全美的社区发展公司包括BGC提供大力支持。

从非营利组织内部治理机制来看，北京绿十字在形式上建立了治理机构，但是董事会尚不具备实质性的功能，行政负责人与董事会之间尚未建立起有效的分工合作机制，组织仍处于一人当家的状态。匹兹堡BGC的内部治理十分成熟，CEO施瓦兹与政府和董事会都保持着密切良好的沟通。

从资金来源来看，北京绿十字主要依靠政府购买服务合同获得收入，而匹兹堡BGC的资金来源更为多元化。2012年北京绿十字总收入231万元人民币，其中，来自政府合同的收入为207.2万元，约占总收入的90%；基金会（南都基金会和乐施会）项目拨款约19万元，约占总收入的8%；企业捐赠4.8万元，约占总收入的2%。2013年，匹兹堡BGC的收入为113万美元，主要来源包括：经营性收入（包括商业和住宅物业租赁收入）13万，约占总收入的11.5%；政府拨款（包括市、县和州政府）19万美元，约占总收入的17%；基金会拨款和其他非营利机构项目合同[①]为68万美元，约占总收入的60%；其他收入包括联合道路（United Way）拨款、会员会费、个人与企业捐赠、报纸广告收入、利息收入等共计13万美元，约占11.5%。

从透明度与问责方式来看，北京绿十字每年要接受登记管理机关——北京市延庆县民政局的年检，年检文件包括经过外部审计的财务报告，年检信息并不对外公开。北京绿十字主要通过自己的网站披露信息，不包括年检信息。2005年，北京绿十字主动邀请北京师范大学社会学系的专家对其在五山镇的项目进行期中评估。北京绿十字与政府的咨询合同内容比较简单，近似于君子合同，未对绩效和双方责任及权利义务做出详细规定。由于缺乏法律依据以及政府所处的强势地位，即便出现合同纠纷，绿十字也很难维护自己的权利。

匹兹堡BGC不必接受登记管理机关的检查，但每年要向国内税务署（IRS）填报非常详细的990表，接受免税资格审查，990表的信息通过非营利部门的信息平台——导航星（www.guidestar.com）向公众公开。政府合同是十分完备的绩效合同，法律对合同履行提供了保障。匹兹堡BGC也通过自己的网站披露信息。

[①] 基金会拨款包括亨氏基金会（Heiz Endowment）、梅隆基金会（RK Mellon Fundation）、麦丘恩（McCune Foundation）等，这三个基金会总部都在匹兹堡。其他非营利机构包括Youthworks, City of Pittsburgh Funding, Neighborhood Learning Alliance, Three Rivers Workforce Investment Board等，这些都是匹兹堡地区支持社区发展的非营利性机构。

从上述对北京绿十字和匹兹堡 BGC 的比较分析来看，二者在组织性质、宗旨目标、工作任务以及工作方式等方面都存在相同或相似之处。但是由于中美两国社区治理结构的差异，它们在社区建设中扮演的角色、其内部治理成熟度及其与合作伙伴的关系等方面又存在显著差异。总体上看，美国社区自治较为成熟，匹兹堡 BGC 成立时间早，内部治理较为完善，自治程度高，得到的社会支持多，与政府是平等的伙伴关系，北京绿十字成立时间短、内部治理不够完善、得到的社会支持还很有限、高度依赖地方政府和村两委开展工作。

五　结论与讨论

在各个国家经济社会发展过程中，无论是工业化时期还是后工业化时期，都会出现产业升级转型带来的巨大冲击，劳动力从处于劣势的产业流出，出现大规模的人口流动和社会变迁，这些变化最终都会改变社区的面貌。无论是对于在工业化和城市化进程中处于不利地位的中国农村社区来说，还是对于经济社会转型中严重衰败的美国城市社区来说，都面临着凋敝衰败乃至失去功能的危险。一旦这些社区失去功能，就会成为各种社会问题的发源地，威胁到周边社区乃至整个社会的和谐与稳定。在这种情况下，单靠社区或政府已经不能有效地解决问题，需要广泛动员各种社会力量一起共同应对。

社区发展公司是美国政府主导的社区发展模式失败的产物（马秀莲，2014），也是在社区自治传统基础上的制度创新成果，匹兹堡的经验证明了这一点。如前所述，由于政府和企业主导的第一次匹兹堡复兴没有解决社区凋敝的问题，才在 20 世纪 70 年代建立社区发展公司。中国则是在人民公社制解体以后，形成了以乡政治和村民自治为主要特色的乡村治理格局。又由于乡村治理主体能力不足，才为北京绿十字这类社会组织提供了参与乡村建设的机会。

北京绿十字和匹兹堡 BGC 的经验都表明，社区建设要以社区居民为主体。美国人由于具有社区自治的传统，以此为基础进行制度创新，建立了社区发展公司及支持体系。而在中国，新农村建设的重点和难点就在于将农民组织起来（徐勇，2006）。新农村建设需要具有强烈责任感和改革创新精神的政府官员来推动，但同时一定要以带动农民的主动参与为最终目的。否则，很可能引发新的矛盾或者产生人走政息的结局（温铁军，2010：66）。事实上，近年来已经出现了很多农业合作社之类的社区社会组织，仅从与社区的联系来看，这些组织似乎比北京绿十字与匹兹堡 BGC 更有可比性。但它们在非营利性、内部治理和专业能力等方面与匹兹堡 BGC 几乎没有可比性。因此，社区居民不仅要组织起来，还要获得资源和能力。然而，这些在社会转型中处于不利地位的社区本身并不具备社区建设所需的资源和能力。以 BGC 为代表的美国社区发展公司高度依赖外部资源和能力支持。北京绿十字实际上是一个为农民提供专业能力支持的组织。

北京绿十字和匹兹堡 BGC 的经验表明，非营利组织在社区建设方面具有明显的优势：它贴近社区，了解社区的具体问题。它与政府不同，政府在社区外部，站在高处鸟瞰社区，容易看到全局，但难以看到具体细节。非营利组织则扎根社区内部，把社区的具体问题看得很清楚。同时，它又不像政府机构受到部门利益和官员任期的限制，能够从社区的长远利益出发，把来自不同部门不同渠道的资源整合起来使用。

最后，这两个案例表明，社区治理结构决定非营利组织参与社区建设的角色和方式，非营利组织的能动性取决于领导者的创造性。美国社区发展公司在社区建设方面取得的成绩，在很大程度上要归功于施瓦茨这样的社区领导者。但是，施瓦茨处于一个相对成熟的制度环境中，在资金和技术方面得到广泛支持，只需专注于为社区解决问题。美国社会是网络化结构，具有社区自治的传统，没有全能型、垄断性的社区组织，社区治理的职责往往由多个非营利组织承担，并通过制度化渠道与政府和立法机构建立联系。公民普遍关心和积极参与社区事务，具有自我组织管理能力。这些因素都为施瓦茨提供了一个相对较好的制度环境。但是，在我国"乡政村治"这种农村治理结构并不成熟，也没有从制度上明确规定社会组织在社区治理中的角色和职能。因此，孙君必须完成双重任务。一方面，孙君要探索新农村建设的新思路，积累解决问题的专业能力。在这个方面他作为艺术家的经验给了他很多灵感，在城市化思维占新农村建设主导地位的情况下，重新发现和肯定农村的价值，并摸索出一套"把农村建设得更像农村"的理念和方法。另一方面，孙君又要探索参与农村社区建设的制度空间，摸索出一套与村民和地方政府打交道的办法。这个任务比第一个任务更为困难，以至于孙君说自己就像一个"高级乞丐"，要想尽办法得到地方政府和村民的认同与支持。

当然，中美两国社会组织参与社区建设的情况都十分多样，社会制度的巨大差异更进一步增加了研究的复杂性，仅仅两个案例很难得出全面可靠的研究结论。对这个问题的认识有待于更多更深入的研究。

参考文献

〔美〕奥斯特罗姆、埃莉诺（2010）：《美国地方政府》，〔美〕文森特·奥斯特罗姆、〔美〕罗伯特·比什，井敏、陈幽泓译，北京：北京大学出版社。

程又中、徐丹（2014）：《美国社区发展公司：结构、模式与价值》，《江汉论坛》，(1)。

金英姬（2006）：《韩国的新村运动》，《当代亚太》，(6)。

马秀莲（2014）：《社区发展公司：一个组织的制度创新》，中国经济新闻网，2014-7-30。

曲文俏、陈磊（2006）：《日本的造村运动及其对中国新农村建设的启示》，《世界农业》，(7)。

任怀玉（2011）：《农村社区公共空间研究——基于NGO参与农村社区建设的个案研究》，《中国行政管理》，(10)。

孙君（2008）：《行政生态平衡中的社会性——"五山发展模式"研究之二》，《襄樊职业技术学院学报》，(6)，第4~6页。

——（2009）：《环境与文化建设的启示——"五山发展模式"研究之三》，《襄樊职业技术学院学报》，(1)，第10~12页。

——（2011）：《农道——没有捷径可走的新农村之路》，北京：中国轻工业出版社。

滕玉成、牟维伟（2010）：《我国农村社区建设的主要模式及其完善的基本方向》，《中国行政管理》，(12)。

谭海燕（2014）：《日本农村振兴运动对我国新农村建设的启示》，《安徽农业大学学报（社会科学版）》，(5)。

温铁军主编（2010）：《中国新农村建设报告》，福州：福建人民出版社。

徐勇（2006）：《现代国家的构建与村民自治的成长——对中国村民自治发生与发展的一种解释》，《学习与探索》，(6)。

徐勇、徐增阳主编（2007）：《乡土民主的成长——村民自治20年研究集萃》，武汉：华中师范大学出版社。

夏建中（2009）：《美国社区的理论与实践》，北京：中国社会出版社。

谢芳（2009）：《西方社区公民参与——以美国社区听证为例》，北京：中国社会出版社。

许远旺、卢璐（2011）：《从政府主导到参与式发展：中国农村社区建设的路径选择》，《中州学刊》，(1)。

郑晓东（2008）：《美国城市社区自治的现状与趋势》，《浙江学刊》，(5)。

张婉 (2008):《从韩国"新村运动"看我国社会主义新农村建设》,《甘肃农业》,(2)。

张远凤、赵丽江 (2011):《公私伙伴关系:匹兹堡的治理之道》,《中国行政管理》,(9)。

Harington, M. (1962), *The Other America: Poverty in the United States*, New York.

He, X. (2007), "New Rural Construction and the Chinese Path", *Chinese Sociology & Anthropology*, 39 (4), pp. 26 – 38.

Lubove, R. (1996), *Twentieth-Century Pittsburgh-The Post-Steel Era* (Volume II), Pittsburgh and London: University of Pittsburgh Press.

Salamon, L. (2012), *The State of Nonprofit America* (2nd Edition), Brookings Institution Press, pp. 192.

Schubert, et al. (2012), "County and Township Cadres as A Strategic Group: 'Building A New Socialist Countryside' in Three Provinces", *China Journal* [serial online]. January 2012, (67), pp. 67 – 86.

Toker, F. (1986), *Pittsburgh: An Urban Portrait*, Pennsylvania State University Press, pp. 204 – 206.

Comparative Study of NPOs' Engagement in Community Construction
—A Comparison Between Beijing Green Cross and BGC

Zhang Yuanfeng, Zhang Junyan, Xu Gang

[**Abstract**] Amid the rapid industrialization and urbanization, China sees the countryside in worsening decay and responds to the problem by making the new countryside construction into the basic national policy. Upholding the principle of "the government guidance, the farmers being the main actors and the participation of other sectors of society", more and more social organizations come to engage in the new countryside construction. In the post-industrialization period since the 1960s, the US sees grave decay of urban communication amid the industrial transformation. The non-profit community development companies play a crucial role in revival of the communities, and develop a public-private partnership (PPP) in community construction.

This article compares two typical nonprofit organizations (NPOs) in community construction, one being Beijing Green Cross from China and the other Bloomfield-Garfield Corporation from the US, in terms of their backgrounds, their relations with the community as well as partners, governance structures, financial sources, operation modes and accountability mechanisms. On this basis, the article proceeds to conduct a comparative study between the social engagement mode guided by the government in China and the US PPP. In the end the article analyzes the similarities and differences between the two countries' NPOs' engagement in community construction and discusses how the US experience sheds light on the Chinese NPOs' engagement in community construction.

[**Keywords**] Community Governance, New Countryside Construction, Community Development Company, PPP, Beijing Green Cross, Bloomfield-Garfield Corporation

（责任编辑：羌洲）

灾后学校社会工作的效果及原因分析
——以 A 基金会灾后援助项目为例

王 猛 邓国胜 褚湜婧[*]

【摘要】 本研究以 A 基金会参与雅安地震灾后援助项目为例，采用静态组间比较实验设计和焦点组座谈相结合的研究方法，从心理状况、身体状况、学习状况和行为状况四个维度入手，探讨和分析灾后学校社会工作的效果及其原因。相比较而言，灾后学校社会工作在灾区学生心理状况上产生的正向效果最为显著，在学习状况和行为状况上也产生了一定的影响。灾后学校社会工作的效果与其干预的方式方法、专业程度、价值观念、互动状况等因素有关。在灾后救援过程中，有必要积极引入学校社会工作，并通过完善社会工作招募制度，优化服务内容，构建多方参与机制，畅通反馈渠道等方法提升其效果。

【关键词】 学校社会工作 灾后 效果 原因

一 引言

自 2008 年以来，接连发生的地震灾害使得我国社会工作的视域开始从日常生活场所转向灾害地区。以促进灾区学生学习和生活重建为主要内容的灾后学

---

[*] 王猛，清华大学公共管理学院，博士后，主要研究社会组织评估、基层社会治理。邓国胜，清华大学公共管理学院教授博士生导师，主要研究社会组织评估。褚湜婧，国家卫计委医疗管理服务指导中心助理研究员，主要研究社会组织评估、社会老年学。

校社会工作也成为灾后援建服务中的一部分（温静，2009：37-40）。然而，在灾后学校社会工作日益受到重视的同时，有关其效果的研究却并不多见，所采用的研究方法也比较有限。就目前情况而言，已有研究多采用质性研究的方法，且在结论上存在一定的差异。一方面，研究者笼统地认可学校社会工作在抗震救灾和灾后重建过程中具有不可或缺的重要作用（张高陵，2008：3-5；孙建春，2010：6-7；王曦影，2010：129-137；廖鸿冰，2011：41-45；王思斌，2012：82-89；韦克难等，2013：56-64），在稳定青少年情绪（汪群龙，2008：66-68；柳拯，2010：8-10）、促进学校教学秩序恢复（王思斌，2008：63）等方面可以发挥积极作用；另一方面，也有批评指出灾后学校社会工作的实践效果并不理想，甚至造成了"防火、防盗、防社工"的尴尬局面（柳拯，2008：A3）。即使在地震灾害频发的日本，学校社会工作尽管已经成为一项制度贯彻到校园生活的各个方面（米村美奈，2011：51-68），并在2011年东日本大地震后形成了"学校社会工作"的SSWr紧急派遣项目（土屋佳子等，2013：11-22），但有关其有效性的分析也表现出数量少、方法少的特点，尤其缺少灾后学校社会工作的作用及其有效性的实证研究（村上满等，2011：243-253）。那么，从实际情况看，灾后学校社会工作是否有效？在哪些方面有效？原因是什么？这些问题都需要学术界通过更为多样的方法进行更加深入的研究。

二 A基金会灾后学校社会工作情况简介

雅安地震发生后，作为专注于青少年成长的全国性社会组织，A基金会在了解当地师生需求的基础上，针对部分中小学校开展了包含"希望板房""希望助学金""希望厨房""希望电影""希望社工"在内的灾后援助行动。"希望社工"作为其中的一个重要板块，其目的是通过在受灾学校开展社会工作的方式帮助中小学生减轻地震造成的心理伤害，促进学校教学秩序的恢复，并在其他方面产生积极作用。

灾后学校社会工作人员（即社工）由A基金会研究部、广元市利州区希望社工服务中心、成都高新区希望社区服务中心的工作人员，以及南京理工大学社工系、四川农业大学社工系的学生构成，针对灾区21所学校的6340名学生提供了为期一个月的灾后学校社会工作专项服务，涉及社工课堂、舒心团体治疗、家访、站点服务（含棋艺、体育、绘画、阅读等）等多项内容。①

由于社工人数有限，另有部分学校仅接受了 A 基金会提供的"希望板房""希望助学金"等其他四项援助服务，而没能接受"希望社工"援助服务。这一援助服务上的差异为本研究采用静态组间比较的实验设计来探索灾后学校社会工作的效果及其原因提供了可能性。

三 数据与测量

（一）数据与方法

本研究采用实验法和访谈法相结合的研究方法对 A 基金会灾后学校社会工作的效果及其原因进行分析。

首先，采用实验法比较和分析接受 A 基金会"希望社工"援助服务的学生与未接受社工服务的学生是否有组间差异。从接受过 A 基金会"希望社工"援助服务的 21 所学校中随机抽取了 3 所学校共 640 名学生组成实验组；为了确定灾后学校社会工作是否有效、有何种效果，本研究根据这 3 所学校的特点另行抽取了 3 所仅接受了 A 基金会其他援助而无"希望社工"援助服务的学校的 640 名学生组成对照组。由于难以获得实验组和控制组的前测数据，故而研究采用两组后测的静态组间比较的实验设计。本研究向实验组和对照组分别发放调查问卷 640 份，最终实验组回收有效问卷 632 份，有效回收率为 98.75%；对照组回收有效问卷 628 份，有效回收率为 98.13%。基本信息详见表 1。

表 1 调查样本基本信息

单位:%

	性别		年级		民族	
	男	女	小学	初中及高中	汉族	其他民族
实验组 N = 632	49.2	50.8	46.8	53.2	92.2	7.8
对照组 N = 628	49.8	50.2	49.5	50.5	97.6	2.4

两个独立样本 T 检验的方法通常被用于通过比较两个独立样本总体均值

---

① 根据 A 基金会"希望工程紧急救灾助学行动"相关介绍资料整理。

差异的显著性来推断外界干预对样本是否产生影响，因此本研究使用 SPSS Statistics 21 软件对这两组独立样本进行 T 检验分析，通过测量和比较对照组与实验组在相应维度上差异的显著性，分析灾后学校社会工作是否会产生相应的效果。

其次，采用访谈法对数据分析结果进行验证和解释。研究采用焦点组座谈的形式，分别对实验组的 20 名教师和 30 名学生（其中小学生 15 名，初中及高中生共 15 名），以及 A 基金会的 5 名工作人员进行了半结构式访谈，使用 NVIVO 8 软件对访谈资料进行编码和分析。访谈对象均用姓名的首字母代替，对于姓名首字母相同的情况，在字母后面加上 1、2、3 等予以区分。

（二）比较维度

在现有研究成果中，有关灾后学校社会工作效果的实证研究并不多见，相关测量也缺少系统性的指标体系。相比较而言，对心理状况的探讨在社会工作的相关研究中较为常见，如灾后的哀伤辅导、压力管理和紧急心理危机处理等有助于稳定情绪（汪群龙，2008：66 - 68），可以在舒缓悲伤、化解焦虑、释放压力、稳定情绪、树立信心等方面促进身心的融合（柳拯，2010：8 - 10；米村美奈，2011：51 - 68）。与心理状况相对应，预防出现严重的身体及社会问题也是灾后社会工作中的重要一环（张粉霞等，2014：141 - 156）。此外，对于在校学生而言，恰当的社会工作干预还对促进灾后学生的学习有利，在帮助学生适应学校生活环境、促进教学秩序恢复等方面发挥积极作用（王思斌，2008：63），有利于重建教学、文化娱乐和基本生活物资供给等生活服务系统及与此相关的人际关系系统（张云英等，2008：101 - 104）。

综合上述研究成果，结合 A 基金会在灾区所开展的学校社会工作的重点，本研究将从学生的心理状况、身体状况、学习状况和行为状况这四个维度入手，分析灾后学校社会工作的效果及其原因，详见表 2。

表 2　比较维度与指标体系

比较维度	使用工具	指标体系
心理状况	PTSD 筛查量表	闪回，回避，警觉性增高
身体状况	身体状况自评打分表	现阶段身体状况，地震前后身体状况比较
学习状况	学习状况自评打分表	学习难易程度认知，学习成绩变化，学习态度
行为状况	行为状况自评打分表	亲社会行为，公民意识，自尊心，耐挫力，团队归属

研究采用创伤后应激障碍（PTSD）筛查量表对学生的心理状况进行测量。该量表是测量创伤后应激障碍的常用工具，重测一致性较为稳定，得分呈正态分布，且在不同性别间无差异，具有较好的信度和效度（杨晓云等，2007：6－9）。量表共包含17个指标，使用4点测量（从未、偶尔、有时、经常），得分越高，表明PTSD的症状越严重。对学生的身体状况、学习状况和行为状况的测量均采用自评打分表的形式进行，使用五点测量，得分越高表明身体（学习/行为）状况越好（理想）。

三　结果与分析

（一）心理状况的差异及原因分析

在心理状况方面，实验组PTSD症状的整体得分低于控制组，且在闪回、回避以及警觉等方面的得分均低于控制组，数据结果表明接受过社会工作援助服务的学生在心理状况方面要好于未接受社会工作援助服务的学生。相比较而言，灾后社会工作在学生"闪回"和"回避"方面的显著水平相对较高，在"警觉"方面的显著水平较低。与以往研究中将社会工作作为受灾群体心理调适的主要手段相一致，本研究同样发现学校社会工作对在校学生的心理恢复产生了积极影响，有助于学生PTSD发生率的降低，详见表3。

表3　PTSD筛查量表分数比较

		平均分	有效样本数	标准差	t	p
PTSD	实验组	0.67	632	0.56	5.31**	0.00
	对照组	1.11	628	5.99		
闪回	实验组	0.64	632	0.66	5.87**	0.00
	对照组	1.05	628	0.75		
回避	实验组	0.67	632	0.56	3.11*	0.02
	对照组	0.86	628	0.59		
警觉	实验组	0.75	632	0.70	1.66	0.062
	对照组	1.43	628	5.27		

注：* $p<0.05$，** $p<0.01$。

从访谈结果看，A基金会开展灾后学校社会工作的主要方式是通过文艺活动引导学生排解对于地震的恐惧，或者通过游戏舒缓学生的情绪。这些游戏或活动对于转移学生对地震的注意力和正视地震这种自然灾害有一定帮助，"('希望社工')和我们一起做了游戏，成语接龙、无敌拥抱，做完游戏之后让身体很轻松。有些游戏做过了，但是忘了名字，可以调节大脑，让手指更灵活，用手指做加减法。做游戏很好玩，心里不会那么害怕了，帮助我们从原来的情绪中解脱出来"①。"下午时间就和学生做游戏，上午完成教学任务，下午搞活动。六一儿童节做了手语操，对学生的疏导有一定作用，学生在板房里比较压抑。"②

但是，由于并非专业的心理干预，A基金会所开展的灾后社会工作并没有完全达到教师所预期的效果。部分教师认为，暂时忘记灾难并不等于走出了灾难造成的心理阴影，社工的专业性不足影响了灾后社会工作的效果，"（地震后）需要的是专家，是懂心理学的专家，但是这个社工一般是志愿者或是大学生，来到以后能起到的作用很小"③。在心理状况的分析中，社会工作在"警觉"方面的效果并未显示出显著性，也在一定程度上说明注意力的暂时转移并不意味着真正帮助学生走出了地震带来的心理伤害。

从上述分析可以看出，灾后学校社会工作能够对学生的心理健康产生一定的积极作用，但其效果在很大程度上将受到社工自身专业技能的影响。对于社工而言，要在灾后进入学校对中小学生进行恰当的心理疏导，在热情之余还需要具备相应的专业知识和技能，否则，仅靠热情推动的心理援助很可能只是带给学生们短暂的感动，不仅难以对受灾学生产生实质性的帮助，甚至还可能对其造成再次伤害。

（二）身体状况的差异及原因分析

在身体状况方面，数据分析结果显示实验组学生的身体状况各项得分均略低于控制组，表明实验组学生在现阶段身体状况以及健康状况的变化上略差于控制组，但检验结果显示灾后学校社会工作的干预在学生的身体状况方面并没有显著影响，详见表4。

---

① 与实验组学生H的访谈，访谈时间：2013年11月13日。
② 与实验组教师W的访谈，访谈时间：2013年11月14日。
③ 与实验组教师H的访谈，访谈时间：2013年11月13日。

表4 身体状况自评打分表分数比较

		平均分	有效样本数	标准差	t	p
现阶段身体状况	实验组	3.37	632	0.85	0.48	0.63
	对照组	3.42	628	1.01		
健康状况变化	实验组	2.87	632	0.87	1.38	0.17
	对照组	3.00	628	1.01		

注：* $p<0.05$，** $p<0.01$。

从具体指标来看，地震的确对青少年学生的身体健康产生了不利影响，29.0%的实验组学生以及30.9%的对照组学生表示自己的身体状况与地震前相比变差或明显变差。这很大程度上是由于身体状况的改善并非A基金会开展的灾后学校社会工作所关注的主要内容，与此同时，身体状况的改善也很难通过单纯的社工活动来实现，需要有专业的医护人员进行诊治和帮助。

（三）学习状况的差异及原因分析

在学习状况方面，实验组学生的各项得分均略低于对照组，显示出接受过社会工作援助服务的学生在学习态度、学业难度认知和学习成绩变化方面略差于未接受社会工作援助服务的学生。检验结果表明社会工作的干预在学习态度和学习成绩变化方面达到显著水平，在对学业难度认知方面的差异并未达到显著水平，详见表5。

表5 学习状况自评打分表得分比较

		平均分	有效样本数	标准差	t	p
学习态度	实验组	2.82	632	0.98	5.41**	0.00
	对照组	3.40	628	1.18		
学业难度认知	实验组	2.59	632	0.92	1.02	0.31
	对照组	2.69	628	0.98		
学习成绩变化	实验组	2.44	632	1.01	2.55*	0.01
	对照组	2.71	628	1.13		

注：* $p<0.05$，** $p<0.01$。

从具体指标来看，实验组学生中学习兴趣增加或明显增加的比例为27.4%，比对照组低17.1个百分点，但是在主动请教老师方面比对照组高7.5

个百分点。相比而言，实验组和对照组在学业难度认知方面相差不大，但实验组各项得分均低于对照组，其中实验组中认为课程或作业简单或比较简单的比例比对照组低7.5个百分点，认为学习压力较小或非常小的比例比对照组低2.6个百分点。在学习成绩方面，实验组中56.5%的学生认为自己的成绩下滑或明显下滑，仅有15.9%的学生认为自己的成绩有所提升或明显提升，而在对照组中这一比例分别为47.9%和22.5%。

访谈结果显示，社工活动关注的重点与学校应试教育的要求不相一致是造成灾后社会工作未能在学生的学习状况方面产生明显积极作用的主要原因。从教师角度看，部分教师认为社工活动过多，影响了教学任务，学生难以全身心投入学习，尤其对初中及高中学生的学业影响较大，"社工做心理辅导吧，也是件好事，但是花的时间太长了，每天下午都要做，尤其是高中太耽误学生学习了"①。与初中及高中学生相比，小学生由于课业压力相对较轻，社工活动对学业的影响相对较小，效果也相对更为理想。在恢复教学任务的初期阶段，部分学生还存在对声音较为敏感、上课时难以安心、注意力难以集中等问题，半天上课、半天社工活动的形式对于小学生课堂教学秩序的恢复起到了一定的辅助作用，"地震之后没有心思学习，很感谢他们的陪伴和帮助"②。从社工角度来看，学校和教师并没有对灾后社会工作予以充分重视，部分学校仅将社工作为一个摆设，或者仅仅将教师不愿承担的工作委派给社工，"有的时候这个专业的知识和我们的老师价值观念不太一样。比如说有时候我们社工做生命教育，讲生命教育，人跟人，人跟自然的关系，他这种课程是跟学校的应试教育很不一样的，他也对他们的价值观念产生很大的冲突。但如果说他就是仅仅把社工当成德育处，就教师剩下的问题，所有没有人管的问题都推给社工，宣传的都推给社工来干，他把社工定位成这样的了"③。

（四）行为状况的差异及原因分析

在行为状况方面，接受过灾后社会工作干预的学生在亲社会行为和自尊心这两方面得分高于控制组；在公民意识、耐挫力和团队归属方面得分低于控制组。检验结果表明，在亲社会行为和公民意识方面的差异达到显著水平，而其

---

① 与实验组教师L2的访谈，访谈时间：2013年11月14日。
② 与实验组学生A的访谈，访谈时间：2013年11月13日。
③ 与A基金会工作人员B的访谈，访谈时间：2013年11月21日。

他三项的差异未达到显著水平,详见表6。

表6 行为状况自评打分表得分比较

		平均分	有效样本数	标准差	t	p
亲社会行为	实验组	4.17	632	0.88	-14.24**	0.00
	对照组	3.03	628	0.57		
公民意识	实验组	4.03	632	0.93	2.29*	0.02
	对照组	4.22	628	0.71		
自尊心	实验组	1.69	632	0.88	-0.32	0.75
	对照组	1.66	628	0.89		
耐挫力	实验组	0.63	632	0.89	0.46	0.65
	对照组	0.67	628	0.92		
团队归属	实验组	3.89	632	0.86	0.59	0.55
	对照组	3.93	628	0.72		

注:* $p<0.05$,** $p<0.01$。

访谈结果显示,这一情况与社工对灾后学校社会工作的定位有关,多数社工对直接的心理辅导比较重视,而对内在价值观念的传播还认识不足,没有意识到自己日常生活中的言行也将对学生产生影响,"有些社工的责任心、团队精神较差,不能在学生中起到好榜样的作用"[1]。部分社工还存有施舍的心态,难以与学生、教师形成平等的互动,"(社工)抱着帮助他人的心态,不能吃苦,也不了解人情世故"[2]。而学校社工的这些缺点和不足与社工招募方式上随意性较大有关,造成社工人员个人素养和专业素质参差不齐、工作深入不足,"给我们的感觉是工作开展太谨慎,没有计划。沟通交流的习惯不一样,也缺乏对学生心理特点的深入了解,就是做戏,针对具体心理问题进行辅导的专业性不足"[3]。"整体是好的,目的是好的,但是细节深度不到位。"[4] 与此相一致,数据分析结果显示出实验组学生在行为状况等方面显著性不高、社会工作还对学习状况产生了一定的负向作用等问题,也可以说明A基金会在灾后社会工作的

---

[1] 与实验组教师W的访谈,访谈时间:2013年11月13日。
[2] 与实验组教师L1的访谈,访谈时间:2013年11月12日。
[3] 与实验组教师M的访谈,访谈时间:2013年11月12日。
[4] 与实验组教师S的访谈,访谈时间:2013年11月13日。

开展方面在部分指标上干预效果并不十分明显,"我们对社工的印象是很深刻的,工作做得多,但是成绩突出的不多,没有特色"①。

相比较而言,实验组和对照组在亲社会行为方面的得分差异最为显著,实验组得分远高于对照组。访谈结果显示,这种亲社会行为的获得或提升,与直接的活动或许并无直接的关系,往往是某句话、某件事触动了学生的内心,使学生产生"我也要这样""我也能这样"的想法,"我家就住在学校后面,地震后有一天下午我从家里出来,碰到一个志愿者姐姐和她的同事,带了酒精、棉花、绷带,问我家里有没有人。她身上带了三瓶水,给了我弟弟、奶奶和我。我们要倒水给她喝,她不肯,说这里缺水……她知道我们还没有吃饭,就说要带吃的给我们,结果真的带了吃的回来。我们都觉得很感动,他们来帮助我们重建学校,还记得我们这么细的事情,有这么多人关心我们"②。"我特别想学习像志愿者一样具有爱心,志愿者最有爱心,应该学习他们无私的精神。"③这或许可以说明在说教、辅导和游戏之外,社工的以身作则、潜移默化的影响将在学生的行为状况方面产生更为明显的作用。

五 结论与建议

通过上述分析,本研究可以得出以下结论:

首先,相比较而言,A基金会所开展的灾后学校社会工作在学生心理状况方面所起到的效果最为明显。数据结果表明,社会工作在紧急救援阶段的干预在灾区学生的心理状况方面产生的积极效果最为显著,且均为正向影响。在身体状况方面产生的效果相对最不显著。社会工作的干预同样会对灾区学生的行为状况和学习状况产生一定影响。其中,在行为状况方面仅有亲社会行为表现显著,其他方面均不显著;在学习状况方面尽管显著水平也比较高,但是所产生的效果为负向影响。

其次,学校社会工作的效果受到多方因素的影响。分析显示,社会工作的效果受到干预方式、专业程度、价值观念、互动情况等多方面的影响。A基金

---

① 与实验组教师L2的访谈,访谈时间:2013年11月13日。
② 与实验组学生W的访谈,访谈时间:2013年11月13日。
③ 与实验组学生S的访谈,访谈时间:2013年11月13日。

会现阶段社工的专业程度不足、干预方式有限导致灾后社会工作在身体状况方面几乎并无显著作用，在学习状况以及行为状况方面出现一定的反向作用。社会工作的重点与学校教学任务间的冲突对教学效果产生了一定的影响，引发了部分教师与社工人员之间的误解和矛盾；学校与社工之间不够充分的互动和沟通也影响了活动的开展，进一步减弱了社会工作干预本应产生的效果。

最后，学校社会工作的效果不仅来源于直接的活动而且来源于日常的接触。通过上述分析可以看出，社会工作的效果不仅来自直接的活动干预，而且还与学生同社工在日常生活中的接触有关。一方面，通过接触培养建立起的感情是进行灾后社会工作的前提，由此而带来的"陪伴"与"支持"更加有效，也更加持久；另一方面，由于社工在学校内生活的时间较长，社工的所言所行将会对在校学生起到"润物细无声"的作用。

总体而言，灾后学校社会工作对在校学生会在一定程度上产生积极效果，应当得到肯定并鼓励其在灾后援助中发挥积极作用，但不可否认的是，灾后学校社会工作的效果也存在着一定的不足。通过数据分析和访谈结果可以看出，社会工作的服务效果很大程度上受到社会工作服务提供者专业水平的影响，因而要提高灾后社会工作的有效性，还需要在解决与社工相关的问题上着力。

一是完善社工人员的招募制度。一方面，社工不完全等同于志愿者，需要参与到学生身心状况平复、帮助恢复教学秩序的过程中，因而要求具备一定的专业技能，掌握一定的工作技巧，并具有较好的人际沟通能力；另一方面，社工在学校中不仅扮演教育者，同时扮演陪伴者和影响者，由于与学生的接触时间较长，他们很容易成为学生的学习对象，因而要求社工具备较高的个人修养，能够以身作则、富于爱心，在开展活动的同时传递正能量。因此，在社工招募上需要严格把关，为了避免"临时抱佛脚"的情况出现，相关机构也可以建立数据库，在"和平"时期通过考核培训等形式对社工进行筛选，储备更多具备抗震救灾方面的社工人才，在灾害发生后能够第一时间与相关专业的志愿者或社工取得联系，引导他们更好地发挥自己的特长。

二是以需求为导向设计灾后学校社会工作的内容。灾后社会工作不应成为学校的负担，因此，有必要针对学生和教师的实际需求制定工作重点。对于小学生而言，尽快恢复心理状态，适应学校学习生活，避免留下严重的身心创伤是最为急需的；而对于课业压力较重的初中及高中学生来说，尽快调整情绪，全身心投入学习是最为急需的。因此,灾后学校社会工作不应是一成不变的,而是应当针对不同的目标群体适时、适度、有的放矢地开展工作。与此同时,灾后学校社会工作是一个系统工程,仅仅将心理辅导作为重点很可能难以产生预期的效果,因而有必要根据实际需求适当关注在校学生其他方面的状况。

三是构建多方参与机制。学校社会工作效果的发挥需要教师、学生和社工的多方参与、共同努力,社工忽视教师和学生的现实需求固然不对,学校和教师也不应对灾后社会工作采取一味排斥或是放任的态度。加强社工人员与学校、教师、学生之间的沟通和互动,努力构建教师、学生和社工的多方参与机制是促进灾后学校社会工作效果提升的有益手段。一方面,学校应当向社工提出本校目前的重点工作任务,找出其中的契合点,避免矛盾,在食住行学娱等方面尽可能达成一致意见,配合教师的教学任务开展社会工作;另一方面,教师也应当在教学过程中注意配合社工,帮助巩固灾后学校社会工作的效果。

四是完善信息反馈渠道。部分学校面对灾后学校社会工作中存在的问题不知向谁反映,信息反馈渠道的不畅通使得社会工作开展过程中的困难和问题不能得到及时调整,影响了灾后社会工作的效果。因此,在对社工的管理方面,有必要建立健全救灾项目实时跟踪体系,畅通学校与社工督导、社工与督导之间的信息反馈渠道,构建社工信息的双向互动机制,避免"只听不看",认真核查社工的工作情况,倾听学校的诉求与反映,为社工提供有效的指导和帮助,及时解决灾后社会工作中存在的问题。

六 研究的局限及改进的方向

对社会工作效果的讨论是一项较为复杂但十分有意义的工作,而对灾后学校社会工作效果的探讨更是因其独特性而存在更多的困难。作为对灾后学校社会工作效果进行量化评估的探索性研究,本文也存在一定的不足,还有一些值得进一步探讨和研究的问题。

一是在研究设计上难以采用严格意义的实验法。一方面,我国有关社会工作的研究刚刚起步,目前还缺少较为完善的调研资料,尤其缺少对于突发性灾害的调研数据;另一方面,灾后援建过程中时间紧、任务重、变数多,很难在地震初期就对学生心理、身体、行为等各方面开展较为严格的数据收集工作。

数据的缺乏和现实条件的限制使得本研究期望采用两组前后测的实验设计难以实现。为了尽量使研究较为规范，本研究采用了两组有后测、无前测这种静态组间比较的实验设计，在对照组的选取时也尽量保证其与实验组具有较大的相似性。

二是本次灾后学校社会工作的时间为一个月，时间较短，部分效果可能还没有完全显现。本研究中部分干预效果的不明显很可能也在一定程度上与此有关。

随着我国社会工作相关研究的逐渐深入，上述局限希望可以在今后的研究中得以克服。

参考文献

柳拯 (2008)：《社会工作介入灾后重建的问题与策略》，《中国社会报》，2008 - 12 - 31，第三版。

—— (2010)：《社会工作干预灾后恢复重建的成效与问题》，《中国减灾》，(13)，第 8 ~ 10 页。

林闽钢、战建华 (2010)：《灾害救助中的 NGO 参与机制管理——以汶川地震和台湾 9·21 大地震为例》，《中国行政管理》，(3)，第 98 ~ 103 页。

廖鸿冰 (2011)：《从外生性嵌入到内生性根植：社会工作本土化发展路径探索》，《社会工作》，(9)，第 41 ~ 45 页。

刘秀丽、王鹰 (2011)：《灾害危机管理的转变趋势及其对我国灾害心灵救助管理的启示》，《东北师大学报（哲学社会科学版）》，(4)，第 173 ~ 176 页。

孙建春 (2010)：《大力发展灾害社会工作，充实防灾减灾专业力量》，《中国减灾》，(13)，第 6 ~ 7 页。

汪群龙 (2008)：《灾后社会工作的干预与角色定位》，《齐齐哈尔大学学报（哲学社会科学版）》，(5)，第 66 ~ 68 页。

王思斌 (2008)：《灾后重建中社会工作的干预重点》，《社会工作上半月（实务）》，(11)：第 63 页。

温静 (2009)：《灾后学校社会工作介入研究——以"抗震希望学校社工志愿者服务项目"为例》，《社会工作》，(8) 下，第 37 ~ 40 页。

王曦影 (2010)：《灾难社会工作的角色评估："三个阶段"的理论维度与实践展望》，《北京师范大学学报（社会科学版）》，(4)，第 129 ~ 137 页。

王思斌 (2012)：《社会工作实践权的获得与发展——以地震救灾学校社会工作的展开为例》，《学海》，(1)，第 82 ~ 89 页。

韦克难等（2013）:《汶川地震灾后社会工作干预模式探讨》,《社会工作》,（1）,第 56~64 页。

杨晓云等（2007）:《创伤后应激检查量表平民版的效度、信度及影响因素的研究》,《中国健康心理学杂志》,（1）,第 6~9 页。

张高陵（2008）:《汶川大地震中的社会工作介入》,《社团管理研究》,（5）,第 3~5 页。

张云英、谢倩（2008）:《重大灾害救助中社会工作者的作用》,《湖南农业大学学报（社会科学版）》,（4）,第 101~104 页。

张粉霞、张昱（2014）:《化危机为转机: 国际灾害社会工作研究综述》,《社会工作》（1）: 第 141~156 页。

学校法人日本社会事業大学社会事業研究所（2012）:『アジアにおける災害リスク管理ソーシャルワーク人材育成プログラム開発研究報告（2011）』,第 3~4 页。

米村美奈（2011）:『スクールソーシャルワーカーの実態と今後の課題 – 東京都三鷹市における調査から見えてきたもの – 』,国際経営・文化研究:（11）第 51~68 页。

土屋佳子、鈴木庸裕（2013）: スクールソーシャルワーカー緊急派遣事業における実践と課題. 福島大学総合教育研究センター紀要第 14 号,（1）,第 11~22 页。

村上満、清水剛志、室林孝嗣（2011）: スクールソーシャルワーカー導入 3 年間の効果検証 – PEST 分析による富山県における成果と課題 – 富山国際大学子ども育成学部紀要 第 2 巻, 243~253 页。

Effect of Post-disaster School Social Work and Its Causal Analysis

—A Case Study of a Foundation's Disaster Relief Project

Wang Meng, Deng Guosheng, Chu Shijing

[**Abstract**] This research, based on a case study of a Foundation's Ya'an post-quake relief project, combines static group-to-group comparative experiments and discussions of focus groups to discuss and analyze the effect of post-disaster school social work and its cause in the four dimensions of psychological status, health status, learning status and behavior. Comparatively speaking, the post-disaster school social work has made the most notable positive influence upon the psychological status of the students in the disaster-stricken areas; their learning and behavior also show signs of being influenced. The effect of the post-disaster school social work bears on the mode, professional level, value orientation and interaction status of the intervention. In the post-disaster relief, it is necessary to carry out school social work, to improve the recruitment system for social work, enhance the service contents, build a multi-party participation mechanism and ensure an unimpeded feedback channel, so as to improve the relief effect.

[**Keywords**] School Social Work, Post-disaster, Effect, Cause

(责任编辑:陈洪涛)

志愿共同体：志愿服务的引力、能力与动力
——基于美好社会咨询社的案例研究

辛 华 周凌一 陈 敏[*]

【摘要】 志愿服务在我国经过30年的发展，依然存在着认知模糊、参与率低下、管理机制不健全等问题，影响了志愿者的实质参与和服务效果。作为一个全员由志愿者组成的志愿者组织——美好社会咨询社，通过创新服务理念、提升志愿者服务价值等方式，吸引志愿者的投入；以整合社会资源、有效衔接供需等方式，激发志愿者的参与动力；以开展专业培训、运用项目管理规范志愿行为提升志愿者的能力。本案例呈现出的发自内心、基于兴趣、增进能力、传播友爱、服务社会的集引力、动力、能力为一体的志愿共同体特征，为志愿者组织在服务模式选择和管理机制建设等方面提供了参考。

【关键字】 志愿服务 志愿共同体 能力 引力 动力

一 引言

2014年2月中央文明委印发《关于推进志愿服务制度化的意见》，提出要

---

[*] 辛华，清华大学公共管理学院NGO研究所博士后，研究方向：志愿服务与社区社会组织。周凌一，清华大学公共管理学院NGO研究所博士生，研究方向：公益金融与政府治理。陈敏，清华大学公共管理学院NGO研究所博士生，研究方向：中国及国际基金会。

建立健全志愿服务的招募注册、选拔培训、管理激励、使用保障等各项制度。2014年12月国务院出台《关于促进慈善事业健康发展的指导意见》，提出"动员社会公众积极参与志愿服务，构建形式多样、内容丰富、机制健全、覆盖城乡的志愿服务体系"。一年之内国家层面出台了两份关于志愿服务的制度文件，表明我国政府对志愿服务的重视和支持。与此同时，中国民间社会的志愿服务热情也在持续高涨，2014年全国注册的志愿者数量约为6710万人。然而，与注册志愿者数量不相匹配的是志愿者的服务时间，平均每人每年服务时长约10小时（翟雁、辛华，2015：102）。

志愿服务指任何人自愿贡献个人时间和精力，在不为物质报酬的前提下，为推动人类发展、社会进步和社会福利事业而提供的服务（丁元竹，1999：2）。志愿服务作为公众参与社会生活的一项重要方式，在促进社会发展和公共福利的同时，发挥着传递爱心和播种文明、提升社会风气、促进社会文明等功效和作用（沈杰，2009：193-196）。经过30多年发展，我国志愿服务无论在志愿者队伍数量、组织规模，还是项目设计、服务领域等方面均取得了长足的发展和进步。然而，与国外相比，我国志愿服务实践中依然存在种种制约和不足：一是志愿服务概念认知模糊，很多人将志愿服务依然看作类似"学雷锋做好事"的临时性个体行为，忽略了现代社会志愿服务中组织管理与专业技能等更为迫切的需求。二是志愿者组织普遍面临志愿者的参与率低和流动率高的现象。据某志愿者协会会员部负责人[①]介绍，该组织的网站信息显示注册志愿者已经超过百万，而具体参与到项目的志愿者却不足注册人数的5%。三是志愿服务管理机制有待完善。研究显示，在我国志愿者的招募、项目策划与推广、组织管理等领域还存在着专业化、制度化、持久化不足等缺陷（党秀云，2011；魏娜，2013），与志愿者的管理制度和机制建设密切相关。

如何深化志愿理念，加强志愿者组织的专业化能力建设，拓展志愿服务领域，创新志愿服务的需求对接与服务模式，促进志愿服务的可持续发展？在整合社会资源、调动志愿者积极性、发挥志愿者的专业技能、挖掘和尊重志愿者的价值、增进志愿者权能与归属感等方面，一个名为美好社会咨询社的志愿者组织为我们提供了鲜活的案例。

---

① 来自对北京市某志愿者协会会员部负责人的访谈，访谈时间2015年1月16日。

二 美好社会来自志愿服务

美好社会咨询社（以下简称 ABC，取名于 A Better Community 的首字母缩写），成立于 2008 年底，是国内首家完全依靠志愿者的技术资源和专业优势为中小非营利组织提供公益咨询和战略规划的志愿者组织。ABC 成立 7 年来，服务公益组织达到 40 余家，参与服务志愿者超过 500 人，提供的志愿服务时间超过 70000 小时，提供经济价值超过 6000 万元，[①] 获得了《南方周末》举办的第六届中国企业社会责任年会优秀责任案例奖、中国扶贫基金会颁发的年度扶贫爱心单位、中华儿慈会颁发的创新推动力奖等各种奖项，并得到了众多公益组织的支持和社会各界的认可。ABC 内部统计资料显示，每年该组织每名志愿者的平均服务时间约 150 小时，相当于 2013 年全国志愿者平均服务时间的 15 倍。[②] 此外，ABC 还建立了国内唯一的线上公益咨询知识库，并且根据 ISO9000 质量认证体系建立了咨询项目管理信息系统与人力资源管理系统，于 2014 年初尝试与惠普、百度等世界五百强公司合作，协助其公司内部建立公益咨询俱乐部，推广复制 ABC 的志愿服务模式。

（一）创建初衷：服务理想与社会现实之间的落差

ABC 创始人钱洋在加拿大留学学习经济与金融专业，留学期间曾参加了大量的志愿服务活动。2008 年回国后他一直希望继续参与到志愿服务活动中，却苦于找不到适合自己的志愿服务项目。当时国内公益组织的服务领域与项目多侧重于扶老携幼、环境整治、弱势群体扶助等领域，他希望能够找到更加适合自己的项目和活动。在对国内非营利组织的调查中，他发现不仅弱势群体需要志愿者的帮助，而且公益组织自身也面临发展困境，需要专业志愿者的支持和服务。然而，众多有意愿、有能力的年轻志愿者却找不到可以发挥个体才能的服务机会。一个灵感涌现出来：如果可以在公益组织与专业志愿者之间建立对接，通过带动更多志愿者开展服务，支持公益组织提升其专业能力，这个社会

[①] 数据来自对 ABC 的内部资源和其负责人的访谈更新。其经济价值的计算基于志愿者的服务时间与同行业的商业价值的中间值的乘积得出。

[②] 全国志愿者的平均服务时间参考杨团主编的《中国慈善发展报告（2015）》2014 中国志愿者捐赠报告。

岂不更加美好？

2008年9月，钱洋与志同道合的朋友们一起创立了美好社会咨询社，希望通过志愿者的专业知识和能力为公益组织提供支持和服务，提升公益组织的专业水平与服务效能，最终使得全社会受益。组织使命清晰定位为"致力于帮助NGO解决因缺少专业知识与技能而无法完成的工作，从而促进NGO持续、有效和健康的成长"①。在战略规划与项目运作层面，ABC完全采用志愿服务的方式，整合各行业专业人士以及高校师生等人力资源优势，为有需要的公益组织在战略、市场、运营、管理、筹资等方面提供专业的分析研究与解决方案，通过提升非营利组织的能力，协助其突破资金、能力与资源的发展瓶颈，提升公益组织的专业能力，促进其可持续发展。

（二）发展历程：从初创到成熟

与国内所有的公益组织一样，ABC的发展经历了初创探索期、规范形成期与成熟扩张期三个阶段，逐步实现了运行模式探索、管理流程优化、模式成熟与复制等组织发展目标。

1. 初创探索期（2009~2011年）。ABC根据公益组织的核心需求设置咨询项目，借鉴商业咨询公司模式，采取项目化运行方式为有需求的公益组织提供公益咨询服务。在此阶段，ABC侧重于公益咨询项目操作和执行，积累了多个领域的项目运营和管理经验。服务过程中，ABC的核心咨询能力和服务优势得到充分挖掘，不仅积累了公益咨询经验、锻炼了项目团队，而且探索了公益咨询项目的有效运行模式。

2. 规范形成期（2012~2013年）。ABC在提供专业化服务之余，开始探索项目的规范化、标准化管理与项目流程的优化。管理团队将项目管理环节细化为43个节点，② 实时掌控节点、了解项目进度，提升了志愿者的服务效能与管理效率。此外，ABC还通过为志愿者提供公益训练营的方式，形成了独具特色的培训体系与专业支撑。

3. 成熟扩张期（2014年之后）。在项目规范化与志愿者培训体系形成之后，ABC的公益项目咨询模式逐渐固化成熟。2014年12月，ABC北京的一名核心志愿者恰逢工作地点变动，带领数位有丰富公益咨询经验的ABC老志愿者成立

---

① http://www.theabconline.org/about-us/vision-mission-value，2014年12月6日访问。
② 数据来自对ABC的内部管理会议访谈，访谈时间：2014年12月10日。

了上海ABC分社。同年，ABC积极开展与惠普、百度等世界五百强企业的合作，帮助企业建立内部的ABC俱乐部，尝试以模块化的方式支持不同企业复制ABC的志愿服务项目运营模式，嫁接企业资源，使更多公益组织受益。

（三）管理运作：组织管理与项目运作相分离

在志愿者的管理层面，ABC采用了项目咨询团队与组织运行团队相分离的原则，可谓职责清晰、各行其是。在时长为3~6个月的项目咨询季中，ABC项目团队志愿者采用专业的咨询方法与工具，提供系统性、专业化方法帮助客户分析、解决组织战略与发展问题。而管理团队主要进行组织架构等内部管理，为项目运营团队提供支持性服务。

根据公益咨询项目流程与核心业务需要，ABC形成了包含项目部、人力资源部、研究部、IT部、企业关系部、客户关系部和筹款部等七个部门的组织架构。截至2014年12月，ABC管理团队的核心志愿者成员已超过70名。在服务内容上，管理团队关注于以下三点：一是关于公益组织的筛选，即哪些公益组织符合ABC服务的要求。二是关于服务领域的锁定，比如咨询领域战略研究、志愿者管理、市场推广、行业调研、项目可行性分析、公共关系管理、人力资源等。三是公益咨询项目运行团队的管理与服务。运用现代化技术手段进行项目管理、咨询案例整理、筹资管理、志愿者人力资源管理等。

（四）项目实施：以志愿者的管理流程为基础

公益项目的实施依托于志愿者资源，志愿者管理是ABC开展项目的基础。其中，志愿者的岗位需求在志愿者招募之前已得到梳理与确定，清晰的岗位和职责分配能够调动志愿者的积极性，提升志愿者的服务绩效。咨询志愿者的选拔使更多的新鲜血液不断加入服务团队中。培训是保障专业志愿服务的前提和必要条件，随后进行的匹配、管理、增值、评估等环节贯穿项目服务始终（志愿者管理的步骤与内容见表1），保证了项目的服务质量和效率。

综上所述，在ABC公益咨询项目管理流程（见图1）中，呈现出以下特点。

第一，志愿者招募途径多元。ABC志愿者的招募信息与宣传依靠信息门户网站、微博、微信等网络平台等新媒体的传播方式。其次，口碑传播也是ABC招募志愿者的渠道之一。2012年ABC的内部调查显示，超过50%的志愿者最早报名ABC项目就是源于同事和朋友的介绍和推荐。此外，ABC在项目启动之初与一些知名外资企业如埃森哲等商业咨询机构合作进行志愿者的定向招募，为后续公益项目的专业咨询服务的质量提供了保障。

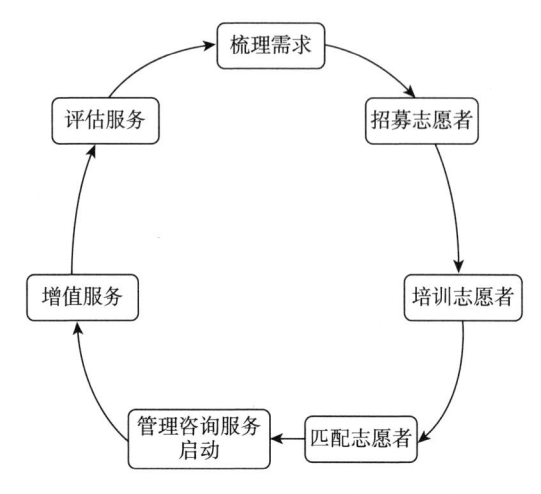

图 1　ABC 公益咨询项目管理流程①

第二，志愿者的培训具有针对性。每个项目季开始，ABC 都开展公益训练营针对新老志愿者进行公益咨询培训。公益训练营中对志愿者的培训包括三方面：一是公益组织与行业现状，志愿者将掌握即将咨询的公益组织的相关信息和行业整体的信息；二是公益咨询行业相关知识、理论、技能和方法，这是根据服务对象的要求和属性决定的；三是团队合作和角色承担，项目化的运作方式决定了高质量的培训对专业服务的效率起着至关重要的作用。

第三，围绕需求开展岗位匹配与服务。通过岗位设置与匹配，ABC 形成了高效的志愿者项目团队。其中，每个咨询项目组设置了 8 个志愿者岗位、3 种服务类型：项目总监 1 名，由商业咨询公司高管或公益组织专家担任，通常在公益和商业领域的咨询经验都很丰富，负责对公益咨询项目的总体方向把关；项目经理 2 名，由具有丰富咨询或管理经验的职业人士组成；项目经理负责搭建咨询框架，设置项目进程，协调客户关系和带领志愿者团队开展各项工作，并对项目质量最终负责；项目咨询师 5 名，由企业志愿者或者大学生志愿者组成，在项目经理的带领下，共同完成咨询项目的各项具体工作。

最后，管理进程和咨询评估等综合环节。在管理咨询进程中，ABC 管理团队根

---

① ABC 官方网站：http://www.theabconline.org/about-us/abc-operation-mode，2014 年 12 月访问。

据项目组进程，监督并把控项目质量。比如，每周召开工作会议，讨论工作进展、互相补位，共同督促确保任务完成。在提供增值服务阶段，管理团队提供志愿者之外的专家资源，协助解决项目组的疑难杂症；在项目结束之后，管理团队还对项目质量、客户和志愿者满意度三方面展开调查，评估咨询项目的服务质量。

表 1　ABC 志愿者的管理步骤与操作内容①

管理步骤	具体操作
招募志愿者	通过口碑、企业和校园渠道招募符合客户需求的志愿者
培训志愿者	通过一个月的培训，使志愿者达到上岗的基本能力要求
匹配志愿者	根据培训表现与个人兴趣匹配志愿者组成项目团队
管理咨询跟进	根据统一流程，管理项目组进程，监督、把控项目质量
激励志愿者	咨询季期间提供专家及协调资源，为项目组排忧解难
评估志愿者	在项目质量、客户和志愿者满意度三方面展开评估

三　志愿共同体模式的形成

作为一个创新型志愿者组织，ABC 充分认识到了现代社会中志愿服务的价值与功能，尤其是专业志愿者的作用。ABC 通过强化使命、依托专业、激发自主性等实现了志愿者组织的社会价值和志愿者个体的自我价值。分析 ABC 志愿服务的创新做法，可以将之概括归纳为引力、能力和动力并行驱动的志愿共同体模式。

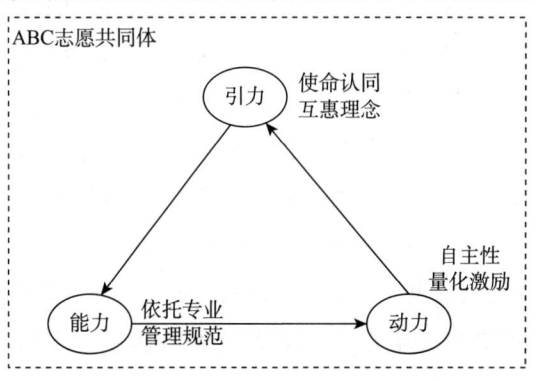

图 2　由引力、能力和动力组成的志愿共同体

---

① 根据 ABC 志愿者的管理资料整理而成。

（一）引力：使命认同与互惠理念吸引了志愿者的参与

志愿行为的功能理论从志愿行为的功能入手研究志愿者的动机，认为人们之所以会选择、实施和维持某种志愿行为，是因为该志愿行为的功能可以满足他们希望的某种特定动机。因此，提升志愿服务项目的吸引力，首先要进行志愿者的动机研究，了解他们的需求，并突出对志愿者需求的满足（Clary et al.，1998；Snyder & Omoto，2008）。

使命认同是吸引志愿者参与服务的元引力。2015年春季ABC的一则志愿者招募广告写道："做公益不易，做专业的公益咨询更难。在ABC美好社会咨询社，既有专业的态度，也有友爱的氛围。2015年春季咨询季志愿者招募即将开始，诚意推荐。"① 其中重点突出了ABC的组织使命与核心价值：专业和友爱。在不同场合，ABC都突出"奉献、专业、责任感、追求卓越"的组织核心价值。其中，奉献体现了ABC这一志愿者组织的性质，组织坚持以奉献精神投身公益事业，志愿者以奉献精神投入服务中；专业体现了ABC的独特理念，组织通过专业方式支持志愿者为公益组织提供咨询服务，志愿者以专业方式、方法提供服务；责任感体现了志愿者组织的信誉，为公益组织提供切实可行的咨询服务；追求卓越体现了ABC组织中志愿者的精英群体特征。在2012年ABC对志愿者的调查显示，② 69.6%的志愿者选择留在ABC组织中参与志愿服务。其中，48.1%的志愿者愿意转入管理团队，21.5%的志愿者希望继续参与到下一季的项目中。由此，志愿者对ABC价值与使命的认同可见一斑。

互惠理念基于对志愿者需求的了解。互惠的概念最早来自人类学家对礼物和礼物交换的研究。美国社会学家帕特南认为，互惠规范和社会参与是促进社会信任和社会资本的重要因素，并把互惠分为均衡互惠和普遍化互惠两种。均衡互惠是指人们交换价值相等的物品，而普遍化互惠是指互惠交换关系在持续进行，而在特定时间内互惠是无报酬和不均衡的（帕特南，2001：201-202）。本案例中的互惠理念指的是普遍化互惠。比如，ABC的创始人自己就是志愿者，项目运转和组织管理人员也无一例外都是志愿者，因此了解并满足志愿者需求成为ABC吸引志愿者的法宝之一。2012年ABC内部对志愿者的一项调查显

---

① ABC的工作微信群，发布于2015年1月24日。
② 来自ABC的内部调查数据，回收问卷69份。

示,① 93.8%的 ABC 志愿者是"80后"。这一年龄段青年人的需求主要集中在学习、就业、成长、社交和接触社会等方面。对志愿者的工作情况进行细分后,发现 34.8%的志愿者工作时间已超过两年,28.6%的志愿者工作时间在两年以内,30.4%的志愿者是在校大学生。因此,ABC 咨询项目在设计初始就考虑了志愿者的发展需求,尤其是在志愿服务的需求挖掘和满足中,创新了志愿服务的理念,体现互惠的规范。基于志愿者特性和需求,ABC 项目的设计着重满足青年人对于成长、发展、学习、交流的需求。一名在 ABC 服务时间超过 1 年的志愿者曾经表示自己参与 ABC 的最初原因是其给志愿者提供了成长空间。

> 我在咨询公司刚工作一年,不可能承担一些领导和管理的岗位,来这里就是希望得到这方面的锻炼。比如人力资源方面,由于企业人力资源与公益组织的人力资源规划存在差异,NGO 的人力资源规划可以进行一些创新,而不是完全和企业一样。②

因此,在志愿者的招募过程中,志愿者组织或者社会可根据志愿者个体的动机及其变化,以组织使命与价值理念为引领,激发志愿者的兴趣,制定具有针对性的招募培训、管理策略,促进志愿行为的持续发生。

(二) 能力:公益需要意愿,更需要专业技能与方法

志愿团队来源的专业性。专业化是确保志愿服务活动品质和效率的重要保障,专业、优秀的志愿者是 ABC 组织发展壮大的依托和财富。专业志愿服务能够提升志愿者的社会价值(党秀云,2011)。为了保障志愿服务的专业性,ABC 通过多种方式与优秀的商业机构合作,提升 ABC 公益服务的专业性和效率。招募专业志愿者的环节就集中体现了这一点。根据 2012 年 ABC 的内部调查,当年志愿者中 26.1%直接来自商业咨询公司,46.4%的志愿者来自外企等公司从事技能型工作。

培训设置的专业化。培训的实施也提升了志愿者服务的意识和能力。ABC 创造性地使用了欧美国家的系统性培训模型——ADDIE(Analysis 分析,Design 设计,Development 开发,Implementation 实施,Evaluation 评估)模型,来设计训练营的培训模块。培训内容包括:公益行业发展概况、项目管理、咨询方法、

---

① 来自 ABC 的内部调查数据。
② 来自 2015 年 1 月 10 日对志愿者小 A 的访谈。

商业访谈技巧、数据收集与调研、商业演说技巧、PPT制作技巧等。为保障培训质量，ABC还专门为训练营研发出标准课件作为讲师的培训大纲。培训形式灵活结合知识讲解、案例分析、模拟演练、团队游戏等多种形式，以全方位提高志愿者的专业技能与合作能力，并培养团队感情与默契，为未来的项目咨询团队合作打下坚实的基础。

项目管理流程的规范有助于志愿者能力的发挥。根据服务内容和对项目的控制环节将咨询项目分成初期、中期和末期三个阶段。在项目初期，确定咨询目标与范围，搭建项目整体框架；中期进行案例研究与客户访谈，初步确定整体方案；第三阶段是完成项目最终方案，交付客户。每个阶段的任务以汇报会形式进行交流和分享，要求全体志愿者参加，同时邀请不同领域的专家志愿者进行点评和意见反馈。这种规范的流程不仅仅保障了项目进展，而且通过项目岗位的梯队建设促进了志愿者个人的成长和能力的发挥。

在笔者对志愿者的访谈中，志愿者也非常认可ABC的培训工作，认为培训与项目管理对专业能力的提升发挥了积极作用。

> 像我可能对咨询感兴趣，但是不知自己以后是否适合咨询工作。我面试通过后，参加了公益训练营的四周（周末）培训。请的都是业内专业的培训师，对咨询的方法、研究进行了非常好的培训和训练。此后，我们志愿者的团队之间会又合作去完成一个项目，在不同阶段都有人进行指导。我觉得，培训和参与项目，服务与合作过程对于提升个人能力，是非常好的锻炼。[1]

由此可见，作为一个提供专业服务的志愿者组织，组织能力至关重要。ABC的专业性来自具有专业技能的志愿者梯队、培训内容的专业设置、项目管理的规范与标准。

（三）动力：自主决策、量化激励与反馈

仅有引力和能力还是不够的，常态的志愿服务需要持续的服务动力和机制保障。志愿服务动力来自志愿者之间的凝聚力以及志愿者对志愿者组织的归属感。在本案例中，推动志愿者持续服务的因素就包括自我效能的提升和自主性的发挥、

---

[1] 来自2014年12月30日对志愿者小B的访谈。

参与式的决策系统、量化的激励与反馈、锻炼的平台和活跃的朋友圈。

自主性和参与式的决策系统促进自我效能的提升。针对志愿者服务绩效低下等问题，ABC采用模块化供需对接和信息公开透明的方式，充分发挥了志愿者自主性。比如，在志愿者与公益项目的匹配环节，ABC设置了"抢人大会"促使志愿者与公益咨询项目之间的对接。针对ABC咨询季并行开展的不同项目，志愿者可以根据自己的兴趣和爱好选择服务内容和服务团队，如果大家都对一个项目感兴趣，项目负责人再根据背景、专业和技能相似等原则进行人员与项目的匹配。除此以外，ABC对公益组织（即服务客户）有着严格的要求，①对服务对象的可持续发展能力有详细的评估。

> 虽然我的工作经验只有一两年，但是在ABC我可以独立、完整负责一个项目，而在公司里这是不可能的。因此ABC的项目服务经历是非常难得的。②

以上可见，在ABC的项目实施过程中，志愿者的自主性和参与式决策在公益项目的服务过程中发挥着重要作用。与此同时，志愿者在服务的过程中不仅能够得到才能施展空间，锻炼责任心和领导力，自我效能也得到了提升。

组织的量化激励和互动——志愿者看得见的成长。在激励管理措施方面，ABC给每名志愿者都建立了志愿服务记录表，详细记录了志愿者从面试到培训，以及项目期间的点滴成长。量化的考核与反馈制度一定程度上解决了志愿服务项目中志愿者的中途退出问题。比如，每名志愿者在服务结束后，可以得到一份志愿者评估报告，内容包括：面试官评价、训练营观察员记录、志愿者自评、项目组内互评结果。评估报告总结了志愿者的面试经验，评估了志愿者从事公益咨询行业的能力和表现。在服务结束时，很多志愿者这样谈自己在ABC的收获：

> ABC的评价对我来说很重要，我可以了解自己的优势和不足，对我下一步的工作和学习很有帮助。③

---

① 访谈发现，ABC对公益组织客户的筛选非常严格。比如，不能太大也不能太小，要求在公益领域有一定知名度，并评价服务客户的咨询需求和目标是否可实现，等等。
② 来自2014年12月30日对志愿者小C的访谈。
③ 来自2014年12月30日对志愿者小D的访谈。

ABC非常好玩,这里可以实现个人成就感,而且朋友们之间会一直联系。在ABC,最重要的是这些志愿者,我找到了志同道合的小伙伴,能够一起学习和进步。我们的志愿者是非常活跃的群。由于我们的背景不同,一起工作中碰撞的火花也挺有意思的。[①]

可见,激励、反馈、锻炼与社交共同激发了志愿者的服务动力。在对志愿者的量化激励与反馈中,管理团队对志愿者的能力与潜力的分析,也促使志愿者自我反思,激发志愿者的归属感。除此之外,ABC给志愿者提供了实践、学习、交友和发挥才能的平台,充分激发了志愿者的凝聚力。

四 志愿服务机制建设的思考

随着社会、经济、技术的快速发展和我国城市化的推进,人们的需求越来越多元化,社会问题也随之增多,涉及的服务领域和问题也越来越复杂,仅仅靠传统的服务方式已经无法满足当今社会中出现的新需求,志愿者群体的作用和价值由此更加凸显。然而,如何吸引、整合、维系一支高素质、专业化的志愿者团队是本案例讨论的核心。

为此,本文使用了志愿共同体这一概念。共同体的概念可以追溯到德国社会学家滕尼斯的《共同体与社会》一书,他将共同体看作是本质意志驱使,具有强烈的情感精神特征,由合作、习俗和宗教等构成,以情感、精神,特别是认同为连带关系而构成的共同体(滕尼斯,1999:52;65-66)。而由引力、能力、动力形成的志愿共同体解释了现代社会中志愿者团队中需要的凝聚力、专业能力和归属感。其中,组织使命与价值吸引了志愿者的参与,志愿者的专业能力又促进了公益组织内部、公益组织之间、公益组织与企业组织之间的交流;有效的激励反馈与精细化管理形成的动力增进了志愿服务组织与项目的可持续性。此案例的研究,也激发了我们对志愿者服务与管理机制进一步的思考。

第一,志愿理念与专业方法同等重要。个人投身公益事业,志愿精神必不可少。推动志愿者服务的核心是激发人们内在的志愿精神,即对美好的向往,

---

① 来自2014年12月10日与12月30日对志愿者小E的访谈。

共同的信念、情感、价值观。志愿精神促成志愿者之间的信任与协同，吸引着志愿者为了共同的事业而开展服务。所以志愿服务不是有心无力的意愿，而是由能力促成的行为。具有专业技能的志愿者是志愿者组织的最大财富，提升志愿者的自我效能和增强志愿者自主性为提升志愿者组织的能力、服务项目的开展提供了保障。通过决策系统、项目运作、量化激励等方式对志愿者的有效管理和适当激励志愿服务推动了志愿服务的常态化发展。

第二，志愿者组织的精细化管理可以规避志愿者个人不稳定带来的风险。一般观点认为，由于志愿者队伍的不稳定性，志愿服务中存在的临时性和短期性，为公益组织的长期稳定运行带来了一定的不确定因素，尤其体现为志愿者的临时退出对项目的影响。本案例中的项目团队尽管也存在着一定志愿者流失的现象，但却未曾出现由于人员不稳定影响项目实施的情况。对比常规志愿者组织的项目运行和管理设计发现，志愿者组织的招募、培训、匹配、项目流程等一系列管理手段的规范化设计以及共同体的形成可以将风险转化为志愿者组织的优势。

第三，志愿者组织发展模式的可复制性。通过搭建信息系统，志愿者组织可以实现实时信息共享，提高内部沟通效率，减少人为因素导致的执行问题。当然，由于不同志愿者组织的服务领域和性质存在差异，组织发展难免受制于组织管理模式本身的缺陷。志愿者组织通过建立专业化服务、项目化运作和制度化规范等方式，使得不同类型志愿者组织的管理模式具有了一定程度的可复制性。

美好社会离不开志愿者的服务。构建具有共同目标、彼此信任、相互联系的志愿共同体，需要"三力模型"（即基于共同价值与兴趣爱好的引力、专业技术的整合能力，以及持续有效的激励动力）的协同发挥作用。

参考文献

丁元竹（1999）：《志愿精神在中国》，联合国志愿人员组织—联合国开发计划署。
党秀云（2011）：《论志愿服务的常态化与可持续发展》，《中国行政管理》，(3)。
〔美〕帕特南，罗伯特（2001）：《使民主运转起来：现代意大利的公民传统》，王列、赖海榕译，南昌：江西人民出版社。
沈杰（2009）：《志愿行动——中国社会的实践和探索》，北京：人民出版社。
〔德〕滕尼斯，斐迪南（1999）：《共同体与社会》，林荣远译，北京：商务印书馆。
魏娜（2013）：《我国志愿服务发展：成就、问题与展望》，《中国行政管理》，(7)。

翟雁、辛华（2015）：《2014 中国志愿者捐赠价值报告》，《中国慈善发展报告（2015）》，杨团主编，社会科学文献出版社。

Clary, E G. et al. (1998), "Understanding and Assessing the Motivations of Volunteers: A Functional Approach", *Journal of Personality and Social Psychology*, 74 (6), p. 1516.

Snyder, M. & Omoto, A. M. (2008), "Volunteerism: Social Issues Perspectives and Social Policy Implications", *Social Issues and Policy Review*, 2 (1), pp. 1 – 36.

Volunteering Community: The Incentive, the Capability and the Motive
—A Case Study of ABC

Xin Hua, Zhou Lingyi, Chen Min

[Abstract] Voluntary services have existed in China for 30 years, but some people still have a vague understanding of and low participation in such services of which the management mechanism is yet to be improved. It affects the actual participation and service effect of the volunteers. A Better Community (ABC), an organization of volunteers only, attracts volunteers through innovating on the service notion and elevating the voluntary service value, gives the volunteers incentive through integrating social resources and aligning supply to demand, and improves the volunteers' capability through carrying out professional training and regulating the technical support for voluntary services via project management. This case presents the volunteering community's characteristics — an integration of motive, incentive and capability — which is sprung from one's heart and built on one's interest, enhances one's ability, spreads love and serves the society. It sheds light on service mode option and management mechanism construction of voluntary organizations.

[Keywords] Voluntary Service, Volunteering Community, Capability, Incentive, Motive

（责任编辑：林志刚）

"茶馆"社会与政治：作为日常生活的公共领域

宋亚娟　张　潮[*]

伴随现代社会原子化和个体化趋势的不断加强，"公共性"问题日益成为显学。也许哈贝马斯描述的18世纪欧洲咖啡馆仍是理想之境：自由、平等、开放、包容是它的特点，也是其魅力所在。在那里，社会分层暂时消弭，每个人可以自由进入和退出；无论熟悉还是陌生，均具有权利与他人对话，平等地参与公共讨论（哈贝马斯，1999）。也许我们还憧憬着19世纪美国城市的酒吧（Duis，1999），就像是一个俱乐部，上演着普通百姓丰富多彩的公共生活。在那里，人们约会、聊天、抽烟、欢笑、争论、探索道理、夸夸其谈，唱歌、跳舞、拉琴、讲故事，寻找知音、结交朋友，买卖东西，寻找工作，兑换支票等。随着现代化的演进、市场和消费主义的兴起、个人主义的发展，以及国家基础性权力的加强，关注"公共性"问题的学者，从西方城市发展史的研究中得出极具警示性的发现：公共领域的结构转型（哈贝马斯，1999），公共人的衰落（Sennet，1978），美国社区公共性和社会资本的衰退（Putnam，2001）。

那么，处于东方文化中心的中国，其城市又上演着怎样的"公共戏剧"？在历史变迁中又表现出怎样的演进路径？与西方公共领域相比，中国公共空间

---

[*] 宋亚娟，清华大学公共管理学院、清华大学公益慈善研究院博士研究生，研究方向：社区治理、志愿服务；张潮，清华大学公共管理学院、清华大学公益慈善研究院博士研究生，研究方向：赋权与公民参与、公共传播、公民社会。

又叙述了怎样的"文化脚本"？中国城市史研究大师罗威廉的弟子——王笛所著《茶馆：成都的公共生活与微观世界，1900-1950》，以成都茶馆为中心，从茶馆的日常生活到经营活动、茶馆公会和雇佣问题再到茶馆政治、政府相关政策的深描，生动再现了茶馆这一微观领域的公共生活和日常政治。同时，作者将20世纪中国茶馆与18世纪欧洲咖啡馆、19世纪美国酒吧进行了比较分析，为读者提供了一个崭新的视角去理解中国城市的公共领域及相关问题。

一 路径：新文化与微观视角

（一）新文化、新视角

20世纪80年代之前，西方学界关于"国家与社会"的研究被现代化范式所垄断。社会学和政治学是该领域的研究核心，其奠基性成果为"社会行动的一般理论"，该理论认为：社会可以通过一系列二元变量来阐释，发展意味着社会必然从一端迈向另一端。"现代—传统"（Almond & Coleman, 1960）、"中心—边缘"（Edward, 1960）为其经典的二分解释体系，其他还有"精英—大众"（Mills, 1999）、"融合—衍射"（Riggs & MacKean, 1964）、"大传统—小传统"（Redfield, 1956）等，这些研究框架都落脚在社会发展的连续统一性上。同时，该理论也表达了这样一种观点：发展的阵地在社会的现代化部门（或中心、精英、大传统、城市化地区），而"落后"部分则存在于传统部门（或边缘、大众、小传统、农村地区）。因此，无论是研究还是实践领域，"现代"和"中心"被更多关注，"传统"和"边缘"被忽视。映照在史学领域，则是对宏大事件、帝王将相、英雄豪杰和知识精英的研究。因为学者相信，只有他们才是构建民族和国家命运的宏大叙事（王笛，2010：13），其中西方中国史学者黄仁宇、费正清是这一研究取向的代表。

现代化研究范式对功能和权威的过于强调，对历史和文化的忽视，使其相关研究受到批评和挑战。人类学家格尔茨的《尼加拉：19世纪巴厘剧场国家》通过对巴厘岛地理、生态、宗族、婚姻、祭祀、庆典、庙会等方面的文化研究，揭示了尼加拉国家的公共戏剧化。与现代化研究的范式不同，格尔茨把共享的"关注点"转移到了地方和底层，关注普通人的日常生活、风俗、传统、语言和思想，开创了有关传统部门、边缘、大众、小传统、农户、穷人等群体的心灵世界、文化世界和思想世界的新文化视角研究（Geertz，1980）。这一研究范式带来了社会科学研究领域的一次重大革命，政治学家开始呼唤"找回国家"，开启了向国家社会学和国家人类学研究范式的转变（Evans, Rueschemeyer, & Skocpol, 1985）；社会学、人类学家倡导进入"社区—田野"进行研究（Park，1975）；史学研究转向了地方史和文化史（Ginzburg, 1992）。西方中国史学者还针对世界范围的"冲击—回应"模式（Fairbank, 1975），提倡"在中国发现历史"（Cohen, 2010），其中罗威廉的《汉口：一个中国城市的冲突和社区（1796-1895）》（罗威廉，2008）即为在"社区发现历史"的经典之作。

王笛受到导师罗威廉研究范式的影响，将城市史研究的视角从宏大叙事转向日常取向，在茶馆中观察普通百姓的闲聊、歇息、观戏、会友、谈生意、找工作等社会生活；透视茶馆财务、经营、管理、茶业工会等经济生活；分析袍哥在茶馆里的活动、茶馆讲理、日常纠纷、邻里矛盾、改良与革命等政治生活，勾勒了底层社会的公共生活和文化现象，弥补了地方史研究的缺失。在史料和数据应用上，从档案馆材料、报刊到学者游记、私人记录再到文学作品和外文资料以及丰富的图片，可谓是信手拈来、旁征博引，具有很强的说服力。

（二）小空间、大社会，小人物、大历史

1. 小空间、大社会

方法论意义上的城市空间研究，即寻找一个独特的场域，如西欧的咖啡馆、美国的酒吧、芝加哥城市社区、成都茶馆等，把这一独特的空间作为一种研究社会的特殊切入点。我国社会学研究鼻祖吴文藻先生在借鉴英国功能主义人类学和芝加哥社会学的基础上，主张"社区"是了解社会的方法论和认识单位，并创立了"社区方法论"为主体的"中国社会学派"（王铭铭，1997：31）。这种分析方法的目的是"从社区（小空间）着眼，来观察社会、了解社会"（吴文藻，1935）和"有志于了解更广阔更复杂的'中国社会'"（费孝通，1999）。作为一种研究方法和研究范式，"茶馆"研究最突出的特点是"见微知著"的透视功能——以"茶馆"来透视"社会"，以茶馆这个微观世界，折射出整个时代的历史变迁。正如作者在导言中所说："茶馆是一个观察问题的窗口，从这个窗口透视出20世纪上半叶中国社会、经济和政治的变迁，以及以茶馆为代表的地方文化和以现代化、同一模式为代表的国家文化之间的互动和博弈"（王笛，2010：12)。

2. 小人物、大历史

20世纪80年代，微观史学研究范式崛起，这极大依赖于文化人类学和新文化研究，具有"微观视角"和"厚描述"的特点。它主要通过一套象征性的符号，在大量的历史话语中去分析微小人物的思想、信仰、习俗、仪式、经济和政治活动，以得出重大结论。微观史学家的工作犹如侦探，需要从琐碎的细节中发现历史的蛛丝马迹和规律，还要跳过表面无意义的证据，发现隐藏在历史中的复杂现实（Ginzburg，1980)。借鉴微观史研究的范式，王笛把对"人们怎样使用公共空间？国家如何控制和影响日常生活？地方文化怎样抵制国家文化？"等宏大问题置于微观的茶馆里，观察底层民众、大众文化和日常生活，透视国家和社会的历史变迁。

王笛生动地讲述了发生在茶馆里的故事，引人入胜；具体细致、贴近生活的观察传递了鲜活的经验；在立足现实的基础上，聚焦茶馆里的人物、事件、经济和政治的变化，指向了社会变化的普遍性。概括来讲，以"微"见"大"，以"小空间"见"大社会"，以"小人物"看"大历史"，为该书核心的研究方法。

二 理论：重新认识公共领域

公共领域究竟是什么？以哈贝马斯为代表的学者认为"公共"的构成要素是人们试图超越自身物质利益的斗争；以阿伦特为代表的学者认为"公共"是由一些特殊的市民组成的，这些市民之间进行非人格的、平等的对话；以桑内特为代表的学者认为"公共"强调形象而具体的空间，在空间里人们的穿着、交谈、举止等都传递着公共表达和公共信息（桑内特，2014：2)。如王笛所言，哈贝马斯对公共领域的定义和研究深刻影响了20世纪的社会科学发展，至今仍被广泛引用和讨论。哈贝马斯认为，公共领域是我们社会生活的一个领域，在这个领域内公民能够自由进入形成公众，就公共利益的问题进行辩论，达成公共意见，最后借用公共媒介和场所对公共权力形成影响、约束和监督（哈贝马斯，1964：125 - 170)。公众、公共意见、公共媒介和场所是公共领域存在的三个关键要素。哈贝马斯的公共领域具有两种含义：一种是在17世纪后期的英国和 18 世纪的法国社会中抽离出来的特定类型的"资产阶级的公共领域",国家与社会的二元对立和理性参与是其理想的构造;另一种是具有类型学意义的"公共领域",指涉一种普遍现象,呈现不同形式并涉及不同的国家与社会权力关系,如"资产阶级的公共领域""文学公共领域""平民公共领域"和"政治公共领域"等。在哈贝马斯那里,公共领域的运用是理性的,即人们聚集在一起,讨论的结果取决于理性,并决定着政治秩序的道德基础和组织构成的合法化。王笛认为,哈贝马斯的定义为公共领域的研究提供了一种理想类型。

王笛的观点与桑内特接近,从抽象的世界回归到真实的生活中,从底层百姓的生活世界中寻找公共的意义。《茶馆》一书对"公共领域"的应用在一定程度上回答了学者们关于"公共领域"能否在中国应用的争论。① 正如王笛在该书中文版序言中所说:"不是'公共领域'这个概念能否用来研究中国的问题,而是在采用这个概念研究中国时,怎样定义和应用这个概念的问题。"王笛赞同哈贝马斯和阿伦特抽象的观念层次,但更加强调实践层次的公共领域。观念和想象层面的公共领域容易导致理想化,而实践中的公共领域,更加展现了哈贝马斯丰富的交往世界,在人们交往的过程中,也许参与者不是想象中的理性人,但却是真实的实践者,正是他们在茶馆里的交往,建构了日常生活的公共性。

与哈贝马斯不同,王笛对公共领域和公共空间的讨论,更多遵循公共领域的"物质"视角和公共性的日常取向,认为公共性和公共领域的问题是形象而具体的。他主要关注人们在公共场域中与陌生人交流的方式、进行经济活动的行为以及与政治力量的互动和博弈。其研究落脚在日常生活,考察茶馆这个物质空间如何演变成一个社会空间,并且如何产生政治意义。首先,茶馆给底层民众的活动提供了一个从私人领域到公共领域的场所。像 18 世纪法国贵族个体从隐蔽的住房跨出,走进公共的沙龙一样,成都底层的普通民众,也走出了封闭的、家族的、夫妻间的私人生活方式,迈进对所有公众开放的茶馆。在那里,人们传播交流各种信息、表达各种意见,并进行各种娱乐活动,如遛鸟、观戏、打围鼓等。只要进入茶馆,人们就扮演着"社会戏剧"中的一个角色,就像桑内特定义的"公众人",在公共空间内变成一个"演员",既观察别人也被别人

---

① 1992 年 5 月 9 日,在加利福尼亚大学举行的"中国研究中的范式问题"的讨论会上,魏斐德、罗威廉、黄宗智等学者就"公共领域"的中国应用进行了讨论,其文章收集于黄宗智主编的《中国研究的范式问题讨论》。

观察，传递出日常生活的公共性。其次，茶馆为观察地方小商业发展提供了极好的平台，使得我们能够深刻理解茶馆行业在地方经济中扮演的角色。茶馆是一般家庭的小本生意，虽然面对新式企业的挑战和政府的规制，但其易于开办和调整，具有坚韧的生命力。茶业工会在价格控制、限制数量、组织抗税、协调与政府间关系等方面也扮演了重要角色，成为行业公共利益的代表和组织者。最后，茶馆也是地方政治的舞台。像美国城市酒吧作为"街沿政治"的场所，法国咖啡馆作为"地方政治论坛"一样，成都的茶馆也是千变万化的"政治万花筒"。袍哥在这里"摆茶碗阵""吃讲茶"，普通百姓将其视为"民事法庭"，小贩、理发匠、艺人等在这里讨生活，地方政府和精英在这里进行改良和革命，"茶馆政治家"把其当成救国的舞台，在茶馆里进行公众聚会和政治宣讲。总而言之，王笛视野中的公共领域和公共生活是地方文化的强烈表达，在中国城市生活中扮演了极其重要的角色，为市民参与社会和政治提供了日常舞台。

在王笛看来，公共领域是一个空间，一个人们社会交往的领域，可以展现人们丰富的日常生活、交往和政治实践的公共性，其核心内涵与桑内特"公共人"的讨论较为接近。王笛从抽象的"世界"转向具体实在的公共空间，研究空间里人们的具体行为和含义表达，从一个侧面论证了"公"的政治含义。

三 变迁：茶馆里的"国家与社会"

王笛把公共领域的理论应用到茶馆的分析中，真正关心的问题是：从清末民初再到新中国时期，国家政权是怎样深入到像茶馆这样的底层空间，又是如何控制人们的日常生活领域？面对国家政权推行的文化同一模式和国家一体化，类似茶馆这样的"地方社会"，又进行着怎样的"日常抵抗"？20世纪上半叶，中国的国家和社会关系如何在历史的进程中不断变迁？

（一）国家政权在"茶馆"里的演进

清朝末年，中国被迫从传统帝制国家向现代国家转变。现代国家与以往的国家形态不同，清晰化与简单化为其国家机器的核心理念，现代化是其发展愿景，理性为其实现目标的工具，国家政权建设主要表现为制度构建和能力建设。

正如吉登斯所言："现代国家最突出的能力是对人们日常生活的渗透，国家权力的一个重要变化是从以往的暴力使用，转变到行政权力的普遍使用，类似于迈克尔·曼提出的'基础性权力'的普遍增强。"基础性权力是一种集体权力，是一种贯穿社会的权力，它通过国家基础来协调社会生活，正是这种基础权力将国家确定为一系列中心的、放射的制度，并以此贯穿其广阔的地域（迈克尔·曼，2005：69）。在中国，国家政权深入底层社会的努力从晚清开始，在民国得到强化，在新中国达到顶峰，这也是20世纪上半叶中国现代化国家建构的过程，茶馆正好见证了这一国家权力在底层社会的渗透历程。

从晚清新政开始，成都像其他城市一样受西方城市规划理念的影响，当局和改良精英发动一场场运动，希望通过理性设计重建城市外表和景观。作为城市公共空间的重要部分，茶馆经常被指责为社会弊病的滋生地，是"惰性"和"落后生活"的代表，自然成为改良者的"猎物"，被大规模取缔和拆除。改良者还运用国家权力对茶馆进行各种限制，如1903年制定的《茶馆规则》，对茶馆的各种经营活动进行了限制。随后，南京国民政府在日本侵略和内战的压力下，为整合地方力量和社会动员，把茶馆变成了救国平台。地方政府和精英竭力控制茶馆娱乐，改造茶馆评书和戏曲，命令茶馆悬挂国民党领袖图像、战时标语等，营造出一种浓厚的政治氛围。抗战胜利前夕，国民政府还颁布了《四川省管理茶馆办法》，对茶馆的登记、绝对禁止事项、绝对遵守事项、卫生标准等进行了详细规定。至此，国民政权成功地对茶馆这一公共空间和公共生活进行了政治控制。1949年新中国成立，新的国家政权开始对社会进行全面改造，行政权力的触角也延伸到了社会的各个领域，茶馆这个最底层的公共空间也不例外。正如王笛在《茶馆》一书的序言中所说："共产党政权的建立，使得国家政权在基层社会的强化达到了顶峰"，20世纪的下半叶，国家权力是怎样渗透和控制社会和日常生活的？我们期待坐在1950～2000年的成都茶馆里品味基层生活、品读这一答案。①

（二）茶馆里"地方社会"对"国家"的抵抗

20世纪上半叶，在西化的"文明"启蒙下，以文化同一模式为特征的现代化横扫地方社会的各个角落。国家政权建设也促使国家积极建立在全社会的基

---

① 王笛正在撰写成都茶馆研究的第二卷：《社会主义下的公共生活——革命和改良时代的成都茶馆，1950-2000》。

础性权力，国家直接干预日常生活的程度不断加深。现代化的文化霸权和国家权力的基层延伸不可避免地扰乱了地方社会的传统生活，两种文化力量存在着巨大的张力。由国家权力推动、有利于中央集权模式的国家文化以强有力的态势持续地改变和消弭着地方文化。在成都，国家文化对以茶馆为代表的地方文化的侵蚀，表现为新政的改良者对茶馆经营、规模和数量的限制，经济现代化对茶馆经营的冲击，国家权力对茶馆的政策干预和政治控制，这些因素使茶馆、茶馆文化和茶馆生活都发生了重大改变。面对现代化的冲击和国家权力的控制，地方文化（茶馆文化）也拿起了"弱者的武器"，进行着日常的"弱者反抗"，并在艰难的生存环境中显示出其坚韧性和灵活性。面对经济现代化浪潮的冲击，茶馆与小商贩建立联盟，及时调整顾客服务，以随机应变的优势成功铸造了防止现代性进攻的"防火墙"。当政府企图利用茶馆做宣传时，茶馆老板会及时为政府提供方便，利用政府的政治议程演唱政治节目，以此披上爱国的外衣，为自己添加"防护墙"。面对社会改良和地方精英的改造和相关约束性政策，茶馆有时选择消极抵抗，既不公开反对，也不积极执行；有时，茶馆也通过集体行动，由茶业工会组织就茶价和征税问题与政府辩论和抗争。经过半个世纪的变迁，国家政治、经济和社会风云变幻，到1949年新中国成立，成都很多传统的生活方式和休闲方式已经不再，但茶馆仍是市民寻求交友、休闲和娱乐的空间，商人做买卖的交易所，劳动者寻找工作的职业介绍所，社会组织的聚会中心。

从茶馆半个世纪的变迁中，可以了解地方社会与国家的关系。一方面，国家权力日益渗透和控制基层的公共生活，以国家文化消弭地方文化。另一方面，地方文化也以其具有意义和连续性的活动抵抗着强势的国家文化，并显示出顽强的生命力。王笛极其肯定并赞扬了地方文化的坚韧，同时提示我们，在现代化建设进程中，应该记住格尔茨的名言："我们要力图掌握土著的观点，并搞清楚他们在干什么以及具有怎样的地方知识。"建议我们加入斯格特的"米提斯救援"[①] 行动中。

[①] "米提斯"是詹姆斯·斯格特在《国家的视角——那些试图改善人类状况的项目是如何失败的》一书中提出的概念，这一术语源自希腊神话。作者用这一术语意指在不断变动的自然和人类环境中，地方在不断实践和经验积累中形成的知识技能和文化。

四 启示：地方社会的研究与实践

王笛沿袭新文化和微观史的研究路径，以公共领域为理论基础，从成都茶馆里体现的国家—社会关系视角切入，回溯了20世纪上半叶成都茶馆里公共生活的历史变迁，反观了现代化和国家政权力量对地方社会和地方文化的冲击。这一研究路径、研究视角和研究发现启人心智，对当下中国的城镇化建设和社会治理有着重要的理论和实践意义。

（一）理解地方社会

地方公共空间，无论是街头巷尾还是简陋的茶馆，都是地方文化强烈的表达，具有极大的学术空间值得挖掘。地方社会的研究，无论是城市社会学研究，如城市社区研究、城市公共空间研究、城市规划研究，还是城市社会史研究，都要深刻地理解地方社会、掌握地方知识，挖掘地方文化。事实上，不同于20世纪早期社会科学研究的宏大叙事、系统理论和结构功能主义，格尔茨以地方知识这一命题开启了阐释人类学的新文化研究。格尔茨主张地方知识的获得、深化和校验需要通过人类学家与地方文化持有者的对话、文化个案的实例研究来进行，鼓励研究者借助对文化符号的"深描"来达到文化实体内在意义的阐释（王邵励，2008）。格尔茨鼓励人类学家进入田野，与研究对象建立一种互动、直接的关系，体验文化持有者对待自身文化的经验感受、思维方式和价值取向，破译其文化符号。与现代化范式所研究的普世知识的求同本质相反，地方知识的本质是求异，以突显地方知识和地方文化非同寻常的内涵和意义。与人类学家不同，微观史学者无法穿越到特定的历史时空与研究对象直接对话，但他们借助丰富的档案馆材料、报刊、学者游记、私人记录、文学作品，走进了最微观的世界和普通民众的日常生活，发现了有意义的另类历史。《茶馆》即为中国城市微观史的经典研究，在特定历史变迁条件下，作者发现了底层公共空间里积累的茶馆文化，而这种文化正是成都地方文化的表达，呈现出成都公共生活的丰富图景。通过对茶馆半个世纪历史的考察，王笛提出了最重要的命题：在日益加强的现代化和国家权力不断扩张的历史进程中，以茶馆为代表的地方文化何去何从？在书中作者事实上也给出了答案：一方面，现代化的城市设计者按照统一的模式轰轰烈烈地改造城市和公共空间，丰富多彩的地方文化已逐渐成为历史旧梦；另一方面，植根于历史和实践经验的地方知识具有坚韧的、顽强的生命力，忽视地方知识，现代化建设有可能面临失败。

（二）尊重地方实践

茶馆，处于弱势地位的茶馆经理人、茶倌、茶客们面对现代化和国家权力的冲击，选择拿起"弱者的武器"，维护自己的日常生活和茶馆文化，用不同的方式抵抗国家权力对社会的侵蚀。成都茶馆发生的地方社会与国家的博弈互动大多还属于"温和的"日常抵抗，两者之间的冲突通过民间意见领袖、行业组织、政府中间人甚至是传统文化、社会规范等形式得到有效缓冲，未形成大的区域性动乱或暴力冲突。但是随着现代化进程的加快，城镇化建设的推进，原有的地方民间组织、社会规范等软约束正日渐式微，这直接导致地方社会和国家现代化建设一旦发生冲突，极易走向无法缓和的地步，甚至演变成群体性事件。大量研究也表明，发生在中国地方的群体性事件正在逐年上升，其组织化、暴力化程度有所加剧（应星，2012；张潮等，2014）。这说明，地方社会与国家权力虽然存在巨大的张力，但是地方文化、地方实践对于国家的稳定、文化的延续，也有其重要作用。国家权力如何有选择地"保留"地方文化、地方传统，尊重地方知识和地方实践，也是事关中国未来发展的重要研究命题。

随着城镇化进程，目前中国各地都在进行着城市公共空间的现代化改造运动，居民搬迁、产业转移时刻都在进行，而在北京、台湾等少数地方却也有坚持从地方文化、地方实践出发，尝试通过"社区营造"打造不同生活方式的努力。这里不比较两者孰优孰劣，但是有必要围绕构建美好生活的初衷，从以下几个方面思考未来：公共空间的现代化有没有带来更好的公共生活？被规划和被建立的社会生活，在多大程度上提高了公民的能力、知识和责任？什么样的社会是人们的福祉，如何才能真正改善人类生存的境况？带着这些问题去观察和思考城镇化的进程和结果，也许更有意义。

参考文献

费孝通（1999）：《社会调查自白》，《费孝通全集》第十卷，北京：群言出版社。
黄宗智主编（2003）：《中国研究的范式问题讨论》，北京：社会科学文献出版社。

〔美〕克利福德·格尔茨（2014）:《文化的解释》，上海：译林出版社。

〔美〕克利福德·吉尔兹（2000）:《地方性知识——阐释人类学论文集》，北京：中央编译出版社。

〔美〕理查德·桑内特（2014）:《公共人的衰落》，上海：上海译文出版社。

〔美〕罗威廉（2008）:《汉口：一个中国城市的冲突和社区（1796－1895）》，北京：中国人民大学出版社。

〔美〕迈克尔·曼（2005）:《社会权力的来源》（第二卷，上），上海：上海人民出版社。

吴文藻（1935）:《现代西方城市社区研究的意义和功能》，《社会研究》。

王铭铭（1997）:《社会人类学与中国研究》，北京：生活·读书·新知三联书店。

王邵励（2008）:《"地方性知识"何以可能——对格尔茨阐释人类学之认识论的分析》，《思想战线》，（1）。

王笛（2010）:《茶馆：成都的公共生活和微观世界，1900－1950》，北京：社会科学文献出版社。

〔德〕尤尔根·哈贝马斯（1998）:《公共领域》，汪晖译，载于汪晖、陈艳谷主编，《文化与公共性》，北京：生活·读书·新知三联书店。

——（1999）:《公共领域的结构转型》，上海：学林出版社。

〔美〕詹姆斯·C.斯格特（2011）:《弱者的武器》，上海：译林出版社。

应星（2012）:《中国的群体性抗争行动》，《二十一世纪评论》，（12）。

张潮等（2014）:《群体性抗争事件中的政策设计与社会建构——以乌坎事件的处理过程为例》，《中国非营利评论》，（2）。

Almond, G. A., & Coleman, J. S. (1960), *Politics of the Developing Areas*, Princeton University Press.

Cohen, P. A. (2010), *Discovering History in China: American Historical Writing on the Recent Chinese Past*, Columbia University Press.

Duis, P. (1999), *The Saloon: Public Drinking in Chicago and Boston, 1880－1920*, University of Illinois Press.

Evans, P. B. et al. (1985), *Bringing the State Back in*, Cambridge University Press.

Fairbank, J. K. (1975), *Chinese-American Interactions: A Historical Summary*, Rutgers University Press.

Geertz, C. (1980), *Negara*, Princeton University Press.

Ginzburg, C. (1980), Morelli, "Freud and Sherlock Holmes: Clues and Scientific Method", *History Workshop*, 1980, (9), pp. 5－36.

——（1992）, *The Cheese and the Worms: The Cosmos of a Sixteenth-century Miller*, JHU Press.

Mills, C. W. (1999), *The Power Elite*, Oxford University Press.

Park, R. (1975), "Social Change and Social Disorganization", *Theories of Deviance*, (7), pp. 37－40.

Redfield, R. (1956), *Peasant Society and Culture: An Anthropological Approach to Civilization*, Chicago University Press.

Putnam, R. D. (2001), *Bowling Alone: The Collapse and Revival of American Community*, Simon and Schuster.

Riggs, F. W., & MacKean, D. D. (1964), *Administration in Developing Countries: The Theory of Prismatic Society*, Boston: Houghton Mifflin.

Sennet, R. (1978), *The Fall of Public Man: On the Social Psychology of Capitalism*, New York.

（责任编辑：朱晓红）

基于现实的选择：走向功能均衡化

——《在国家和社会之间：中国政治社会团体功能研究》述评

王喜雪*

自改革开放之后，中国社会迎来结构性巨变，国家逐渐退出对社会生活的严密控制，公共空间日益扩大。国家与社会在经历了分离之后开始出现新的结合，不断发展的社会团体成为两者之间互动的形式载体，其中，"政治社会团体是其中体量最大的存量资产"（褚松燕，2013）。八大人民团体[①]是我国典型的政治社会团体，从中央到地方形成了伞状组织结构，组织网络遍布全国，其数量远远超过在民政部门登记的社会组织总量。人民团体是具有中国特色的组织，既不同于国外的非政府组织，也不同于在民政部门登记的社会组织，是重要的中国政治主体，与党和政府有着渊源深厚的联系、一脉相承的组织制度。同时，人民团体也代表着各自不同的人民群众，其利益代表地位获得了国家的认可，并"聚集了大量的政治资源、行政资源和社会资源等优质资源"（王名，2015），是兼具政治属性和社会属性的组织机构。

以人民团体为代表的中国政治社会团体在我国历史发展中发挥了重要的政

---

* 王喜雪，博士，北京开放大学副教授。
① 关于"人民团体"这一概念也存在争论，有学者认为它是一个政治概念（详见华世勃，2007；石伟凡，2008）。本文并不对此概念进行讨论，文中提及的人民团体即指传统的八大人民团体。

223

治功能，但是随着时代变迁和社会发展，处于社会全面转型时期的政治社会团体面临基于社会利益分化的代表功能的重新定位及制度重建问题。人民团体是否改革以及如何改革已经成为直接关系到政治体制改革和社会体制改革的重大政治问题和社会问题（王名，2015）。

在上述背景下，褚松燕基于多年调研撰写了《在国家和社会之间：中国政治社会团体功能研究》一书。该书将狭义的政治社会团体即八大人民团体作为研究对象，运用文献分析、案例分析、访谈和问卷调查等研究方法，分析我国政治社会团体的功能变迁，特别是结合改革开放以来政治社会团体的不同功能发挥情况，探究政治社团的合法性现状，并进而分析政治社会团体的功能转型问题。全书共三大部分：第一部分包括导论和第一章，主要阐明该书的研究背景、研究问题、研究方法和分析框架；第二部分包括第二至第五章，作者运用功能—合法性分析框架从历时性角度对八大人民团体的合法性渊源、功能变迁、体制性保障进行了深入探讨，并进而从共时性角度对八大人民团体的功能发挥状况进行了研究，认为政治属性的功能始终优先于社会属性的功能；第六章为第三部分，基于上述分析讨论，作者指出功能均衡化发展才是中国政治社会团体的转型路径。

一 中国政治社会团体的含义辨析与分析框架

（一）政治社会团体的含义辨析

关于政治社会团体的内涵目前并没有统一的界定，学者们通常将之与其他几个相关概念，例如社会团体、利益集团、人民团体等，进行比较分析。该书中作者将政治社会团体与社会团体、利益集团等概念进行比较分析，进而明确了政治社会团体的含义。

一般意义上来讲，政治社会团体归属于社会团体（梁丽萍，2009；王名，2013；褚松燕，2014），在这一方面学者们观点基本一致。在政治社会团体与利益集团的比较研究中，有的学者"将两者的内涵看作一致，认为它们是对于同一种社会现象的不同称谓"（李娟，2007；左秋泉，2010），褚松燕则认为两者具有不同的含义。"利益集团是以捍卫本团体利益为目的而影响政府决策的社会团体"，其包括但不限于政治社会团体，还有潜在的围绕某些议题影响政府决策的其他社会团体（褚松燕，2011a）。由此，社会团体、利益集团、政治社会团体三者的关系即为，社会团体包括利益集团，利益集团包括但不限于政治社会团体。

关于政治社会团体的要素，褚松燕与其他学者的观点有所不同，有学者认为其应包括两大共同要素：一是基于某种特定利益聚集在一起的社会团体，二是影响政府政策制定的社会团体（王浦劬，2006；梁丽萍，2009）。而褚松燕认为，"政治社会团体就是指其利益代表地位获得了国家认可、承担一定公共职能，并制度化地参与到公共事务管理中的社会团体"（褚松燕，2014：16）。该定义不仅包含了上述两大要素，而且加入了组织合法性要素。作者聚焦于中国政府"出于关涉政权、政策的考虑所成立的"政治社会团体，并按照社团相对于政权的渊源和重要程度，以及社团服务对象的性质，将政治社会团体分为狭义的政治性社会团体和政策性社会团体两类（褚松燕，2014：16）。

两类政治社团既有相同点，也有差异性。相同点在于，两者皆"与执政党和（或）政府有着规范意义上的职能关联，是政治过程的参与者"；两者皆拥有法定的公务员或事业单位编制，行政经费纳入政府预算，组织机构与政府机构呈现对应的级别关系，在国家公共事务中占据既定地位，且均属于不需要进行社团登记（计生协会除外）系列（褚松燕，2015）。差异性在于，狭义的政治性社会团体即指传统的八大人民团体，具体而言，包括中华全国总工会、中国共产主义青年团、中华全国妇女联合会、中国科学技术协会、中华全国归国华侨联合会、中华全国台湾同胞联谊会、中华全国青年联合会、中华全国工商业联合会，八个人民团体分别代表特定群体参与政治协商会议，它们属于"体制内结构"，是"制度性意见表达团体"（吕福春，2007）。所谓的政策性社会团体是指与政府关系密切并承担着具体政策的执行任务的社团，政策性社团又分为两类，一类是按照《社会团体登记管理条例》规定免于登记的，例如，中国红十字总会、中国残疾人联合会等；一类是需要登记的，例如计划生育协会、消费者协会等（褚松燕，2011a）。

褚松燕对中国政治社会团体进行了清楚的界定和分类，相较于既往关于政治社会团体的研究，她更关注中国现实，更清晰地反映了我国政治社会团体的独特性，其分类标准的选择也更具科学性，为深入研究政治社会团体奠定了良好基础。

(二) 功能—合法性分析框架

该书是聚焦于狭义政治社会团体开展的一般性研究，褚松燕期望在中观层面对政治社会团体的功能变迁展开研究，她基于既有相关理论，围绕政治社会团体功能研究核心，提出了本书的分析框架——"功能—合法性"分析框架。

作者将政治社会团体的功能划分为行政性功能（政治属性）、代表性功能（社会属性）、服务型功能（社会属性）和倡导性功能（兼具政治属性和社会属性），且不同属性的各项功能在逻辑上并不冲突，因此，"在运行中，政治社会团体政治属性的功能和社会属性的功能只要相互协调均衡，形成功能发挥的合力，政治社会团体的合法性就会随之增强。也就是说，政治社会团体的总体功能发挥与其合法性之间应当存在正相关关系"（褚松燕，2014：72）。

中国政治社会团体在成立之初，拥有了制度合法性、价值合法性和社会合法性，但是改革开放以来，随着社会发展，其制度合法性得以充实，价值合法性受到价值多元化的冲击，社会合法性则面临社会利益分化和社会分层所带来的巨大挑战，政治社会团体的功能及其合法性之间的关系趋于复杂。作者遵循"功能—合法性"框架，通过分析政治社会团体的功能变迁以探究其合法性现状，进而深入分析政治社会团体的功能转型策略。

二 政治社会团体的合法性及其功能分析

(一) 政治社会团体的合法性探析

合法性是一个在政治学、法学、社会学等学科领域内颇受欢迎而又颇具争议的词语。18世纪卢梭首次在理论上明确谈及了合法性这一命题，他认为，人民的公意是公共权力合法性的唯一源泉，"社会契约"及"公意主权"的思想是其合法性相关理论的理念起点（卢梭，1997）；马克斯·韦伯认为"权威和服从"关系是合法性问题的核心，他所关注的是统治权威如何得到民众的服从（韦伯，1998）；哈贝马斯对韦伯进行批判，他强调，合法性意味着对于某种要求行为正确的和公正的存在物而被认可的政治秩序来说，有着一些好的根据。一个合法的秩序应得到承认，合法性意味着某种政治秩序被认可的价值（哈贝马斯，1989）。综上所述，合法性理论自其诞生以来，从卢梭的"公意"到韦伯的"服从"再到哈贝马斯的"价值"，始终徘徊于"经验理论与规范理论二元化的张力"（胡伟，1999）。

基于既有研究者对合法性的论述，可以看出，合法性概念关注的是一种政治关系，是民众与某类权力主体之间的关系。政治社会团体作为政治性社会组织，对其进行合法性探讨是应有之义。综观关于中国政治社会组织（包括人民团体）的既有研究，大多数研究均建立在政治社会团体是国家正式组织的既有认定之上，少有研究明确涉及其合法性问题。褚松燕在该书中对中国政治社会团体的合法性进行了明确分析，她将合法性问题分解为制度合法性、价值合法性和社会合法性，认为制度合法性具有稳定性，价值合法性和社会合法性则随着社会变迁而发生变化。制度合法性强调权威和服从，价值合法性强调是否符合国家主流价值，社会合法性强调社会公众对其的认可，对中国政治社会团体合法性的这种分析方法既包括经验意义又包括规范意义，既强调了其正当性，又强调了其有效性。

褚松燕通过对中国政治社会团体的历史脉络进行考察，追查其原初合法性。该书从历时性角度对八大人民团体的原初合法性来源进行了分析，认为其与中国共产党呈现出的"共生关系"使其在成立之初即获得了很高的政治地位和社会认同，进而在中国共产党的政权建设进程中固化了自己的合法性，可以说，新中国政权建设的过程就是政治社会团体合法性的固化过程，中国政治社会团体在其发展初期获得了制度合法性、价值合法性和社会合法性。

合法性是动态发展的，随着中国政治发展和社会变迁，中国政治社会团体的合法性也发生变动。褚松燕通过对八大人民团体的功能变迁进行探讨，认为在当下，中国社会团体的"制度合法性"得以加强，"价值合法性"和"社会合法性"却遭受了空前的危机。这一结论是基于作者对1987年10月召开的党的十三大之后的八大人民团体的功能变迁及实施现状的文本分析以及实践调研得出，这也是笔者首次见到关于八大人民团体除文本资料之外整体性的实际调研资料分析。

（二）政治社会团体的功能失衡及其原因分析

在该书的第四章和第五章，褚松燕以1987年10月召开的党的十三大为起点，对政治社会团体的功能发挥、存在问题及形成原因进行了详细论述。

1. 政治性压倒社会性的功能失衡现象

有学者认为政治社会团体具备组织功能、参政议政功能、监督功能、政府助手功能等（梁丽萍，2009；李娟，2007；左秋泉，2010），此种功能诠释是依据政治社会团体的工作任务进行划分，但过于表面化，无法体现政治社会团体自身的属性。而且总体来说，关于政治社会团体的功能研究也并不多见。褚松燕依据政治社会团体的工作职责结合其组织属性，认为政治社会团体具备四大功能：行政性功能、代表性功能、服务型功能和倡导性功能，分属于社会属性和政治属性两大类别。这种分类方法是基于国家与社会的关系而定，且四类功能表述更能阐明政治社会团体的本质特征。

我们认为政治社会团体兼具政治属性和社会属性，那么其不同属性的功能之间是如何整合的？作者梳理了20世纪80年代以后八大人民团体的章程，对政治社团自身的任务表述进行了文本分析，发现政治社会团体的功能逐步定向于党和政府、会员和联系群众、社会公众三个方面，且从章程叙述的发展来看，其功能定位具有连续性，均体现了政治属性对于社会属性的优先性。随着社会利益的分化以及冲突活跃，政治社会团体日益陷入"代表泛化"的困境之中，政治属性遮蔽社会属性的弊病日益明显。针对此种现象，党和政府提出了加强政治社会团体基层工作的要求，以便切实发挥其作为党和政府与群众之间的桥梁和纽带的作用。由此，政治社会团体的功能定位开始从革命专政走向社会建设，社会属性的功能逐渐受到关注。

自改革开放以来，我国分别于1993年和2000年进行的两次机构改革加强了政治社会团体的社会属性。同时，政府通过相关法律法规、行政文件等对政治社会团体进行了制度性赋权。作者认为，虽然制度性赋权免除了政治社会团体发展的后顾之忧，但同时也为其功能转型带来较大的阻力。虽然政治社会团体尤其是其基层组织进行了功能转型方面的创新性探索工作，但由于受制于多方因素，政治社会团体的功能转型并未有效实现，政治属性依然强于社会属性。作为连接政府和群众的桥梁，政治社会团体和政府的联结通道已经完全打开，并形成了制度化的联结方式，而政治社会团体和群众的联结通道尚未完全打开，由此，打开与群众的联结通道并使之制度化则成为政治社会团体在社会全面转型时期的首要任务。

现阶段政治社会团体的政治属性强于社会属性是诸多学者的共识（华世勃，2007；周曦，2007；左秋泉，2010；等），褚松燕也持此观点，其贡献在于：她超越个案分析和历史研究，用大量实证数据说明政治社会团体的功能失衡现象；

基于政治社会团体当下社会合法性缺失的现实，结合其自身定位，认为增强其社会属性已经成为社会全面转型时期的首要任务。

2. 体制性嵌入与自主机制匮乏导致功能失衡

诸多相关研究均是将重点放在政治社会团体改革的政治背景和社会背景上，认为是改革开放以来中国在经济体制和政治体制发生的深刻变革改变了政治社会团体（包括人民团体）的生存环境，促使它们进行功能调整（周曦，2007；华世勃，2007），上述研究可以看作是政治社会团体功能变迁的背景，或者说是导致其功能转型的宏观原因，但是却无法解释当下政治社会团体为什么会存在功能失衡现象。褚松燕在本书中详细分析了政治社会团体功能转型的社会转型背景，认为当下正处于"政治—社会生态的历史性改变"（褚松燕，2011b），同时，她依据自己的调研资料对政治社会团体功能失衡现象的原因进行了中肯的分析。

作者认为，造成政治社会团体的社会合法性缺失的原因主要在于两个方面：体制性嵌入和自身运作问题。从外部环境来看，政治社会团体的属性配置受制于国家—社会关系发展，当下，社会的价值越来越凸显，但国家—社会关系仍然处于由全能控制向有限控制的缓慢转变进程之中。党和政府依然将政治社会团体纳入体制性保障之中，为政治社会团体在人事、经费和工作方面提供支持，这种国家制度的过度安排使得政治社会团体的行政倾向严重，呈现严重依附性，组织自主机制匮乏，造成在体制内处于弱势地位，缺乏议价能力。从内部环境来看，政治社会团体也受制于自身内部的治理结构、人力资源和工作方式。政治社会团体内部存在小团体控制问题，维护部门利益成为组织运作的首要目标，系统内部尚未形成有效的治理结构。在基层工作中，经费缺乏、人员专业化素质过低、整体工作能力不足则成为长期困扰政治社会团体的问题。

褚松燕从制度环境和组织发展两个角度探索政治社会团体功能失衡及转型效果不佳的根源，用调研资料加以佐证，将其当下面临的困境及挑战从外部至内部、从上层至基层细细铺陈于纸面，为其寻求功能转型路径提供了有力的依据。

三 功能均衡化：当下政治社会团体的转型路径

自改革开放以来，全面社会转型带来国家与社会关系的变化，中国市民社会已经初步形成（Moore，2001；Saich，2009；汤普森，2009；俞可平，2006；

高丙中、袁瑞军，2008）。政治社会团体面临新的定位，它们到底是政治国家的组成部分还是市民社会的组成部分？不同的定位带来不同的两种观点。一种观点认为，政治社会团体从本质上属于公民社会的组成部分，应当通过去行政化使之回归社会（贾西津，2011；邓国胜，2010）；另一种则认为政治社会团体属于国家的组成部分，是党政机构的一种存在形态，应当走回归政府序列的改革路径（沈原、孙五三，2000）。两种截然不同的观点昭示政治社会团体的转型陷入或者回归政府的行政化倾向或者走向民间的自治化倾向这两种对立的选择困境（王名、贾西津，2002）。

褚松燕在寻找政治社会团体功能转型的路径时，并没有陷入这种非此即彼的选择困境。可以说，国家与社会的关系理论是作者研究的理论基础，但是中国实践才是其选择路径的根本依据。由此，作者对上述两种观点进行了分析与批判：回归社会的观点抓住了时代特征，强调了政治社会团体需要立足社会属性这一事实，但是未能考虑中国政治的逻辑与现实；回归政府的观点则强调了中国政治的逻辑和现实，但是却没能纵览国际潮流以及没有立足国家发展战略需求。作者认为，政治社会团体的功能转型并非一个二选一的问题，而是一个基于合法性渊源的各功能保持平衡的问题，即作为政府和社会之间的桥梁，担负双重代理角色的政治社会团体应充分保持政治属性功能和社会属性功能的均衡。功能均衡化是基于中国现实和国家发展战略需求的政治社会团体的改革路径。均衡是动态的，基于当下的实际，政治社会团体的改革应立足于行政性、服务性、代表性和倡导性四大功能之间的均衡，发挥政治属性和社会属性相结合的优势来铺设国家和社会之间的中间层。我国社会管理体制依托的是党为领导力量、社会精英为连接力量、社会公众为支持力量的社会化结构，针对这一现实，作者指出，政治社会团体已经具备社会精英组织化节点所需要的结构地位，所以，"社会团体联合会"是政治社会团体的改革目标，改革重点即为围绕社会团体联合会对所联系的社会群众进行结构化整合调整功能侧重点。换言之，即应采取社会属性的功能为主，政治属性的功能为辅的改革思路。

依据上述改革思路，我们可以找到中国政治社会团体功能均衡化的具体措施，例如，从外部制度环境着手，在保持其政治地位的同时，应将过度制度性保障调整为适度；从内部管理来看，应聚焦改革目标，改进工作方式，激活内部组织活力，等等。虽然这些具体措施在很多研究中都出现过，但由于作者阐述了明确的改革思路,且有基础性调研资料作为依据,这些措施更加具有系统性以及可操作性。

四 结语

本书是关于我国政治社会团体的一般意义上的总体性研究,其价值主要在于:首先,作者对于我国的政治社会团体做了明确的概念界定,并依据社团相对于政权的渊源和重要程度以及社团服务对象的性质将其分为狭义的政治社会团体和政策性社会团体两类。这种界定和分类使得中国各类政治社会团体的边界趋于明晰。其次,作者基于大量历史和现实的调研资料,指出政治社会团体的双重代理困境并非由于政治属性与社会属性的矛盾造成,而是由于政府过度保障和自主机制匮乏造成,为研究结论提供了有力依据。第三,最重要的一点在于作者抛开了非此即彼的思路,而是基于中国实际,立足于国家发展战略和时代发展潮流,提出了政治社会团体功能均衡化发展的政治社会团体的转型路径。

关于中国政治社会团体的研究并不算多,且多数研究是集中于政治社会团体的总体发展现状进行论述,缺乏对于政治社会团体的功能发挥现状及效果的研究。褚松燕所著《在国家和社会之间:中国政治社会团体功能研究》一书则完成了上述工作,并为政治社会团体转型指出了或回归社会或回归行政之外的第三条路径,拓宽了改革思路,为当下的改革困境提供了一种可能性选择。但是该书的"功能—合法性"分析框架尚不完善,功能与合法性之间的关系尚未展示;虽然做了大量的调研资料,但是这些资料更多的是静态数据,缺乏动态性发展数据,无法对政治社会团体的转型过程加以分析;该书着重对狭义的政治社会团体即八大人民团体进行总体性研究,由于工作量浩大,该研究更多地聚焦于表面特征,并未对八个不同团体进行深入的纵向比较研究。尽管有一些不足,但是这并不能掩盖该书的学术价值和应用价值。

参考文献

褚松燕(2011a):《政治社会团体涵义辨析:概念比较》,《上海行政学院学报》,(3)。——(2011b):《互联网时代的政府公信力建设》,《国家行政学院学报》,(5)。

——（2014）：《在国家和社会之间：中国政治社会团体功能研究》，北京：国家行政学院出版社。

——（2015）：《人民团体的基本问题》，《中国机构改革与管理》，(4)。

邓国胜（2010）：《政府与 NGO 的关系：改革的方向与路径》，《中国行政管理》，(4)。

〔美〕汤普森，德鲁（2009）：《中国发展中的公民社会：从环境到健康》，《国外理论动态》，(3)。

高丙中、袁瑞军（2008）：《中国公民社会发展蓝皮书》，北京：北京大学出版社。

胡伟（1999）：《在经验与规范之间：合法性理论的二元取向及意义》，《学术月刊》，(12)。

华世勃（2007）：《人民团体若干问题的研究》，《学会》，(1)。

贾西津（2011）：《官办 NGO 路在何方》，《学会》，(12)。

梁丽萍（2009）：《当代中国政治社团发展状况研究》，《当代世界与社会主义》，(2)。

李娟（2007）：《当代中国社会政治社会团体的发展状况及引导》，山西大学。

〔法〕卢梭（1997）：《社会契约论：政治权利的原理》，何兆武译，北京：商务印书馆。

吕福春（2007）：《中国复合型社团研究——以中国共青团的职能变迁为个案》，天津：天津人民出版社。

〔德〕马克斯·韦伯（1998）：《经济与社会》，林荣远译，北京：商务印书馆。

沈原、孙五三（2000）：《"制度的形同异质"与社会团体的发育》，中国青少年发展基金会编《处于十字路口的中国社团》，天津：天津人民出版社。

王名（2015）：《点评：人民团体改革路径》，《中国机构改革和管理》，(4)。

王浦劬（2006）：《政治学基础》，北京：北京大学出版社。

俞可平（2006）：《中国公民社会制度环境》，北京：北京大学出版社。

〔德〕尤尔根·哈贝马斯（1989）：《交往与社会进化》，张博树译，重庆：重庆出版社。

周曦（2007）：《社会转型背景下的中国人民团体及其功能转化》，《商业文化（学术版）》，(9)。

左秋泉（2010）：《当代中国政治社会团体的发展研究》，山西大学。

Moore, R. R. (2001), "China's Fledgling Civil Society-A Force for Democratization?", *World Policy Journal*, Spring 2001.

Saich, T. (2009), "Governing in a Period of Profound Transformation", Keynote opening speech to the China Social Development Forum, October 25.

（责任编辑：朱晓红）

公益创业：一个概念性考察

杨 超 唐亚阳[*]

"本质上存在争议"的概念理解范式最早由英国学者盖里（Walter Bryce Gallie）于 1956 年在其著名论文《本质上存在争议的概念》（"Essentially Contested Concept"）（Gallie，1964）中提出。盖里认为"所谓在本质上争议的概念指的是那些拥有多重不同用法的概念，这些不同的用法都有充分的论据支持"（John，1997）。该理论作为一种概念分析框架，采用一套相互关联的阐述理解和分析概念中重要问题的标准，对复杂概念及其变化的动态模式给出一个现实的解释。近年来公益创业引起学界和社会的广泛关注，对于公益创业概念的理解分歧也日益突出，由此，有必要引进新的理解范式。采用"本质上存在争议"的理解范式，有助于把握公益创业概念存在争议的根本原因，即在其本质上存在诸多争议从而出现多样理解。为此笔者将首先对中外公益创业的基本定义进行回顾，同时结合盖里的"本质上存在争议"的理解范式对公益创业的概念复杂性原因进行探析，并试图对公益创业的内涵和外延予以界定，最后尝试性地对其进行定义，提出笔者的理解。

一 中外学界对"公益创业"概念的理解

目前国际上普遍以笛茨（1998）的定义为理解蓝本，认为公益创业：①是

---

[*] 杨超，湖南大学马克思主义学院博士研究生，研究方向为公益创业教育；唐亚阳，湖南大学马克思主义学院教授、博士生导师，主要研究方向为高等教育管理与公益创业教育。

一项持续产生社会价值的事业;②通过不断发掘新机会来实现社会使命;③持续的创新、适应和学习过程;④不受当前资源稀缺限制所采取的大胆行动;⑤对被服务的民众和被创造的结果显示出高度的责任感(Dees,1998)。这个定义深刻地把握了公益创业的本质,目前学界虽然从多个角度对公益创业进行理解,但主要还是围绕其社会价值、机会识别与转化、实现社会创新等方面展开。在诸多学者的理解中,所谓"创业"就是创办事业,而不只是单纯的创办企业或者公司,因此认为公益创业是"一个通过利用一系列资源和组织安排以使社会影响最大化并带来变革,致力于从战略高度上解决社会市场失灵和创造新机遇,以系统地增加社会价值的创新和有效的实践总和"(Social entrepreneurship,2006)。

约翰逊(Johnson,2001)认为公益创业是一种混合模式,这种部门包括非营利组织与政府部门之间的合作[①],也就是现在中国政府所提倡的"PPP"(Public-Private-Partnership)模式,这一界定意味着承担主体的多元化和表现形式的多样化。该概念既包括非营利企业完成社会使命所进行的商业运作过程,也包括营利企业所进行的商业活动,甚至于包括营利企业基于提高企业品牌形象所承担的社会责任。

中国台湾地区对欧美所开展的公益创业实践也有深入研究,其中以学者郑胜分为代表,通过其对公益创业的理解,可管中窥豹地了解台湾研究现状。对"social entrepreneurship"的理解,郑认为美国人的理解偏向"社会企业家精神"(郑胜分,2006),也就是莱特(Paul Light)所认为的"社会企业家精神是指某个体、群体、网络、组织或组织联盟,通过一些不同于一般政府组织、非营利组织和商业组织做法的打破模式的理念,致力于解决一些重大的社会问题,从而实现可持续的、大规模变革的一种力量"(莱特,2001)。由此郑将公益创业行为理解为社会企业实践行为,主要包括 NPO 组织商业化和盈利企业 NPO 化两种行为,前者侧重经济层面的商业化,目的在于弥补传统财政的缺口;后者则侧重于经济面的企业社会责任,企业通过介入非营利领域以提升企业形象,谋求企业的永续发展(郑胜分,2008)。

[①] Johnson S. (2000), "Literature Review on Social Entrepreneurship, Canadian Centre for Social Entrepreneurship", *University of Alberta School of Business*, www. business. ualberta. ca/CCSE/publications/default. htm, November 2000, accessed January 23, 2009.

中国大陆地区对"公益创业"概念的理解，主要基于胡馨（2006）的理解："个人在社会使命的激发下，在非盈利领域援用商务领域的专业作风，追求创新、效率和社会效果，在争取慈善资金的竞争中独树一帜，将公益事业办成一个可持续发展的、有竞争力的实体"。这也成为目前国内理解公益创业的基础范本，但该理解认为创业的主体为个人，还有待商榷。对"社会创业"概念的理解主要基于陈劲等的理解："社会创业本身具有明显的社会目的和社会使命，是一种在社会、经济和政治等环境下持续产生社会价值的活动。这种活动通过前瞻性地不断发现和利用新机会来履行社会使命和实现社会目的；而且，社会创业者在创新、适应和学习等创业活动中，会采取一定的冒险行动，而不会受当前资源稀缺的限制而裹足不前。"（陈劲、王皓白，2007）该理解以笛茨的定义为蓝本，在理论上无明显突破。这两种理解目前成为"Social Entrepreneurship"国内的主译。

二 基于"本质上存在争议"的概念理解范式

采用盖里的"本质上存在争议"的理解范式，可直击概念核心处的分歧，而不是采用传统的研究方法对其概念边缘处的争议进行分析，为此盖里提出了界定"本质上存在争议"的概念的七项标准：①评价性；②内在复杂性；③多样描述性；④开放性；⑤共识性；⑥初始范本；⑦发展的竞争（Gallie，1956）。考虑到公益创业概念存在诸多分歧，且学界尚未达成共识，被广泛接受和认可的概念也尚未出现，因此可采用"本质上存在争议的概念"这一理论范式对其复杂性进行理解。

（1）评价性（Appraisiveness）。此标准预示或蕴含了某种价值的实现，可以从三个方面进行理解：一是指明概念的作用不仅在于描述，更关键的是对其可能产生的价值效用进行评价；二是概念的规范评价应包括肯定性价值和否定性价值；三是概念的价值评价必须依赖于所被使用的理论或应用的特定背景。戴伊（Dey，2006）认为公益创业"代表了学界、政界等领域的最新时尚潮流，展示了社会组织解决社会问题的积极态度"；莱特（Light，2009）认为公益创业"是当今解决社会问题最具吸引力的手段"，由此可以论断公益创业不同于以往的慈善、博爱等理念，不仅表明了积极的社会价值取向，同时也表明其独特的价值实现方式——运用商业化的市场手段来解决社会问题。

(2) 内在复杂性 (Internal complexity)。概念的复杂性关键在于其内在包括各种可能的成分或特征,尽管"其价值是作为整体被赋予的"。同时概念的复杂性也从另外一个层面说明它是"过分聚合"(over-aggregated)的,因而分解概念可以减少或消除其内在的复杂性。公益创业的内在复杂性主要体现在以下五个方面:一是社会价值类型的多样性,由于"社会"概念的复杂性,使得社会价值界定模糊,包括确定社会使命,创造社会财富,解决社会问题,满足社会需求,甚至于传播一些基本的价值观如自由、平等、宽容等。二是公益创业者的主体身份界定问题,公益创业者是否包括社会企业家(social entrepreneur)、具有冒险精神的创客(maker),甚至于相关的研究人员?三是公益创业组织的边界问题,它与第三部门、NGO、NPO 之间的区别与联系如何把握?四是公益创业的市场导向问题,到底应该以追求经济效益优先,还是应该保证财政的可持续性发展?抑或是确保资源通过市场化的运作被高效使用?五是社会创新的问题,笛茨认为公益创业是持续的创新过程;佩雷多认为它是一种创新式的就业方式;其他人则认为是解决社会问题的新模式、推动社会进步的新方向,等等。通过从价值取向、主体、边界、手段及目的等维度展开剖析,公益创业概念内在的复杂性得以一一展示。

(3) 多样描述性 (Various describability)。概念的内在复杂性导致描述的多样性,"但也存在能够分辨出一些较好含义的可能性"(Swanton,1985:815)。为此扬森(Bacq & Janssen,2011)提到:"自从公益创业作为一种复杂和多元的现象被理解之后,就没有一个普遍被接受的或者一个评判的标准对其定义进行准确界定。"Social Entrepreneurship 自引入中国,目前的翻译主要有"公益创业"与"社会创业"。前者以胡馨、唐亚阳、汪忠等为代表,胡馨的理由是"Social Entrepreneurship 强调第二部门商业企业的规范与第三部门公益事业的结合,但'社会'这个字眼并不等同于第三部门,故译为'公益创业'较为妥当"(胡馨,2006);后者以严中华、陈劲、李勇等为代表,李勇(2010)认为"将 Social Entrepreneurship 翻译为社会创业,原因在于社会创业包含着多样化的主体、过程及精神追求,更能体现社会建构理论的发展"。为澄清疑惑,有必要对公益创业与社会创业之间的联系进行深究。

表1　公益创业与社会创业的关系

	公益创业与社会创业的关系
联系	1. 同源：social entrepreneurship 2. 同向：解决社会问题创造社会价值
区别	1. 背景有别："公益"是一个现代概念，而"社会"古已有之 2. 词义有别："公益"强调非营利性，而"社会"则意义模糊 3. 指向有别："公益"偏重非政府性的社会活动，而"社会"泛指一切活动包括商业活动等 4. 语境不同："公益"为教育学、法学所采用，"社会"为商学、管理学等采用

（4）开放性（Openness）。概念的开放性是复杂概念在本质上存在争议的重要因素，正是由于其开放的发展性，概念在新的环境下不断加以修正，使得概念表述与事物的真相不断接近，同时也使得对于概念的调整无法提前规定或预期。"公益创业一词可能不太熟悉，但公益创业现象由来已久。"（Dees，1998）这也就决定了公益创业在不同的历史发展时期，其内涵及表现形式均有所区别。

（5）共识性（Aggressive and defensive uses）。也有学者将其理解为"相互认可"。这个标准假定了概念的不同使用者承认其争议的特征，争论者也会认识到他们在以不同的方式使用相同的概念。例如，"市场导向性"是公益创业的基本特征之一，已经得到学界的一致认可。

（6）初始范本（Oringinal exemplar）。在盖里对范本的狭义理解中，本质上存在争议的概念被认为是植根于一个初始的范本，即该范本的"权威是被所有相互竞争的使用者所承认的"。为此对范本的理解应放在那些复杂的、范式型的例子上，正是这些范本支撑了概念的内核。迈尔等（Mair&Marti，2006）认为"公益创业的研究者们通常将其研究基于现实的证据及案例之上"。崔莉雅等（Choi & Majumdar，2014）认为公益创业的研究范本应该是尤努斯创办的格莱珉银行，该模式在孟加拉迅速推广开来，得到国际社会的一致赞誉，并凭此获得2006年的诺贝尔和平奖。

（7）发展的竞争（Progressive competition）。即持续的概念争论有望导致概念质量的显著提高，但该观点也遭到了许多学者的反对。弗里登（1998）认为概念的争论可能保持在低水平，它们有可能枯竭而不是对概念的内涵加以丰富，这些争论或许是退步的，甚至导致概念的部分含义被遗失或抛弃。戴伊（2010）将公益创业从三个层面理解，包括宏观理解、中观理解及微观理解。迪茨（2006）将公益创业主要分为两个流派，一是创业派，指通过进行商业活动获取资源进而完成社会使命的非政府组织；二是创新派指采用创新性的办法解决社会问题，不一定通过商业手段。

三 对公益创业的概念分解

对公益创业概念以"本质上存在争议"的范式进行理解，目的在于找出其难以界定和达成共识的根源所在，这也是我们试图进行概念界定的理论前提。概念就是透过充要条件的方式加以定义，所规定的条件越多，则概念的"所指—实物—能指"（Ogden & Richards，1923）关系越和谐，实现"词能达义"的目的。在亚氏的理解中，所谓某件事物的本质，即是一套基本属性，那是任何具体事物若要成为某种类型事物就必须具备的充要条件。（Cohen & Nagal，1934）为此将从公益创业的主体规定、价值取向、组织形式、活动领域等维度对其概念进行剖析。

（1）主体规定。社会企业家（Social entrepreneur）被认为是公益创业活动的灵魂与中心，（Dees，1998）作为公益创业实践的推动者和社会创新的先行者，地位至关重要。目前关于公益创业者概念的争论较少，但是这个问题也不容易回答，什么样的人才能算是一个公益创业者？一部分人认为只有那些开办社会组织的人才算，一部分人认为只要具有创新精神的、开阔视野的、冒险精神的创客（Maker）（Bacq & Janssen，2011）就算，甚至于一些人认为志愿者、义工、慈善家也算。

为此笛茨在其经典论文《公益创业概念辨析》中就对社会企业家的特征进行了详细分析，认为社会企业家是社会创新的重要力量，主要具备以下特征：①强烈的社会使命感；②较强的社会创新能力；③持续的创新、适应与学习；④能够不受当前资源的限制敢于采取大胆的行动，等等（Dees，1998）。

埃斯特（Ernst，2012）对8056名参与者进行调查，得出的结论是"社会企业家近似于女性、非白人、年轻、大学教育程度并具有一定的商业经验，住在大城市里的个体"，并提出了具体的要求，包括：①老年人不适宜作为社会创业者；②女人尤其是非白种人适宜；③健康者适宜；受过大学教育者适应；经验丰富；大城市的人；④多为参加公益活动者——社交网络问题；⑤生活态度积极向上，较强的政治意识，性格开朗，思想开放。

海廷加（2002）认为社会企业家应该具备如下特征：①对促进社会经济发展有毫不动摇的信念；②对实现自己的理想有高度的热情，包括采用新发明、发明新路径，或者是技术的突破等；③不受当前资源、规则或是风险的限制，对解决社会问题有鲜明的态度和明确的创新方法；④对让改变发生有急不可待的欲求；⑤能够及时发现机会创造过程中的问题；⑥由提高民众福祉的理想驱动其非意识形态性的、实践性的视野。

（2）价值导向。创造社会价值、解决社会问题是公益创业的根本特征，也是公益创业组织的基本使命。创造社会价值的内涵较为丰富，包括高尚的行为、利他的动机，甚至于人类共同价值的追逐包括自由、平等、宽容等。社会利益的多样化使得对于社会价值的理解也纷呈多样，也在一定程度上提高了对社会价值的理解困难。笛茨认为"社会使命是公益创业者的核心追求……是社会影响而不是财富增长是其评判标准，因此物质财富只是实现社会使命的手段而已"（Dees，1998）。过程与结果的不一致性，分歧由此产生。帕雷多认为追求经济价值与社会价值之间没有明确的界限和区分，而且操作也具有相当的困难（Peredo & McLean，2006）。为此本研究也试图更加清晰地理解其价值导向，以图1所示进行理解。

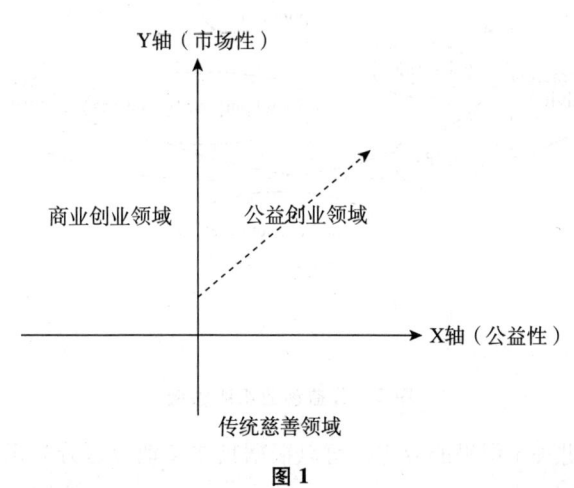

图1

由此对公益创业的价值导向也相对明晰，单一的"公益性"或"市场性"均有可能使其陷入发展困境，"双重价值实现"（Double Value Creation）则成为必要策略。失去了公益性，公益创业的根本属性也就相应失去，其性质也会发生相应改变；而不遵循市场性，把握市场经济下的基本规律，则其可持续发展能力也会遭到破坏，其社会使命也就不能履行。而公益创业正是在"社会价值"与"市场经济"的博弈中，形成合作均衡态势。

（3）组织形式。"组织可能是现代社会最突出的特征"（斯科特、戴维斯，2012），公益创业区别于传统的慈善、公益活动就在于其组织的合法性，即通过一定的法律程序予以确认，进而开展社会活动。英国的《慈善法》就明确规定"任何公益组织除规定以外的都必须在登记机关进行登记注册"（杨道波，2011：10），新西兰的《慈善法》也指出"'公益团体'意为一个经过登记注册的社团、一个组织或者信托组织的慈善团体"（杨道波，2011：296），等等。公益创业组织的形式以法律确认后，"能够动员民间资源参与社会事业。由于非利润分配性的限制和组织解散后资产处置的限制，便于为该事业积累财富。同时，也有利于保障组织的公共性，具体包括公益性、公开性与透明性等。"（邓国胜，2009）目前关于公益创业的组织形式，主要包括社会责任型企业、欧洲的混合组织、PPP合作模式、社会合作社等，如图2所示。

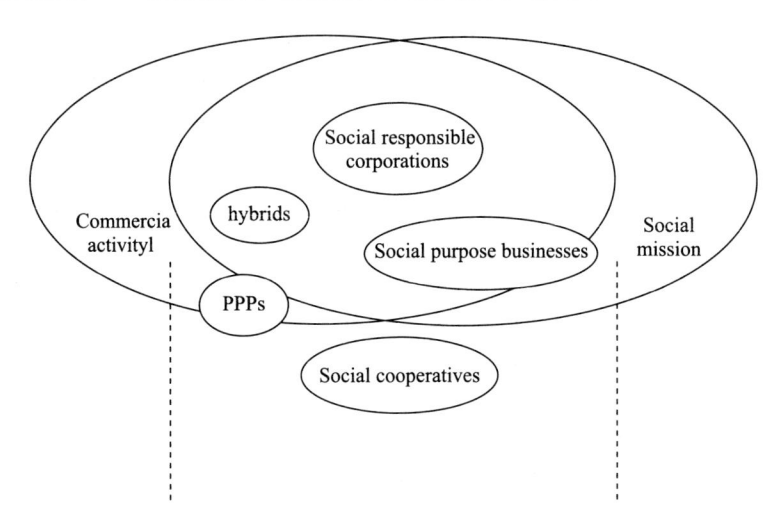

图2 公益创业组织领域

从理论上讲关于组织的分类，可以根据其法律地位区分为正式组织和非正式组织，根据上文对公益创业的界定，公益创业组织一般为正式组织，即获得了法律认可的资格，具备进行社会活动的资质；根据时效，分为长期性组织和临时性组织，公益创业组织一般为长期性组织；根据存在性质，分为实体性组织和虚拟性组织,例如风靡全球的"冰桶挑战"(Ice Bucket Challenge),就是"互联网+"时代的"微公益"的典型代表;根据组织的结构形式,分为官僚式和扁平式组织,前者一般为大型组织所采用,而后者则以其灵活的优势为小微组织所采用。

(4)活动领域。"伴随社会转型,中国社会的各个层面和领域中,都涌现出越来越多的公共空间,越来越多的资源、公民、媒体等参与其中,使得公共空间得以拓展和增大。"(王名,2008:40)因此公益创业的社会活动领域也随之扩大,但公益创业与传统的公益慈善领域也存在区别。汤普森(Thompson et al.,2000)认为主要有为特殊群体创造就业岗位;开办具有强烈道德责任感的公司;社区公共设施再利用;专业技能培训;生活设施完善等。巴里凯特(Barraket & Furneaux,2012)认为公益创业主要集中在以下领域:为人们参与社区管理提供能力培训和参与机会;为解决社会、政治、经济等各方面问题提出创新性解决方案;为低收入人群提供生存必需物质;为特殊群体提供专门技能培训等。诺瓦克(Praszkier & Nowak,2012)认为主要有关注妇女权利、能源再生与循环使用、生态环境保护、世界和平、农村发展、控制毒品交易、基础教育等。前两者主要关注社区治理基础上的公益创业,因而主要内容集中在改善社区生存环境、提高特殊群体职业技能、解决低收入人群生存问题等;后者则主要从人类共同发展命运出发关注全人类的发展前途。

四 结论

公益创业是现代社会的产物,实现了对传统公益和传统创业的超越。因此对其定义既要继承两者的根本特征,又要有所创新,为此可以从以下两个方面理解:广义的公益创业是指一切以承担社会使命而开展的社会活动,包括成立社会企业(social enterprise)、参加志愿活动(voluntary activities)、创办公益组织等;狭义的公益创业是指具有法人资格的非营利组织,以市场化的运作手段和创新方法解决普惠社会民众的社会问题的价值和实践总和。由此可以认为公益创业基本特征是"公益性"和"市场性"。

该定义与以往的定义相比主要创新之处体现在以下几个方面:①从广义和狭义两个维度理解,可更好地将社会上的泛化理解与学界的精确理解区分开来,从而减少对概念的认识分歧；②基于"本质上存在争议"的理解范式，对公益创业概念的争议进行认识，从而使得本研究在进行概念界定时，更为慎重地把握容易产生争议及模糊的地方，从而提高概念的使用范围；③在广义的理解中，将包括社会企业行为、志愿活动等行为纳入进来，有利于公益创业概念的本土化理解，提升公益创业的认知度；④在西方学者理解的基础上，尝试用"中国话语"包括"普惠""价值总和"等表达方式进行理解，便于概念的认可与宣传。

根据盖里的"本质上存在争议"的理解范式，从七个方面对公益创业概念的复杂性予以理解，提供了窥见其内涵的一个角度或路径，也为概念的界定奠定了基础，避免了可能存在的普遍性争议或错误。但也要清醒地认识到，盖里的理论范式并不能绝对地穷尽概念复杂性产生的根源和表现，应该始终保持足够的谨慎，在进一步的理论探索中对其发展完善。同时，采用"分解式"的概念分析方法，有助于明晰公益创业概念的内涵与外延，促进该领域在基础概念上达成共识。

参考文献

陈劲、王皓白（2007）：《社会创业与社会创业者的概念界定与研究视角探讨》，《外国经济与管理》，（08）。

邓国胜（2009）：《公共服务提供的组织形态及其选择》，《中国行政管理》，（09）。

胡馨（2006）：《什么是"social Entrepreneurship"（公益创业）?》，《经济社会体制比较》，（02）。

莱特，保罗著（2001）：《探求社会企业家精神》，苟天来等译，北京：社会科学文献出版社。

李勇（2010）：《社会建构的新形式：三大部门的融合——兼评〈社会创业——可持续社会变革的新模式〉》，《中国非营利评论》，（02）。

斯科特，W. S.、戴维斯，G. F.（2012）：《组织理论——理性、自然和开放系统的视角》，北京：中国人民大学出版社，第2页。

王名（2008）：《中国民间组织30年——走向公民社会》，北京：社会科学文献出版社。

杨道波等译（2011）：《国外慈善法译汇》，北京：中国政法大学出版社。

郑胜分（2006）：《欧美社会企业发展及其在台湾应用之研究》，"国立"政治大学公共行政学系博士学位论文。

——（2008）：《社会企业的概念分析》，《政策研究学报》，（08）。

Barraket, J. & Furneaux, C. (2012), *Social Innovation and Social Enterprise: Evidence from Australia*, pp. 446 – 471.

Cohen, M. R. & Nagal, E. (1934), *An Introduction to Logic and Scientific Method*, New York: Harcourt, Brace.

Dees, J. G. (1998), "The Meaning of 'Social Entrepreneurship'", *Graduate School of Business*, Stanford University.

Dees J G, Anderson B B. "Framing a Theory of Social Entrepreneurship: Building on Two Schools of Practice and Thought", *Research on Social Entrepreneurship: Understanding and Contributing to an Emerging Field*, 2006, 1 (3): 39 – 66.

Dey, P. (2006), "The Rhetoric of Social Entrepreneurship: Paralogy and New Language in Academic Discourse", In Steyaert, C. H & Jorth, D. (eds), *The Thirs Movements of Entrepreneurship Book*, Cheltenham (UK): Edward Elgar Publishing, pp. 121 – 144.

Dey P, Steyaert C. "The Politics of Narrating Social Entrepreneurship", *Journal of Enterprising Communities: People and Places in the Global Economy*, 2010, 4 (1): 85 – 108.

Ernst, K. (2012), "Social Entrepreneurs and their Personality", *Social Entrepreneurship and Social Business*, Gabler Verlag, pp. 51 – 64.

Freeden M. "Ideology and Political Theory", *Journal of Political Ideologies*, 2006, 11 (1): 3 – 22.

Gallie, W. B. (1956), "Essentially Contested Concept", *Procedings of the Aristotelian Society*, 56, pp. 67 – 198.

Gallie. W. B (1964), "Proceedings of the Aristotelian Society" (1956), reprinted as Chapter & of W. B. Gallie, ed, *Philosophy and the History Understanding*, New York: Schockem.

John, N. G. (1997), "On the Contestability of Social and Political Concepts", Vol. 5, No. 3, *Political Theory*, pp. 331 – 348.

Bacq, S. & Janssen, F. (2011), "The Multiple Faces of Social Entrepreneurship: a Review of Definitional Issues Based on Geographical and Thematic Criteria", *Entrepreneurship &Regional Development* 23 (5/6), pp. 373 – 403.

Light, P. C. (2009), "Social Entrepreneurship Revisited", *Stanford Social Innovation Review* 21 – 22 (Summer).

Mair, J. & Marti, I. (2006), "Social Entrepreneurship Research: a Source of Explanation, Prediction and Delight", *Journal of World Business* 41 (1), pp. 36 – 44.

Choi, N. & Majumdar, S. (2014), "Social Entrepreneurship as an Essentially Contested Concept: Opening a New Avenue for Systematic Future Research", *Journal of Business Venturing*, (29), pp. 363 – 376.

Ogden C K, Richards I A, Malinowski B, et al., *The Meaning of Meaning*, London: Kegan Paul, 1923.

Peredo, A. M & McLean, M. (2006), "Social Entrepreneurship: A Critical Review of the Concept", *Journal of World Business*, (2), pp. 56 – 65.

Praszkier, R & Nowak, A. (2012), *Social Entrepreneurship: Theory and Practice*, Cambridge University Press, pp. 722 - 748.

Swanton, C. (1985), "On the Essentially Contentedness of Political Concepts", *Ethics*, 95, pp. 811 - 827, p. 815.

Social entrepreneurship (2006), *New Models of Sustainable Social change*, Oxford University Press.

Thompson, J. et al. (2000), "Social Entrepreneurship—a New Look at the People and the Potential", *Management Decision*, pp. 328 - 338.

（责任编辑：羌洲）

公益慈善领域的行动研究探索

——以"菁华助成·美丽乡村"项目设计为例

王 名 邢宇宙[*]

从主流的观点来说,学术研究活动仅是学者的一项"研究行动",而从20世纪40年代学界提出"行动研究"(Action Research)以来,试图挑战传统上知识研究和行动实践之间分裂的状况,强调研究者和行动之间更为密切的互动关系,核心理念是"在反思和行动、理论和方法、理论和实践之间的反复碰撞中,达成理解和有效的行动"(Dick & Greenwood, 2015)。公益慈善研究面向实践活动,公益慈善项目是为了影响和改变社会。在公益慈善的项目设计中,尝试引入行动研究理念的探索,将启发我们思考公益慈善研究和实践、人才培养的创新。

一 行动研究的源流

一般说来,学术界将行动研究的源头之一,追溯到德裔美籍的社会心理学家库尔特·勒温(Kurt Lewin)。他在20世纪40年代关于群体关系的研究中提出这一概念,并在1946年发表了《行动研究与少数群体问题》一文,对行动研究专门进行了论述。他将这种研究类型界定为一种比较研究,即对于各种形式

---

[*] 王名,清华大学公共管理学院非政府管理(NGO)研究所教授、公益慈善研究院院长。邢宇宙,清华大学公共管理学院非政府管理(NGO)研究所、公益慈善研究院博士后。

社会行动的条件与结果进行比较，研究目的是导向社会行动，强调仅有学术成果远远不够，必须将科学研究者与实际工作者的智慧、能力结合起来，以解决某一实际问题（Lewin，1946）。勒温还以少数群体问题的实验为例，对行动研究中研究者和实际工作者共同参与、研究过程的反复循环等特征进行了阐述。

此后，行动研究在管理学、教育学、发展学、社会工作甚至护理等不同学科和领域中都得到了广泛运用[①]。如威廉·怀特（William F. Whyte）将其应用到组织行为学、劳工关系管理的研究之中，与不同学科学者、实践者开展深度的合作（William，1994：313）。格林伍德（Greenwood）和勒韦（Levin）等人指出，与早期简单的实验干预不同，行动研究是持续的、参与的学习过程，当代行动研究理论强调不断的对话，并把共同学习当作社会变迁的载体（Greenwood & Levin，1998：18），在此基础上行动研究发展出了一系列的方法论：行动科学（Action science）、参与式行动研究（Participatory Action Research，PAR）、社区为本的参与研究（Community-based Participatory，CBPR）、行动学习（Action learning）、欣赏式探询（Appreciative inquiry，AI）、动态理论（Living theory），以及参与式行动学习和行动研究（Participatory action learning and action research，PALAR）（James et al.，2012：5），并且广泛应用到商业、非营利与公共管理领域的研究。

在我国，行动研究目前主要集中在教育领域，此外一些关注农村发展、社区营造、儿童救助，以及流动人口社会融入等边缘人群生活状况的学者，也开展这方面的研究实践。[②] 比如利用参与式行动研究项目提高打工者及为打工者服务的非政府组织的行动研究能力，并直接支持他们（林志斌、张立新，2008：2）；利用"设计与发展"的行动研究，试图挖掘本土的传统文化和开发手工艺产品，旨在改善当地妇女生计和保护手工艺传统（古学斌，2014：1）。在这些行动研究过程中，研究者在产出规范性学术论文的同时，也采用更为多元的方式记录研究和行动过程，比如前者采用培训内容、研究日记，后者利用大量的现场图片，来呈现行动和研究的成果。

[①] 2003年一批学者创办了名为《行动研究》（Action research）的学术期刊，由SAGE出版，专门刊发相关的学术论文。

[②] 笔者利用中国期刊网（CNKI，1949年至今）检索发现，直接以"行动研究"为题或关键词的CSSCI论文大约在900篇，其中大多数集中在教育领域。

归结起来，经典的行动研究可以界定为"由共同合作的专业研究（insider-professional）人员在知识生产和应用中——以增加社会变迁中的公平、健康和自主为目标——对研究效度和研究结果的价值进行检验的研究"（邓津、林肯，2007a：100）。在研究过程中，社区或组织的管理者和专业研究者合作，定义目标、构建研究问题、共同学习、汇集知识和努力、实施研究、验证结果，并且应用获得的知识来促进积极的社会变迁。

经过这么多年的发展，尽管行动研究仍显"另类"，且学术界一直存有争议，并不断进行反思（Brydon-Miller et al., 2003；陆德泉、朱健刚，2013：16~19），但毫无疑问，其已经成长为一种相对成熟的研究范式。在方法的归类中，虽然常常将行动研究划归为定性方法的一种，但是在具体的方法技术上，它其实是固有的多方法研究，包括科学实验、定量社会研究、定性研究方法等对解决手头问题必要的、尽可能多的专业方法，有效的行动研究不能接受任何研究形式的预先限制（邓津、林肯，2007a：100），显示出很强的包容性。这种方法和工具选择上的多元取向，是它在商业和非营利领域的研究中得到更为广泛应用的基础。

二 行动研究导向的项目设计

基于行动研究"在行动中研究、在研究中行动"的理念，融合社会工作、发展研究等领域关于参与和赋权的价值，以及行动学习（Action study）、社会创新（Social innovation）的思维，清华大学公益慈善研究院尝试策划和实施一个公益慈善的行动研究项目。该项目借鉴了世界宣明会"儿童为本，小区扶贫"的综合性区域发展模式，目标是关注儿童成长与乡村发展，将清华大学和湖北省巴东县两个社区对接，尝试植入行动研究的理念和方法，策划和设计了"菁华助成·美丽乡村"行动研究项目①。具体而言，体现了如下特点。

（一）两个社区对接后的广泛参与

在"菁华助成"巴东项目中，设计了高校和贫困县两个社区之间的对接。一个是作为受助者的贫困社区——湖北省巴东县，其位于国家扶贫攻坚主战场

---

① 具体内容参见（清华大学公益慈善研究院，2015）。

之一——连片特困地区武陵山区，是国家扶贫开发工作重点县。在这个边缘而闭塞的贫困县，近年来政府和社会都十分重视教育，县一中持续数年保持了较高的高考升学率，形成了湖北省乃至全国关注的"巴东教育现象"①。这也从侧面表明，当地社会有着强烈的意愿：通过教育来改变贫困落后的面貌。另一个是作为捐助者社区的清华大学，该项目将动员清华大学的老师和校友参与到项目中来。在筹款方式上，借鉴世界宣明会利用代表童筹款的策略，建立一对一的资助关系（陈思堂，2012：136~137），让清华人支持巴东儿童的成长和乡村社会的发展。通过公益慈善的实践活动，在湖北巴东与清华大学两个社区之间建立了联结。

在"菁华助成"巴东项目中，广泛参与是项目设计的核心价值之一。首先，项目团队既是公益项目的行动者，也是公益慈善的研究者，即在真实的项目实践过程中，全程参与和观察。其次，项目招募不同类型的志愿者，并引导捐赠者积极参与到活动中来。最后，项目采用参与式发展理念，用募集来的资金改善贫困地区儿童成长的环境。从项目前期的筹备和动员情况来看，在捐赠者和受助者的两个社区都得到了积极响应，项目团队和当地政府、试点社区进行了有效沟通，就项目如何落地达成了基本共识。

（二）搭建开放的行动和研究平台

在"菁华助成"的项目设计中，形成了公益慈善研究和行动两个平台。一方面项目团队全程参与项目的设计和实施过程，并通过植入研究问题、实地调研和项目团队的反馈，获取整个项目运行过程中的数据。项目团队成员目前提出围绕筹款、资助关系、儿童福利、乡村发展等各类研究议题，开展公益慈善相关的研究；另一方面通过组建团队和项目办公室，负责整个项目的运行和管理工作。同时招募志愿者，策划筹款活动，以及在当地实施各类项目。

通过搭建这两类平台，构建了共同行动的场域。在这个场域中，研究者的问题随着项目实施进行调整；实践者提出自己的行动目标，推动项目在当地落地。在清华大学社区的初步动员过程中，多名积极参与社团活动的同学作为志愿者参与进来，提出自己关于项目的想法，直接参与到项目的策划和实施中来。项目运行本身变成了一个开放的学习过程，以期在进行公益慈善资源和项目研

---

① 单从数量上来看，从1998年考出第一个清华大学学生至今，巴东一中连续18年、累计有81名学生考入北大和清华。

究方式创新的同时，推动儿童和乡村发展模式的社会创新，实现在行动中研究、多方受益的目标。

值得注意的是，作为平台的开放性既是行动研究的优势，也是难点所在。这类项目设计超越传统项目设计的理念，并非完全聚焦特定议题，带有很多开放性的命题，比如项目实施的具体内容与评价指标等方面，这对于项目得到包括资助方、志愿者等相关利益群体的理解和认可，以及有效的评估等带来很大挑战（Lynnell & Virginia, 1993）。这些问题需要项目团队在项目实施过程中探索、学习并提出解决方案。

（三）项目的可持续性

按照"菁华助成"项目设计中的阶段性规划，项目实施将是动态的过程，需要不同参与者之间不断磨合，建立信任关系，不仅从中发现问题，更要找到共同的目标或是利益需求，形成真正的参与和合作。在项目设计和筹备启动的阶段，一方面有赖于项目团队组织内部的合作，另一方面是与资助方、受助方之间进行有效的沟通。以项目试点选择为例，根据前期各方协商，项目团队进入当地农村进行实地考察，通过与各级干部、村民的座谈、入户走访和参与观察，并采用绘制村庄资源图等具体形式，建立起对于项目点的初步认知。最后，结合拟定的选点原则完成项目点的快速评估，确定项目试点村庄。

"菁华助成"项目初步设计为三年，前期主要通过项目在试点村庄的落地，探索成型的模式，加以示范和推广。在实践层面，项目设立近期和长远目标，在助养儿童的规模上体现阶段性成果；在研究层面，通过对于项目的跟踪，积累更多调研数据，产出一系列研究成果。一般来说，行动研究的周期都相对较长，需要研究者和实践者共同投入，扎根在当地与项目伙伴一起开展工作，逐步让所有参与者受益，研究和行动的价值才能得到尊重。

总体而言，行动研究项目是持续学习和讨论的项目设计模式。项目分为不同的阶段来实施：制订计划、执行并观察变化的过程和结果，进行反思，然后重新确定项目，是一个带有反思性的循环、螺旋上升的过程。事实上，研究过程更可能是流动的、开放的和反应迅速的，衡量成功的标志不在于参与者是否忠实遵守研究步骤，而在于参与者是否具有发展和改变他们实践、对实践的认识以及实践场景的强烈而真实的意念（邓津、林肯，2007b：634），由此突显了参与者的主体性。对于"菁华助成"项目而言，由于处在前期的筹备工作阶段,这里主要从项目设计思路上进行介绍,还无法涉及项目的实际运行情况,有待未来进一步的实践和观察。

三 公益慈善研究和实践的创新

互联网社会与新公益时代的到来,社会创新的理念正在流行,公益实践活动每天都在发生,人人参与的公益时代正在临近,可以说,当下公益慈善活动正经历着一场变革。而公益慈善的研究,不仅包括公益慈善项目的策划与设计、运行与评估,也探讨公益慈善活动背后的文化、价值和意义,实际上与日常生活、现实社会的运行有着密切关系,具有很强的实践导向,因而研究和行动之间是密不可分的。在"菁华助成"项目中,按照行动研究特有的理念与方法体系进行项目设计,超越传统研究者观察、体验与思考的范式,使得研究者的角色、与研究对象之间的关系、研究过程与目标都发生了重要变化。

(一) 研究者和实践者的角色统一

在行动研究中,研究者和实践者之间紧密合作,在一定程度上两者的角色统一起来。与单纯的知识研究相比,行动研究和参与式行动研究往往关注组织发展、社区赋权和政策变迁的议题,因此研究者的角色、适用的范围也不尽相同(如表1所示)(James et al., 2012:22)。实际上,在美国的非营利组织或公益慈善研究领域,有许多学者本身就是非常优秀的实践者,或从实务界转换过来。[①] 也有学者指出,无论是临床社会工作,还是社区社会工作,都是"做出来的",坚信实践性是社会工作的本质属性,更坚守社会工作的行动研究(张和清,2015)。在这点上,公益慈善的研究和实践活动与其有着共通之处。

表1 三种研究之间的比较

	行动研究	参与式行动研究	纯知识研究
研究者角色	项目管理者学习和实施新的想法或解决方案	同等参与到一个学习和改进实践的群体	负责收集和分析数据

[①] 摘自笔者清华大学公益慈善研究院访美团队分享会笔记,2015.08.10。清华公益慈善研究院正在做这种尝试,如担任副院长的王超博士,此前曾在世界宣明会、世界自然基金会等INGO担任领导职务,在项目策划、项目与组织管理等方面有大量的实务和研究经验。

续表

	行动研究	参与式行动研究	纯知识研究
适用的范围	对于问题发展出新的解决方案，或专业化发展	发展、应用和测试新的流程、工序和语境关系等	发展新的理论

在"菁华助成"项目的设计理念中，一方面作为研究者，项目团队提出研究问题与假设，在实践过程中收集和整理数据，并进行验证，形成学术成果；另一方面，作为实践者，启动一个真实的项目，从最初的组建团队，形成项目方案，协调各方资源，到准备落地实施。如在整个项目设计初步完成之后，团队前往项目地进行了前期调研，运用快速评估的方法，对试点地区村庄的人口、经济、社会和文化等不同层面进行考察，形成了系统的评估报告，为项目正式启动做准备。未来项目团队还将深度参与到项目运行过程之中，在两种角色之间实现切换，跨越纯学术研究中理论与实践之间的鸿沟。

（二）重塑研究者和研究对象的关系

行动研究强调研究者与研究对象之间的紧密合作，共同面对问题，为改变而努力，重塑了研究者和研究对象的关系。首先，在项目实施的过程中，研究者和研究对象是互相协作的关系，从"局外人"转变为"局内人"，以参与者的身份观察行动者和行动过程，从而能够准确地把握问题，并以实践者的角色与研究对象一起解决问题。在"菁华助成"项目中，通过建立清华和巴东两个社区之间的联结，在协商沟通、互帮互助的过程中，深层意义上也是重建大学和社会之间的关系。

其次，对于学术研究来说，行动研究蕴含着深刻的反思性，尽管它往往来自于研究本身与作为研究对象的社会现实之间的差距。如在传播学研究中，对于以国际流行概念及其学术讨论为中心的反思，指出其"遮蔽或偏离了中国社会转型中的本土的核心问题，忽略了研究不同群体如何使用媒体及其赋权的重要议题，对公众特别是边缘群体对媒体的认知及使用过程与推动社会变革的关系，缺少实证的和系统的分析"（卜卫，2014）。

行动研究中研究者与研究对象之间的关系，形成了德兰逊提出的"社会科学和社会之间是一种商谈性的协调关系，这是作为商谈实践的社会科学的一种重要维度"。在这个意义上，社会科学是在问题辨认过程中实现自我建构,而问题建构这个动态过程之中,包含了很多社会行动者,他们界定、协商并进而建构问题(德兰逊,2005:157)。在"菁华助成"项目设计中,研究问题也隐藏在不同参与主体之间互动的场域之中,并通过实践活动的展开而逐步提出来。

最后,行动研究的过程是解决问题的过程,因此它也特别强调对于研究对象的关注,尤其是对于人的关注。在"菁华助成"巴东项目的设计中,项目实施过程中的不同环节都有研究问题,其研究成果可以直接应用到项目中来。如对于当地儿童和乡村社会状况的研究,有助于在当地策划和实施参与式发展项目;对于筹款与资助关系的研究,有助于项目的资源动员和可持续性等。因此在行动研究过程中,社会创新既是目标也是手段,即容易激发出创新性的理念和手段来解决社会问题,最终服务于研究对象。

(三) 研究和学习过程的融合

对于行动研究的参与者来说,研究和学习的过程是融合的,蕴含着行动学习(Action learning)的理念,即在行动中学习的"干中学"。行动研究正是要使人们在一起互相交流学习彼此的经验,它强调研究个体自身的位置,辨明组织所要达到的目标和努力排除遇到的障碍(邓津、林肯,2007b:608),通过让参加者解决工作项目中的实际问题,来提升各自的能力。

在"菁华助成"项目的设计中,强调参与者通过开展项目的具体工作,不仅在团队内部组织学习,也向参与项目的各方学习。这种参与式和体验式的学习过程,在很大程度上突破了传统的学习模式,也挑战现行的教育制度安排。现在的教育制度针对模仿性的学生,而非对社会整体具有广博的、独立理解的,有创造性、批判性和分析性的专业人士有利。大学的核心挑战是从传统的讲课模式转向基于解决实际生活、开放式问题的学习机制(邓津、林肯,2007a:92)。

行动研究项目开辟了一个全新的"课堂",将行动研究和行动学习结合起来。在教学实践层面,它需要对于传统的教师角色与教学模式进行转变和升级,其中教师作为催化者的角色至关重要,加强教学中的对话与引导,开展参与实践的教学和研究活动。在社会行动的实践中学习和研究,在社会中直接进行知识的生产活动。知识正是通过社会建构而来,这意味着更有效的知识也将通过社会成为可能(华勒斯坦等,1997:100)。总之,行动学习和行动研究的方式,对于创新公益慈善人才培养模式都有着重要启发,尤其是其中的课堂教学和实践模式。

四 结语

在"菁华助成·美丽乡村"项目的设计中,我们尝试融入行动研究的理念,项目团队成员是研究者和实践者的双重角色,研究过程和学习过程合二为一,实现在研究中行动、在行动中研究。不仅是公益项目设计与社会创新的探索,也是在公益慈善研究领域,尝试一种"行者思、思者行"的新范式。

值得注意的是,在实践过程中行动研究往往选择具有针对性的个案,解决一个特定对象中的问题,相对而言适合小规模的探索性研究和社会创新实验。而且因为不同研究领域之间的差别、研究者和研究对象的主客观条件、社会风险及道德伦理,以及研究主体与研究对象之间的关系等因素,决定了行动研究并不是适合所有的研究者和选题。在已有的研究实践中发现行动研究的弱点之一就是地方性(Localism),很难进行干预大规模社会变迁的努力,大量的案例在基层情境中做得很好,但是超出当地背景之外就很容易失败(Brydon-Miller et al.,2003)。与此同时,这类探索还要求项目团队成员背景多元化,尤其是需要实践者的加入、引导和催化,并进行有效的团队能力建设。"菁华助成"项目也是如此,未来还面临着许多的困难和挑战。

对于公益慈善研究来说,由于行动研究强调参与、开放、平台与可持续,更具有发展性、反思性和批判性等重要品格,有助于跨越实践、教学与研究之间的鸿沟,为研究者和行动者提供一个具有公共性的学习和行动场域。在面向实践、真实而充满活力的参与过程中,激发各方在研究和实践层面的创新,超越公益慈善领域学术研究和人才培养的传统模式,创新和丰富了现有的研究范式,因而有着积极而重要的意义。

参考文献

陈思堂(2012):《参与式发展与扶贫:云南永胜县的实践》,北京:商务印书馆。
〔英〕德兰逊,吉尔德(2005):《社会科学:超越建构论和实在论》,张茂元译,长春：吉林人民出版社。

〔美〕邓津，诺曼·K、林肯，伊冯娜·S主编（2007a）：《定性研究（第1卷）：方法论基础》，风笑天等译，重庆：重庆大学出版社。

——（2007b）：《定性研究（第2卷）：策略与艺术》，风笑天等译，重庆：重庆大学出版社。

古学斌（2014）：《幸福像花一样：一份中国农村文化、妇女与发展的实践记录》，北京：北京大学出版社。

〔美〕华勒斯坦等著（1997）：《开放社会科学：重建社会科学报告书》，北京：生活·读书·新知三联书店。

林志斌、张立新编著（2008）：《打工者参与式行动研究》，北京：社会科学文献出版社。

陆德泉、朱健刚主编（2013）：《反思参与式发展：发展人类学前沿》，北京：社会科学文献出版社。

卜卫（2014）：《"认识世界"与"改造世界"：探讨行动传播研究的概念、方法论与研究策略》，《新闻与传播研究》，（12）。

清华大学公益慈善研究院（2015）：《"菁华助成·美丽乡村"行动研究项目计划书》，2015.09.01，内部资料。

张和清（2015）：《社会工作行动研究的历程》，《浙江工商大学学报》，（4）。

Brydon-Miller et al. (2003), "Why action research", *Action Research*, Volume1 (1), pp. 9 – 28.

Dick, B & Greenwood, D. J. (2015), "Theory and Method: Why Action Research does not Separate Them", *Action Research*, Vol. 13 (2), pp. 194 – 197.

Greenwood, D. J. & Levin, M. (1998), *Introduction to Action Research: Social Research for Social Change*. SAGE Publications, Inc., 2455 Teller Road, Thousand Oaks, CA.

James, E. A. et al. (2012), *Action Research for Business, Nonprofit and Public Administration: a Tool for Complex Times*, SAGE Publications, Inc.

Lewin, K. (1946), "Action Research and Minority Problems", *Journal of Social Issues*, Volume 2 (4), pp. 34 – 46.

Lynnell, J. S. & Virginia, A. B. (1993), Participatory Action Research: Easier Said Than Done, *The American Sociologists*, 24 (1), pp. 27 – 37.

William, F. W. (1994), *Participant Observer: an Autobiography*, Cornell University, Ithaca, NY.

（责任编辑：李勇）

稿　　约

1. 《中国非营利评论》是有关中国非营利事业和社会组织研究的专业学术出版物，暂定每年出版两卷。《中国非营利评论》秉持学术宗旨，采用专家匿名审稿制度，评审标准仅以学术价值为依据，鼓励创新。

2. 《中国非营利评论》设"论文""案例""研究参考""书评""随笔"等栏目，刊登多种体裁的学术作品。

3. 根据国内外权威学术刊物的惯例，《中国非营利评论》要求来稿必须符合学术规范，在理论上有所创新，或在资料的收集和分析上有所贡献；书评以评论为主，其中所涉及的著作内容简介不超过全文篇幅的1/4，所选著作以近年出版的本领域重要著作为佳。

4. 来稿切勿一稿数投。因经费和人力有限，恕不退稿，投稿一个月内作者会收到评审意见。

5. 来稿须为作者本人的研究成果。作者应保证对其作品具有著作权并不侵犯其他个人或组织的著作权。译作者应保证译本未侵犯原作者或出版者的任何可能的权利，并在可能的损害产生时自行承担损害赔偿责任。

6. 《中国非营利评论》热诚欢迎国内外学者将已经出版的论著赠予本刊编辑部，备"书评"栏目之用，营造健康、前沿的学术研讨氛围。

7. 中国非营利评论英文刊将委托 Brill 出版集团在全球出版发行，中文版刊载的论文和部分案例及书评，经与作者协商后由编辑部组织翻译交英文刊采用。

8. 作者投稿时，电子稿件请发至：Lehejin@126.com。

9.《中国非营利评论》鼓励学术创新、探讨和争鸣，所刊文章不代表本刊编辑部立场，未经授权，不得转载、翻译。

10.《中国非营利评论》集刊以及英文刊所刊载文章的版权属于《中国非营利评论》编辑部所有；本刊已被中国期刊网、中文科技期刊网、万方数据库、龙源期刊网等收录，为适应我国信息化建设的需要，实现刊物编辑和出版工作的网络化，扩大本刊与作者知识信息交流渠道，在本刊公开发表的作品，视同为作者同意通过本刊将其作品上传至上述网站。作者如不同意作品被收录，请在来稿时向本刊声明。但在本刊所发文章的观点均属作者个人观点，不代表本刊立场。本声明最终解释权归《中国非营利评论》编辑部所有。

由于经费所限，本刊不向作者支付稿酬，文章一经刊出，编辑部向作者寄赠当期刊物2本。

来稿体例

1. 各栏目内容和字数要求：

"论文"栏目发表中国非营利和社会组织领域的原创性研究，字数以8000～20000字为宜。

"案例"栏目刊登对非营利和社会组织实际运行的描述与分析性案例报告，字数以5000～15000字为宜。案例须包括以下内容：事实介绍，理论框架，运用理论框架对事实的分析。有关事实内容，要求准确具体。

"研究参考"栏目刊登国内外关于非营利相关主题的研究现状和前沿介绍、文献综述、学术信息等，字数在3000～15000之间。

"书评"栏目评介重要的非营利研究著作，以3000～10000字为宜。

"随笔"栏目刊发非营利研究的随感、会议评述、纪行及心得，不超过4000字。

2. 稿件第一页应包括如下信息：（1）文章标题；（2）作者姓名、单位、通信地址、邮编、电话与电子邮箱。

3. 稿件第二页应提供以下信息：（1）文章中、英文标题；（2）不超过400字的中文摘要；（3）2～5个中文关键词。书评、随笔无须提供中文摘要和关键词。

4. 稿件正文内各级标题按"一、""（一）""1.""（1）"的层次设置，其中"1."以下（不包括"1."）层次标题不单占行，与正文连排。

5. 各类表、图等，均分别用阿拉伯数字连续编号，后加冒号并注明图、表名称；图编号及名称置于图下端，表编号及名称置于表上端。

6. 本刊刊用的文稿，采用国际社会科学界通用的"页内注＋参考文献"方式。

基本要求：说明性注释采用当页脚注形式。注释序号用①，②，③……标识，每页单独排序。文献引用采用页内注，基本格式为（**作者，年份：页码**），外国人名在页内注中只出现姓（容易混淆者除外），主编、编著、编译等字眼，译文作者国别等字眼都无须在页内注里出现，但这些都必须在参考文献中注明。

文末列明相应参考文献，参考文献中外文分列（英、法、德等西语，可并列，日语、俄语等应分列）。中文参考文献按照作者姓氏汉语拼音音序排列，外文参考文献按照作者姓氏首字母排序。基本格式为：

作者（书出版年份）：《书名》（版次），译者，卷数，出版地：出版社。

作者（文章发表年份）：《文章名》，《所刊载书刊名》，期数，刊载页码。

author（year），*book name*，edn.，trans.，Vol.，place：press name.

author（year），"article name"，Vol.（No.）*journal name*，pages.

图书在版编目(CIP)数据

中国非营利评论.第17卷,2016.No.1/王名主编.—北京:
社会科学文献出版社,2016.1
 ISBN 978-7-5097-8710-6

Ⅰ.①中… Ⅱ.①王… Ⅲ.①社会团体-中国-文集
Ⅳ.①C232-53

中国版本图书馆CIP数据核字(2016)第018089号

中国非营利评论(第十七卷)

主　　办 / 清华大学公益慈善研究院
主　　编 / 王　名

出 版 人 / 谢寿光
项目统筹 / 刘骁军
责任编辑 / 赵瑞红　关晶焱

出　　版 / 社会科学文献出版社·学术资源建设办公室(010)59367161
　　　　　　地址:北京市北三环中路甲29号院华龙大厦　邮编:100029
　　　　　　网址:www.ssap.com.cn
发　　行 / 市场营销中心(010)59367081　59367018
印　　装 / 北京季蜂印刷有限公司

规　　格 / 开　本:787mm×1092mm　1/16
　　　　　　印　张:16.75　字　数:281千字
版　　次 / 2016年1月第1版　2016年1月第1次印刷
书　　号 / ISBN 978-7-5097-8710-6
定　　价 / 45.00元

本书如有印装质量问题,请与读者服务中心(010-59367028)联系

▲ 版权所有 翻印必究